James Dobson

Unsere Kinder sind unmöglich

– Kindererziehung ein Wagnis –

Editions Trobisch

Die amerikanische Originalausgabe erschien unter dem Titel
DARE TO DISCIPLINE im Verlag Tyndale House Publishers, Inc.

ISBN 3 87827 042 9

3. Auflage 1987

Deutsche Bearbeitung durch
LITERA, Christliche Verlagsagentur
Umschlag: G + J. Fotoservice, Beust
Gesamtherstellung:
St.-Johannis-Druckerei C. Schweickhardt, 7630 Lahr-Dinglingen
Printed in Germany 23802/1987

Inhalt

Vorwort

Jeder, der mit Kindern oder Jugendlichen zu tun hat, wird diese offene und klare Erörterung über Erziehungsmethoden begrüßen, weil sie Ordnung in die Dinge bringt, weil sie das Verantwortungsbewußtsein zu entwickeln und den Charakter aufzubauen hilft. Eine solche Darlegung dieses oft so verworrenen Themas war seit langem fällig. Liebe allein genügt zur Erziehung nicht. Disziplin, die nicht nur Strafe bedeutet, gehört dazu. Erziehung in der Familie kann nicht gelingen, wenn die Kinder allen Grund haben, die eigenen Eltern nicht zu achten.

Erfolgreiche Erziehung muß sich eben auch auf die psychologischen Lerngesetze gründen, die so oft unbeachtet bleiben. Ein Kind lernt, sich so zu verhalten, daß es für sich zu befriedigenden Ergebnissen kommt. Diszipliniertes Verhalten läßt sich durch die kluge Anwendung dieses Verstärkungsprinzips herbeiführen, obwohl viele Eltern konsequent gerade jenes Verhalten verstärken, das sie eigentlich ausmerzen wollen. Dr. Dobson erklärt diese und viele andere Prinzipien in einem verständlichen Stil mit zahlreichen Beispielen guter und schlechter »Technik«.

Er betont, daß individuelle Unterschiede der natürlichen Begabung und der sozialen und gefühlsmäßigen Reife in akademischen Dingen in Betracht gezogen werden müssen, und warnt Eltern davor, daß sie zu früh zu viel von ihren Kindern erwarten.

Ein äußerst lehrreiches Kapitel beschreibt, wie diese Prinzipien effektiv in Schulen angewandt werden können. In einem anderen geht es um die Erziehung zu gutem, moralischem Verhalten; wieder ein anderes ist ganz dem Drogenmißbrauch gewidmet.

Beiden Elternteilen wird volle Aufmerksamkeit geschenkt. Auch wird darauf hingewiesen, daß sie ihre Kinder achten müssen, wenn sie von ihren Kindern respektiert werden wollen.

Dr. Dobson ist ein sehr erfahrener Lehrer und Psychologe. Er erklärt Methoden nicht nur verständlich, sondern auch auf interessante und oft humorvolle Weise. Das Beste aber ist, daß Leser, die seine Ratschläge befolgen, die erwünschten Ergebnisse erzielen.

Paul Popenoe, Sc. D.
Gründer und Präsident des
amerikanischen Institutes für Familienbeziehungen
Los Angeles, Kalifornien/USA

Einführung

Vor kurzem bat eine Mutter um Hilfe bei der Behandlung ihrer trotzigen dreijährigen Tochter Sandra. Sie hatte erkannt, daß ihr kleines Mädchen zu oft seinen Willen ihr gegenüber durchgesetzt hatte. Das Kind war zum Tyrannen und Diktator geworden. Am Nachmittag vor unserem Gespräch ereignete sich ein Vorfall, der für Sandras Verhalten typisch war: Die Mutter (ich werde sie Frau Nichols nennen) legte ihr Kind zum Schlafen hin, obwohl es wahrscheinlich nicht im Bett bleiben würde. Sandra ist nicht gewöhnt, irgend etwas zu tun, was sie nicht will. Zu diesem Zeitpunkt stand der Mittagsschlaf nicht auf der Liste ihr genehmer Tätigkeiten. Auch bei dieser Gelegenheit wollte das Kind seine Mutter ärgern und nicht nur den eigenen Willen durchsetzen. Sandra fing an zu schreien. Sie schrie so laut, daß es in der ganzen Nachbarschaft zu hören war, und strapazierte damit Frau Nichols ohnehin schon gereizte Nerven noch mehr. Dann verlangte sie unter Tränen verschiedene Dinge, darunter ein Glas Wasser. Zuerst lehnte Frau Nichols es ab, den »Befehlen« nachzukommen, aber sie kapitulierte, als das Schreien mit unverminderter Lautstärke wieder begann. Als die Mutter das Glas Wasser geholt hatte, schob die Göre es beiseite und weigerte sich, es auszutrinken, weil es nicht schnell genug gebracht worden war. Frau Nichols stand ein paar Minuten da und bot das Wasser an.

Schließlich sagte sie, sie würde es zurück in die Küche bringen, wenn Sandra nicht trinken würde, bevor ihre Mutter bis fünf gezählt hätte. Sandra blieb stur und wartete, bis sie zu Ende gezählt hatte: » . . . drei, vier, fünf!« Als Frau Nichols das Glas nahm und in Richtung Küche ging, schrie das Kind wieder nach Wasser. Sandra ließ ihre Mutter wie einen Roboter hin- und herlaufen, bis sie den »Spaß« satt hatte.

Frau Nichols und ihre kleine Tochter gehören zu den vielen Opfern einer undurchführbaren, unlogischen Philosophie der Kinderherrschaft, die in der Literatur der letzten zwanzig Jahre zu diesem Thema überwiegt. Diese Mutter hatte gelesen, daß ein Kind schließlich auf Geduld und Nachsicht reagieren und daß Disziplin dadurch unnötig werde. Ihr wurde gesagt, sie solle das Kind in seinem Widerstand ermutigen, weil es dadurch die wertvolle Gelegenheit habe, seine Feindschaft auszudrücken und loszuwerden. Sie versuchte, den Vorschlag der Experten zu befolgen und die Gefühle des Kindes im Augenblick des Konflikts auszusprechen: »Du willst zwar das Wasser, aber du bist böse, weil ich es zu spät brachte«; »du willst nicht, daß ich es wieder in die Küche bringe«; »du magst mich nicht, weil ich dich zum Schlafen hingelegt habe«; »du würdest die Mama gern loswerden . . .«. Frau Nichols wurde gesagt, Auseinandersetzungen zwischen Eltern und Kind seien unvermeidbare Mißverständnisse oder Meinungsunterschiede. Leider hatten Frau Nichols wie auch ihre Berater unrecht! Es handelte sich nicht um einen bloßen Meinungsunterschied zwischen ihr und ihrer Tochter; sie wurde von der Tochter herausgefordert und verspottet. Kein offenes Gespräch kann solche direkte Konfrontation lösen, weil das eigentliche Problem nichts mit dem Wasser oder dem Schlafen oder anderen Aspekten der Situation zu tun hatte. Die eigentliche Bedeutung dieser und vieler anderer Auseinandersetzungen war einfach diese: Sandra war dabei, die Autorität ihrer Mutter zu mißachten. Die Art, wie Frau Nichols bei dieser Konfrontation reagierte, wird den Charakter ihrer zukünftigen Beziehungen bestimmen; das konnte und durfte sie nicht außer acht lassen.

Vieles ist über die Gefahren der harten, bedrückenden und lieblosen elterlichen Strafe geschrieben worden. Diese Warnungen sind berechtigt und sollten beachtet werden. Aber die Folgen übermäßiger Bestrafung sind als Rechtfertigung zur Ausmerzung von Grenzen überhaupt zitiert worden. Das ist töricht. Es gibt Zeiten, in denen ein willensstarkes Kind sein Fäustchen ballt und seine Eltern herausfordert. Dabei wird es nicht durch Frustration oder innere Feindschaft motiviert, wie man oft annimmt. Das Kind will nur wissen, wo die Grenzen liegen, wer der Stärkere ist.

Viele wohlmeinende Spezialisten haben die Toleranz gepriesen, aber sie haben keine Lösung zum Problem des Trotzes angeboten. Sie haben betont, wie bedeutsam das Verständnis der Eltern für das Kind ist. Damit bin ich einverstanden, aber wir müssen dem Junior auch beibringen, daß er manches über die

Mama zu lernen hat. Frau Nichols und alle ihre Zeitgenossinnen müssen lernen, wo sie bestrafen sollen, wie sie Grenzen setzen können und welches Verhalten sie bei ihrem Kind unterbinden sollen. Diese erzieherische Tätigkeit muß in einer Atmosphäre von Liebe und Autorität geschehen. Das ist oft für solche Eltern schwer, die darin einen Gegensatz sehen.

Der Begriff »Disziplin« ist nicht nur im Zusammenhang mit Bestrafung zu sehen, ebensowenig dieses Buch. Kindern muß auch *Selbst*disziplin und verantwortliches Benehmen anerzogen werden. Sie brauchen Hilfe, damit sie lernen, wie sie der Herausforderung und den Verpflichtungen des Lebens begegnen sollen. Sie sollten mit der notwendigen Charakterstärke ausgerüstet werden, damit sie befähigt werden, den Forderungen der Schule, der Spielgefährten und auch den späteren Verantwortungen als Erwachsene zu begegnen. Es gibt manche, die glauben, diese Eigenschaften könnten nicht gelehrt werden; das Beste, was man tun könne, sei, das Kind den Weg des geringsten Widerstandes gehen zu lassen und ihm während seiner Entwicklungsjahre alle Hindernisse aus dem Weg zu räumen. Die Befürworter dieser Laissez-faire-Philosophie empfehlen z. B., dem Kind ruhig zu erlauben, sich in der Schule nicht anzustrengen, wenn es keine Lust hat, sein Zimmer in dem bekannten Schweinestallzustand zu halten oder sein Hündchen verhungern zu lassen. Ich lehne das ab und habe allerhand Beweise gesammelt, die diese Ansichten als unrichtig widerlegen. Kinder gedeihen am besten in einer Atmosphäre echter Liebe, unterstützt durch angemessene, konsequent durchgehaltene Verhaltensregeln. In einer Zeit, wo Drogenmißbrauch, Unsittlichkeit, Ungehorsam, Zerstörungswut und Gewalttätigkeit weit verbreitet sind, dürfen wir uns nicht auf die Hoffnung und den Zufall verlassen, wenn es um die Prägung der entscheidenden Charakterzüge geht, die wir bei unseren Kindern schätzen. Jene strukturlose Erziehung wurde bei der Generation angewandt, die jetzt an der Hochschule ist. Das Ergebnis ist ziemlich entmutigend. Das Laissez-faire ist nicht nur mißlungen – es ist zur Katastrophe geworden!

Die Empfehlungen in diesem Buch sind weder bloße Versuche noch Mutmaßungen. Sie stellen eine Methode der Kindererziehung dar, auf die man sich verlassen kann. Sie gründen nicht auf schwer verständliche, theoretische Annahmen, sondern eher auf praktische Konsequenzen. Jack London hat einmal behauptet: »Der beste Maßstab ist: Funktioniert die Sache?« Wenn die Disziplin richtig angewandt wird, funktioniert sie! Sie führt zu einer zärtlichen Liebe, die durch die *gegenseitige* Achtung zwischen Eltern und Kind ermöglicht wird. Sie überbrückt den Generationskonflikt, der oft die Familienmitglieder voneinander trennt, die doch einander lieben und vertrauen sollten. Sie ermöglicht, daß der Gott unserer Väter unseren geliebten Kindern bekannt gemacht werden kann. Sie hilft der Lehrerin, die Arbeit im Klassenraum durchzuführen, mit der sie beauftragt ist. Sie ermutigt das Kind, seine Mitmenschen zu achten und als verantwortungsbewußter, schöpferischer Mensch zu leben. Wie nicht anders zu erwarten, steht die Mühe vor dem Erfolg: Mut, Konsequenz, Überzeugung, Fleiß und begeisterte Anstrengung sind nötig. Kurzum: Man muß Mut zur Disziplin haben.

I.

Wie lernen Kinder Achtung und Verantwortungsbewußtsein?

Die Natur hat die meisten Tiere mit einer Angst vor Dingen ausgerüstet, die ihnen schaden könnten. Ihr Überleben hängt vom rechtzeitigen Erkennen einer bestimmten Gefahr ab, der sie dann ausweichen können. Wenn z. B. ein Frosch in einen Topf mit warmem Wasser gesetzt wird, unter dem man die Hitze allmählich erhöht, so wird er normalerweise keine Fluchtneigung aufweisen. Da er ein Kaltblüter ist, gleicht sich seine Körpertemperatur ungefähr der Temperatur des Wassers um ihn herum an. Er bemerkt also die langsam stattfindende Veränderung gar nicht. Während sich die Temperatur erhöht, bleibt der Frosch für die Gefahr blind. Ohne Schwierigkeiten könnte er in Sicherheit hüpfen, jedoch er sitzt einfach da und späht zufrieden über den Rand des Topfes, während ihn der Dampf verhängnisvoll einnebelt. Schließlich verendet der Frosch, der sein Mißgeschick leicht hätte vermeiden können.

Nun, dieses Buch spricht natürlich von Eltern und Kindern, nicht von Fröschen. Aber wir Menschen haben manche der gleichen Wahrnehmungsschwierigkeiten wie die kleinen grünen Wassertiere. Wir regen uns schnell über plötzliche Gefahren auf, denen wir begegnen. Bei Krieg, Epidemien, Erdbeben und Orkanen wird alles sofort mobilisiert. Entsteht ein bedrohliches Problem jedoch sehr langsam – vielleicht über einen Zeitraum von einem Jahrzehnt oder mehr –, lassen wir oft zu, daß wir in Unwissenheit »kochen«. Diese Blindheit gegenüber allmählich aufkommendem Unheil wird am besten daran verdeutlicht, daß wir der Unruhe keine Beachtung geschenkt haben, die sich unter der jüngeren Generation zunächst in den USA systematisch verbreitete. Wir haben eine sich langsam verschlechternde »Jugendszene« passiv akzeptiert, ohne auch nur ein Wort des Protestes zu äußern. Nehmen wir an, daß unsere Großeltern unserer Welt einen kurzen Besuch abstatten könnten, um unsere Kinder zu beobachten. Sie wären gewiß entsetzt über die Jugendprobleme, mit denen wir besonders in den Städten konfrontiert werden und die sich noch ausweiten.

Der Rauschgift- bzw. Drogen- und Alkoholmißbrauch unter den Jugendlichen richtet nicht nur in den USA großes Unheil an. Obwohl das Problem mittlerweile weitgehend publik wurde, ist sich der Erwachsene, der nicht selbst unter süchtigen Jugendlichen gearbeitet hat, wahrscheinlich nicht bewußt, welches Ausmaß dieses Problem unter jungen Menschen inzwischen angenommen hat. Im Jahre 1960 wurden 1500 Jugendliche wegen Rauschgiftmißbrauches allein im Staat Kalifornien verhaftet; 1968 waren es *30000. Das bedeutet eine 2000-prozentige Zunahme innerhalb von acht Jahren.* Das Ausmaß des Problems wurde in folgendem Zitat aus einem in der Zeitschrift *Time* erschienenen Artikel beschrieben:

> »Eine Heroinepidemie hat uns getroffen. Wir müssen diese Tatsache hinnehmen«, sagt Dr. Donald Louria, Präsident des New Yorker Staatsrats für Drogenabhängigkeit und Verfasser von *»Drug Scene«*. Dr. Elliot Luby, Mitdirektor der Lafayette-Klinik in Detroit, die Drogenabhängige behandelt, stimmt mit ihm überein: »Die Rauschgiftsucht erreicht wirklich die Ausmaße einer Epidemie. Man muß sie als ansteckende Krankheit betrachten.« Das Wort »Epidemie« ist natürlich ein relativer Begriff, aber, wie ein Psychiater aus Chicago, Dr. Marvin Schwarz, sagt: »Jetzt betrachten wir die Sucht aus klinischer Sicht, was vorher nicht der Fall war. Die Jugendlichen, die Heroin nehmen, haben alle eine lange Geschichte des Drogenmißbrauchs hinter sich.« In den Synanon-Selbsthilfezentren für Rauschgiftsüchtige in Kalifornien ist die Zahl der Jugendlichen von null vor fünf Jahren auf 400 heute gestiegen. In San Francisco bezeichnet Dr. Barry Ramer, Direktor des Studienzentrums für Problemforschung, Heroin als »das am leichtesten auf den Straßen erhältliche Rauschgift«. Er fügt hinzu: »In meinen

schlimmsten Alpträumen hätte ich nicht an das gedacht, was wir heute sehen.«[1]

Viele junge Menschen spielen noch ein weiteres gefährliches Spiel, das unter dem Titel »sexuelle Freiheit« zusammengefaßt wird. Der Gedanke erscheint sehr einleuchtend: Warum sich durch Traditionen einschränken lassen? Weshalb also sollte man die Freuden dieses Lebens nicht genießen? Wer hat, da Gott tot ist – wie manche Leute behaupten –, die Autorität, uns diese »Erfüllung« zu verbieten? Die Verhütungsmittel verhindern, daß ein Kind entsteht, warum also darf man nicht selbst entdecken, wovon so viele sprechen? Der außereheliche Geschlechtsverkehr ist ja kein neues Phänomen. Nie zuvor aber wurde die Unsittlichkeit in der westlichen Welt so sehr toleriert wie heute. »Wir müssen doch prüfen, ob wir auch im Sexuellen zusammenpassen – ehe wir heiraten«, begründen viele Jugendliche ihr Verhalten. Ohne unnötig pessimistisch zu sein, kann man sagen, daß die traditionelle Vorstellung von Sittlichkeit auch bei den meisten der heutigen Hochschulstudenten *tot* ist. Die »Playboy-Philosophie« ist als Maßstab von der jetzigen jungen Generation weitgehend akzeptiert worden. Ich sprach neulich mit einigen Hochschullehrern, die von ihrem Staunen über das offene Eingeständnis der Unsittlichkeit seitens ihrer Studenten erzählten. Ganze Klassen diskutieren heutzutage mit ihren Lehrern über die »Richtigkeit« der sexuellen Freiheit.

Die Opfer dieser freien Sexphilosophie sind seit langem bekannt und können auch heute kaum übersehen werden:
1. Außereheliche Schwangerschaften und der für die werdende Mutter damit verbundene Kummer sind in den meisten Hochschulen alltäglich.
2. Die Geschlechtskrankheiten sind in den Städten zur Epidemie geworden. Ein Arzt, der eine Klinik für Geschlechtskranke leitet, beschrieb mir neulich seine bedrückenden Erfahrungen. Er sagte, daß die meisten seiner jungen Patienten nicht etwa kommen und die Hände verzweifelt über die furchtbare Krankheit ringen, die sie sich zugezogen haben; sie planen vielmehr routinemäßige Untersuchungen in seiner Klinik, um ihre Krankheit rechtzeitig

[1]) Zeitschrift Time, 16. 3. 1970, S. 16. Zitiert mit Erlaubnis.

vor den »Ereignissen« des nächsten Wochenendes »heilen« zu lassen. Die ärztliche Behandlung dient als »Stützpfeiler« für ihre künftigen »Heldentaten«.

3. Das schlimmste Ergebnis der Promiskuität ist wahrscheinlich die Auswirkung, die sie auf Gefühle und Persönlichkeit der Opfer hat, indem natürliches Schamgefühl und seelische Gesundheit vorzeitig zerstört werden. Diese Folgen der sexuellen »Freiheit« werden von den Verfechtern der neuen Moral natürlich vorher nicht angekündigt!

Ein weiteres Symptom jugendlicher Unruhe ist in der häufig offenbarten Aggressivität und Feindseligkeit zu sehen. Junge Menschen sind heute gewalttätiger als je zuvor in der Geschichte der USA. Nach den veröffentlichten Statistiken des amerikanischen Bundeskriminalamtes nahmen die Verhaftungen von Jugendlichen wegen schweren Überfalls in den letzten Jahren um siebzig Prozent schneller zu, als das Bevölkerungswachstum. Zwei Drittel aller Gewalttaten (Mord, Vergewaltigung und Überfall) werden von Menschen unter einundzwanzig Jahren verübt. In einem unlängst erschienenen Artikel der »Associated Press« wurde behauptet, daß Studenten überall in den Vereinigten Staaten zunehmend häufig ihre Lehrer angreifen. Die meisten dieser tätlichen Angriffe werden in den höheren Schulen verübt. Eine überraschend große Zahl der Vorfälle ereignet sich jedoch auch schon in den Grundschulen. Kann überhaupt ein Zweifel daran bestehen, daß die Autorität der Schule ernsthaft herausgefordert wird?

Noch viele andere ähnliche Phänomene, die auf die Unruhe in der jungen Generation hinweisen, zeigen sich. Gefühlskälte, Bandenkriege, Selbstmord unter Jugendlichen, Versagen in der Schule, Ladendiebstahl und schwerer Diebstahl sind Symptome einer tiefsitzenden Krankheit, an der unzählig viele Jugendliche leiden. In der Anfangsphase des jugendlichen Aufruhrs war man noch zuversichtlich: »Nur ein kleiner Prozentsatz der Jugendlichen hat Schwierigkeiten.« Diese Behauptung kann uns nicht länger trösten, weil sie nicht mehr stimmt. Andererseits wäre es höchst ungerecht zu sagen, daß die meisten jungen Menschen »böse« sind. Sie reagieren nur auf gesellschaftliche Kräfte und Ursachen, die sie auf das Glatteis des Unheils führen.

Alle erwähnten Probleme können wir nicht lösen, indem wir die

Jugendlichen erbarmungslos verurteilen. Viele der jungen Menschen, die sich auf eine so unsoziale und selbstzerstörerische Weise benehmen, sind eigentlich verlorene, ziellos umherirrende Einzelne. Millionen anderer Jugendlicher haben weder die Gesellschaft angegriffen noch ihre zeitlosen Werte abgelehnt, und doch kennen sie die gleiche innere Leere und Verwirrung. Sie brauchen dringend weise und verständnisvolle Eltern, die ihnen in ihren persönlichen Krisen Halt geben können. Ziel dieses Buches ist es ganz bestimmt nicht, unsere Kinder zu verurteilen; sie sind unser wichtigstes und wertvollstes Gut. Im Gegenteil: die ältere Generation wurde zumindest darin schuldig, daß sie die Verschlechterung der Umstände zuließ. Zu einem früheren Zeitpunkt hätte der Trend ohne weiteres geändert werden können, aber genauso wie der zufriedene Frosch dachten wir offensichtlich an etwas anderes. Der Zeitpunkt ist gekommen, daß wir »weghüpfen«, bevor wir »kochen«. Wir als Eltern haben die Verantwortung, uns aus unserer Bequemlichkeit und Kurzsichtigkeit in Bewegung setzen zu lassen und Schritte zu unternehmen, um die Probleme auszuschalten, die unsere Kinder bedrohen. Wir werden manche aus der jungen Generation vielleicht nicht mehr erreichen können, aber möglicherweise können wir die restlichen bewahren. Letztlich müssen wir folgende Fragen beantworten: Wie sind wir in diese Misere hineingeraten? Wie können wir wieder herauskommen?

Ohne ein äußerst kompliziertes Bild zu sehr vereinfachen zu wollen, muß man doch sagen, daß viele unserer Probleme mit der gegenwärtigen Jugendgeneration ihre Ursache in deren früher Kindheit haben. Kleine Kinder sind für (gute oder schlechte) Erziehung äußerst aufgeschlossen, und Fehler, die in den ersten Jahren gemacht werden, erweisen sich später als kostspielig. Es gibt eine kritische Phase in den ersten vier oder fünf Lebensjahren eines Kindes, während der ihm richtige Verhaltensweisen beigebracht werden können. Diese frühen Erfahrungen üben einen ziemlich nachhaltigen Einfluß aus. Aber wenn die Gelegenheit dieser Jahre versäumt wird, verschwindet gewöhnlich die ursprüngliche Lernbereitschaft und kehrt nie wieder zurück. Wenn es wünschenswert ist, daß Kinder nett, dankbar und freundlich werden, sollten diese Eigenschaften also gelehrt werden – nicht nur erhofft. Wenn wir Ehrlichkeit, Wahrhaftigkeit und

Selbstlosigkeit bei unseren Nachkommen sehen wollen, so sollten diese Eigenschaften bewußte Ziele der frühen Erziehung sein. Wenn es wichtig ist, höfliche, verantwortungsbewußte junge Menschen zu erziehen, so sollten wir uns auch bemühen, sie demgemäß zu formen. Der Sinn ist deutlich: *Die Vererbung allein rüstet das Kind nicht mit den richtigen Verhaltensweisen aus; Kinder lernen, was man ihnen beibringt.* Wir können von unseren Kindern nicht die erwünschte Haltung und gutes Benehmen erwarten, solange wir unsere Aufgabe nicht frühzeitig erfüllt haben. Anscheinend haben viele Eltern der Nachkriegsgeneration bei dieser entscheidenden Aufgabe versagt.

Fast alle Menschen können Mutter oder Vater werden. Die verlangten Qualifikationen sind nicht sehr hoch. Es ist noch nicht einmal nötig, eine einzige Tatsache über Kindererziehung zu wissen, um ein Kind zu zeugen. Es mag vorkommen, daß jungen Männern und Frauen die ungewollte Verantwortung für einen beeinflußbaren, hilflosen Säugling aufgebürdet wird, über die sie wenig wissen. Sie kennen die Prinzipien der Disziplin, der Ernährung, des Wachstums und der Entwicklung eines Kindes vielleicht überhaupt nicht. Die Fehler, die sie machen, sind gewiß unbeabsichtigt, und doch sind die Folgen darum nicht weniger ernst. Vielleicht der größte und am meisten auftretende Mangel: während der letzten fünfundzwanzig Jahre waren besonders die jungen Eltern der Überzeugung, daß bei der Erziehung der Kinder »die Liebe genügt«. Anscheinend meinten sie, daß der Erfolg bei der Erziehung aus zwei grundlegenden Verpflichtungen bestehe:

1. das Kind in einer Atmosphäre echter Liebe zu erziehen
2. seine materiellen und physischen Bedürfnisse zu befriedigen.

Sie erwarteten, daß jede gute und wertvolle Tugend aus dieser Quelle der Herzensgüte heraussprudeln würde. Wie die Zeit jedoch gezeigt hat, war das ein Wunschdenken. Die Liebe zum menschlichen Leben ist zwar unentbehrlich, doch geht die Verantwortung der Eltern sehr viel weiter. Eltern können ein Kind unermeßlich lieben und ihm doch schädliche Verhaltensweisen beibringen. Liebe ohne jede Erziehung wird kein Kind zur Selbstzucht, Selbstbeherrschung und Achtung vor seinen Mitmenschen bringen. Liebe und Wärme liegen zwar aller geistigen und körperlichen Gesundheit zugrunde, aber sie schließen die Notwendigkeit sorgfältiger Erziehung und Leitung nicht aus.

Auf einer Psychologenkonferenz in Los Angeles behauptete kürzlich der Hauptreferent, *die größte gesellschaftliche Katastrophe dieses Jahrhunderts sei der Glaube, daß viel Liebe Disziplin unnötig mache.* Er sagte, es sei ein Irrtum, zu glauben, daß manche der kleinen Störenfriede, die im Klassenzimmer so widerspenstig seien, an Gefühlsstörungen litten. Man schickt solche Kinder zum Schulpsychologen, um ihre Schwierigkeiten zu erkennen, aber keine tiefgreifenden Probleme werden gefunden. Stattdessen wird deutlich, daß die Kinder nie dazu aufgefordert worden sind, sich zurückzuhalten oder Triebverzicht zu üben. Manche dieser »getesteten« Kinder kamen aus Elternhäusern, wo die Liebe fast grenzenlos war.

Höfliche und verantwortungsbewußte Kinder kommen von Familien, bei denen die richtige Mischung von *Liebe und Disziplin* vorhanden ist. Diese beiden Bestandteile müssen wohldosiert miteinander verbunden werden. Das Fehlen des einen oder anderen ist oft verhängnisvoll. Während der fünfziger Jahre existierte hier eine Verschiebung des Gleichgewichts nach einer Seite hin. Damals erlebten wir die Vorherrschaft einer unbekümmerten Theorie unter dem Namen »freie Demokratie«. Diese Philosophie reduzierte die Verpflichtung der Eltern, ihre Kinder zu zügeln, auf ein Mindestmaß. In manchen Fällen meinten Vater und Mutter, daß alle Formen der Bestrafung schädlich und ungerecht seien. Folglich ist dieses Jahrzehnt als das freieste unserer Geschichte beschrieben worden. Ist es reiner Zufall, daß die Generation, die während jener Ära erzogen wurde, gelernt hat, alle Formen der Autorität, denen sie begegnet, herauszufordern? Ich glaube nicht. Es sollte uns nicht überraschen, daß unsere Kinder Schwierigkeiten machen. Wir haben diese Generation auf dem Altar der zu großen Nachsicht, des Übermaßes an Freiheit und der erstickenden Liebe geopfert. Andere Faktoren haben gewiß ebenfalls zur gegenwärtigen unruhigen Jugendszene beigetragen, aber ich glaube, die Hauptursache liegt in der Anarchie, die in Millionen von Elternhäusern herrschte.

Haben Sie einmal darüber nachgedacht, daß die gegenwärtige Generation junger Menschen mehr »gutes Leben« genossen hat als jede andere vergleichbare Gruppe in der Geschichte der Welt?

Man kann das gute Leben definieren, wie man will, aber die Folgerung bleibt dieselbe. Unsere Kinder haben mehr Vergnügen und Unterhaltung, besseres Essen, mehr Muße, bessere Ausbildung, bessere ärztliche Betreuung, mehr materielle Güter und mehr Möglichkeiten gehabt, als das je zuvor der Fall gewesen ist. Und doch sind sie als die »zornige Generation« beschrieben worden. Warum? Diese beiden Voraussetzungen passen anscheinend nicht zusammen. Zu allen Zeiten haben die Menschen von einer Zeit geträumt, in der die Hauptprobleme gelöst werden: »Wenn wir diesen grausamen Krieg nur nicht führen müßten; wenn wir nur diese Hungersnot, diese Wirtschaftskrise oder diese Krankheit ausmerzen könnten.« Endlich, nach dem Zweiten Weltkrieg, in den Jahren 1950–1970, wurde eine Generation geboren, die alle begehrten Güter in Mengen bekam. Aber statt Zufriedenheit und Dankbarkeit entstanden Feindseligkeit und hochmütige Verachtung gegenüber der Generation, die gearbeitet hatte, um das alles zu ermöglichen. Warum?

Die meisten weitverbreiteten Antworten sind grundsätzlich falsch. Die Auseinandersetzung ist nicht aufgrund der Heuchelei der älteren Generation entstanden. Es hat in der menschlichen Gesellschaft immer Heuchelei gegeben, und sie ist natürlich auch in unserer Gesellschaft vertreten. Aber wenn Heuchelei die Grundursache der Unruhe ist, warum reagierten frühere Generationen nicht ebenso heftig? Es muß jetzt um etwas anderes gehen. Das Problem ist auch nicht wegen der Existenz der Wasserstoffbombe entstanden, wegen der Einschränkung der Redefreiheit, wegen Armut oder Rassenungerechtigkeit. Ohne Zweifel haben alle diese Faktoren auf die Gesellschaft eine nachhaltige Wirkung gehabt, aber die zentrale Ursache der Unruhe unter den jungen Menschen muß in den frühen Jahren der Kindheit gesucht werden: Wir haben weder Achtung noch verantwortliches Verhalten von unseren Kindern verlangt, und es darf uns nicht überraschen, daß manchen unserer jungen Mitmenschen nun diese Tugenden fehlen.

EINIGES ÜBER KINDERERZIEHUNG

Die Methoden und Philosophien in bezug auf die Erziehung von Kindern sind seit Jahrhunderten Gegenstand hitziger Debatten und Meinungsverschiedenheiten gewesen. Das Pendel schlug regelmäßig hin und her zwischen harter, bedrückender Disziplin und der strukturlosen Freiheit der fünfziger Jahre. Es ist an der Zeit, daß wir erkennen, daß *beide* Extreme ihre charakteristischen Narben im Leben der jungen Opfer hinterlassen, und ich hätte Schwierigkeiten zu sagen, welches schädlicher ist. Leider scheint die vorherrschende Philosphie zu einer bestimmten Zeit mehr Einfluß auf die Erziehungsmethoden der Eltern zu haben als die Vernunft. Zum Beispiel kenne ich eine Mutter, die ihr sechs Monate altes Baby schlägt, weil es nicht ruhig liegen bleibt, während sie es trockenlegt. Viele solcher törichten Beispiele sind in unserer Gesellschaft zu beobachten. Aber das Gegenteil ist noch weiter verbreitet. Ich kenne eine Familie mit vier der wohl undiszipliniertesten Kinder der Welt. Diese Kinder waren der Schrecken unserer Nachbarschaft. Sie waren unhöflich, laut und aggressiv. Sie schlichen in Garagen und nahmen Werkzeug und Geräte mit. Die Nachbarn mußten die Griffe von den Wasserhähnen draußen abmontieren, weil diese Kinder Spaß daran hatten, das Wasser laufen zu lassen, während die Familien im Urlaub waren. Es war interessant, die Erziehungsmethode ihrer Mutter zu beobachten. Was immer das für eine Art gewesen sein mag, – sie wirkte nicht. Ihre Methode, die Kinder unter Kontrolle zu haben, bestand aus einer einfachen Formel: Sie stürzte ungefähr einmal in der Stunde zur Haustür hinaus und schrie: »Ihr macht mich noch wahnsinnig! Ihr Kinder macht mich wahnsinnig!« Dann drehte sie sich um und ging wieder ins Haus zurück. Die Kinder sahen sie dabei nie an. Wenn sie merkten, daß sie da war, ignorierten sie ihre Mutter völlig. Sie meinte anscheinend, daß es reiche, wie ein Kuckuck aus der Uhr herauszukommen und die Kinder daran zu erinnern, daß sie noch da sei. Es ist gewiß nicht schwer, ein solches klassisches Beispiel schlechter Disziplin zu finden. Beispiele für logische, vernünftige und konsequente Methoden der Disziplin hingegen sind viel seltener.

Die Öffentlichkeit ist vielen unmöglichen Meinungen über die Kindererziehung ausgesetzt gewesen, die sich schnell in viele

Richtungen ausgebreitet haben. Jeder, von Tante Elisabeth bis zum örtlichen Leichenbestatter, hat seine eigene Meinung darüber, wie Kinder beaufsichtigt werden sollen, und – was noch schlimmer ist – sogar die Meinungen der Experten sind oft gegensätzlich. Die Ursache dieser Meinungsunterschiede ist einfach: die Prinzipien einer guten Ordnung können nicht durch wissenschaftliche Untersuchungen festgestellt werden. Das Thema ist zu kompliziert, zu viele veränderliche Faktoren sind zu berücksichtigen. Psychologen sind kritisiert und sogar ausgelacht worden, weil sie sich nicht auf eine praktikable Methode der Kindererziehung einigen können, und doch hat jeder Beruf seine notwendigen Auseinandersetzungen. Das Oberste Bundesgericht der USA teilt sich in der Auslegung des Gesetzes oft mit fünf gegen vier Stimmen. Ärzte streiten heftig über Hunderte von medizinischen Fragen, obwohl ihre Patienten meistens nicht wissen, daß die Auseinandersetzungen existieren. Deshalb sollte man sich auch nicht darüber wundern, daß sich die Experten im Bereich der Kindesentwicklung nicht auf die ideale Methode der Disziplin im Elternhaus einigen können. Trotz dieser Auseinandersetzung in der Vergangenheit bin ich ganz und gar davon überzeugt, daß die richtige Erziehung der Kinder in einer vernünftigen Methode mit fünf Hauptelementen zu finden ist.

1. Die Entwicklung des Respekts vor den Eltern ist der entscheidende Faktor bei der Kindererziehung

Es ist äußerst wichtig, daß das Kind seine Eltern achtet, und zwar nicht, um ihr Ego zu befriedigen, sondern weil die Beziehung des Kindes zu seinen Eltern die Grundlage für seine Haltung allen anderen Menschen gegenüber bildet. Seine Auffassung von der Autorität seiner Eltern wird zum Grundstein für seine spätere Einstellung zur Autorität der Schule, zur Polizei und zum Gesetz, zu den Menschen, mit denen es später zusammen leben und arbeiten wird, und zur Gesellschaft im allgemeinen. Die Eltern-Kind-Beziehung ist die erste und wichtigste soziale Wechselbeziehung, die ein Mensch erfährt, und die Fehler und Mängel dieser Wechselbeziehung kann man oft in späteren Beziehungen wiedererkennen. Wenn ein Kind zum Beispiel Bonbons will und seine Eltern sagen: »Nein«, so läßt es sich auf den Boden fallen, schreit und schlägt den Kopf auf den Teppich. Mama wird durch diese Vorführung aus der Fassung gebracht und sagt: »Komm, Spatz, ich glaube, *ein* Bonbon wird nicht schaden. Nun hör auf zu weinen.« Sie hat es dem Kind leicht gemacht, gefühlsmäßig zu reagieren. Sein Schreien brachte ihm eine schmackhafte Belohnung ein. Es forderte das System heraus und gewann den Kampf. Wenn die gute Mama während der nächsten vierzehn Jahre ähnliche Antworten auf seine Proteste gibt, wird das kleine Hänschen möglicherweise allmählich zum großen bösen Hans werden, der erwartet, daß auch alle anderen auf seine Forderungen eingehen wie seine Mutter es einst tat. Wenn er später von einer weniger fügsamen Autorität abgewiesen wird, ist die Bühne frei für einen gewaltigen Zusammenstoß. Obwohl dieser Fall absichtlich vereinfacht ist, könnte ich viele ähnliche Beispiele nennen, die zeigen, wie die frühe Eltern-Kind-Beziehung sich in späteren menschlichen Wechselbeziehungen widerspiegelt.

Die Achtung vor den Eltern muß aus noch einem anderen, ebenso wichtigen Grund erhalten bleiben. Wenn Sie wollen, daß Ihr Kind auch als Jugendlicher noch Ihre Werte akzeptiert, so müssen Sie in seinen jüngeren Jahren seiner Achtung würdig sein. Wenn ein Kind während der ersten fünfzehn Jahre seines Lebens seinen Eltern erfolgreich trotzen kann, indem es ihnen ins Gesicht lacht und hartnäckig ihre Autorität mißachtet, dann fängt es natürlich auch an, sie zu verachten. »Dumme, alte Eltern! Ich kann sie um den kleinen Finger wickeln. Natürlich lieben sie mich, aber ich glaube, im Grunde haben sie Angst vor mir.« Ein Kind wird diese Worte vielleicht nicht äußern, aber es empfindet sie jedesmal, wenn es seine erwachsenen Begleiter überlistet, wenn es Konfrontationen und Kämpfe gewinnt. Später wird es wahrscheinlich seine Verachtung auf offenere Weise zeigen. Seine Eltern – so meint der junge Mensch dann – sind seiner Achtung nicht würdig, und er will sich mit nichts identifizieren, was sie verkörpern. Er lehnt jedes Überbleibsel ihrer Einstellung ab. Dieser Faktor ist vor allem für christliche Eltern von Bedeutung, die ihre Gottesvorstellung an ihre Kinder weitergeben wollen. Sie müssen zuerst sich selbst weitergeben. Wenn sie selbst der Achtung nicht würdig sind, so gilt das auch für ihren Glauben an Gott, ihre Moral, ihre Regierung, ihr Land und ihre sonstigen Werte. Dann entsteht ein »Generationskonflikt« auf der grundlegendsten Ebene. Die Kluft entsteht nicht aus dem Mißlingen der Verständigung; wir sprechen ungefähr die gleiche Sprache. Mark Twain sagte einmal von der Bibel: »Mich stören nicht die Dinge, die ich nicht verstehe; mich stört das, was ich verstehe!« Auf ähnliche Weise liegt die Ursache für die Schwierigkeiten zwischen den Generationen eher in dem, was wir voneinander *verstehen,* als in einer sprachlichen Verwirrung. Die Auseinandersetzung zwischen den Generationen entsteht wegen der fehlenden gegenseitigen Achtung, und das bringt viele schmerzliche Folgen mit sich.

Die Frage der Achtung kann ein nützliches Werkzeug sein, wenn man sich entscheiden muß, ob eine Strafe notwendig ist oder ob und wie sehr man sich über ein bestimmtes Verhalten aufregen soll. Der betroffene Elternteil sollte sich zuerst darüber klar werden, ob das unerwünschte Verhalten eine direkte Herausforderung seiner Autorität – seiner Stellung als Vater oder Mutter – darstellt. Die Strafe sollte dann von dieser Bewertung abhängen. Nehmen wir beispielsweise an, daß der kleine Walter im Wohnzimmer ungeschickt herumläuft, so daß er über einen Tisch fällt und viele teure Porzellantassen und andere Gegenstände zerbrechen. Oder daß er sein Fahrrad verliert oder die beste Säge seines Vaters draußen im Regen liegen läßt. Dies sind die Ergebnisse kindlicher Verantwortungslosigkeit und sollten als solche behandelt werden. Vielleicht sollten die Eltern das Kind arbeiten lassen, um die Verluste zu ersetzen – das hängt natürlich vom Alter und von der Reife des Kindes ab. Diese Beispiele sind aber keine direkte Herausforderung an die Adresse elterlicher Autorität. Sie entspringen nicht einem eigensinnigen, hochmütigen Ungehorsam. Meiner Meinung nach sollten Schläge für den Augenblick vorbehalten bleiben, in dem ein Kind (zehn Jahre alt oder jünger) ein trotziges »Ich will nicht!« oder »Halt die Klappe!« äußert. Wenn ein Kind diese Art hartnäckiger Auflehnung ausprobiert, sollten Sie es ruhig züchtigen, denn Schmerzen sind ein wunderbarer »Reiniger«. Wenn es zwischen Ihnen und Ihrem Kind zu einer direkten Konfrontation kommt, so ist das nicht der Zeitpunkt, eine Diskussion über die Tugend des Gehorsams anzufangen. Es ist nicht die Gelegenheit, das Kind schmollend auf sein Zimmer zu schicken. Es ist auch nicht richtig zu warten, bis der Papa von der Arbeit müde nach Haus kommt, der dann die Vergehen des Kindes an diesem Tag bestrafen muß.

Sie haben das Kind in seine Grenzen gewiesen, und es hat sie absichtlich übertreten. Wer wird gewinnen? Wer hat den meisten Mut? Wer ist hier der Herr? Wenn Sie diese Fragen für das Kind nicht endgültig beantworten, wird es weitere Kämpfe heraufbeschwören, die diese Fragen immer wieder stellen. Es ist das grundlegende Paradoxon der Kindheit, daß ein Kind eigentlich wissen will, wo seine Grenzen sind, aber daß es darauf besteht, daß seine Eltern sich das Recht verdienen, es entsprechend zu erziehen.

Herr Habermann war der Vater eines jugendlichen Mädchens namens Rebekka. Er kam eines Nachmittags ganz verzweifelt zu mir und erzählte mir die Ursache seiner Verzweiflung. Rebekkas Eltern hatten nie von ihr Gehorsam oder Achtung verlangt, und ihre ersten Jahre waren hektisch für die ganze Familie. Frau Habermann war zuversichtlich, daß Rebekka schließlich fügsamer würde, aber diese Besserung trat nicht ein. Das Kind verachtete seine Eltern von frühester Kindheit an. Es war mürrisch, unhöflich, selbstsüchtig und niemals hilfsbereit. Herr und Frau Habermann meinten, sie hätten nicht das Recht, an ihre Tochter Forderungen zu stellen, also lächelten sie höflich und taten, als merkten sie nichts. Es wurde immer schwieriger, weiterhin großzügig zu bleiben, als Rebekka ihre Pubertäts- und Adoleszenzzeit durchlebte. Sie war ständig unzufrieden und spöttelte widerwärtig über ihre Familie. Herr und Frau Habermann hatten Angst davor, ihr auf irgendeine Weise entgegenzuwirken, weil sie dann ganz heftige Wutanfälle bekam. Sie waren Opfer einer Erpressung mit Gefühlen. Sie dachten, sie könnten ein Miteinander erkaufen, indem sie ihr ein eigenes Telefon im Zimmer installieren ließen. Sie nahm es ohne Dankbarkeit an und telefonierte für über 170.– DM in einem Monat. Die Eltern dachten sich etwas anderes aus und meinten, eine Party würde Rebekka Freude bereiten. Frau Habermann arbeitete sehr fleißig, um das Haus zu schmücken und die Erfrischungen vorzubereiten. Am vorgesehenen Abend strömte eine Bande schmutziger, grölender Jugendlicher ins Haus und zerbrach und zerstörte dabei Mobiliar. Während des Abends sagte Frau Habermann etwas, worüber Rebekka sich ärgerte.

Herr Habermann war fort gewesen, und als er zurückkehrte, fand er seine Frau im Bad in einer Blutlache liegend. Rebekka hatte sie niedergeschlagen und hilflos auf dem Boden liegen lassen. Herr Habermann fand seine unbekümmerte Tochter auf dem Hof, wo sie mit ihren Freunden tanzte. Er hatte Tränen in den Augen, als er mir die Einzelheiten dieses ihm persönlich widerfahrenen Alptraums erzählte. Frau Habermann lag noch im Krankenhaus und dachte über ihr Versagen als Mutter nach. Die größte Tragödie dieses Vorfalls liegt in der dauerhaften Natur des Problems: Keine einfache Therapie kann die Narben auslöschen, die in das Leben dieser drei unglücklichen Menschen hineingebrannt sind. Sie haben teuer dafür bezahlt, daß sie Rebekka nicht in früher Kindheit Respekt gelehrt haben.

Viele gute Ratschläge sind zu den Gefahren der falschen Disziplin erteilt worden, und sie sollten auch beachtet werden. Die Eltern können ein Kind durch Anwendung harter, bedrükkender, launenhafter, liebloser oder auch eigenwilliger Bestrafung fast lebensunfähig machen. Das empfehle ich ganz bestimmt nicht. Sie können aber einem Kind keine dauerhaften Schäden zufügen, wenn Sie folgende Grundsätze beachten: a) Legen Sie die Regeln im voraus fest; b) lassen Sie keinen Zweifel daran, was annehmbares Verhalten ist und was nicht; c) wenn das Kind sich kaltblütig entscheidet, diese ihm bekannten Grenzen auf hochmütige Weise zu überschreiten, geben Sie ihm guten Grund, es zu bereuen; d) zu allen Zeiten sollten Sie ihm Liebe, Zuneigung, Güte und Verständnis erweisen.

Disziplin und Liebe sind keine Gegensätze; das eine ergänzt das andere. Eltern müssen sich davon überzeugen, daß die Bestrafung (wie sie oben skizziert wurde) nicht etwas ist, was sie dem Kind *antun,* sondern sie ist etwas, was sie *für* das Kind tun. Ihre Haltung zum ungehorsamen Kind ist diese: »Ich liebe dich zu sehr, um zuzulassen, daß du dich so benimmst.« Für ein Kleinkind kann ein Bild dieses am deutlichsten erklären:

> Ich kenne ein kleines Vöglein, das bei seiner Mama im Nest war. Mama Vogel flog weg, um Würmer zum Fressen zu finden, und sie sagte dem Vöglein, es dürfe nicht aus dem Nest hinaus, während sie weg sei. Aber der kleine Vogel hörte nicht auf sie, sprang aus dem Nest und fiel auf die

Erde, wo eine große Katze ihn erwischte. – Wenn ich dir sage, du sollst auf mich hören, sage ich das, weil ich weiß, daß es das Beste für dich ist, genauso, wie die Vogelmama wußte, was das Beste für ihr Vöglein war. Wenn ich dir sage, du sollst auf dem Hof bleiben, sage ich das, weil ich nicht will, daß du auf die Straße läufst und von einem Auto überfahren wirst. Ich habe dich lieb, und ich will nicht, daß dir etwas zustößt. Wenn du nicht auf mich hörst, werde ich dich bestrafen müssen, um dir zu helfen, dich daran zu erinnern. Verstehst du?

Meine eigene Mutter hatte ein ungewöhnliches Verständnis für gute Erziehung. Sie war sehr duldsam gegen meine Kindlichkeit, und ich fand meistens, daß das, was sie von mir wollte, vernünftig sei. Wenn ich spät von der Schule nach Hause kam, konnte ich einfach erklären, was die Verzögerung verursacht hatte, und die Sache war damit erledigt. Wenn ich meine Arbeit nicht schaffte, setzten wir uns hin und trafen irgendeine Vereinbarung. Aber es gab *eine* Sache, in der sie ganz unnachsichtig blieb: sie duldete keine Frechheit. Sie wußte, daß Unverschämtheiten die mächtigsten Waffen des Trotzes sind, und daß sie verhindert werden müssen. Ich lernte sehr früh, daß ich, wenn ich gegen sie einen frechen Angriff starten wollte, mindestens drei bis vier Meter von ihr entfernt sein mußte. Diese Entfernung war notwendig, um zu vermeiden, mit dem geschlagen zu werden, was ihr gerade in die Hände fiel. Bei einer Gelegenheit knallte sie mit einem Schuh los; ein anderes Mal gebrauchte sie einen Gürtel, den sie gerade zur Hand hatte. Der Tag, an dem ich lernte, wie wichtig es war, außer Reichweite zu bleiben, ist mir noch mit leuchtender Klarheit im Gedächtnis. Ich machte den verhängnisvollen Fehler, ihr eine freche Antwort zu geben, während ich etwas mehr als einen Meter von ihr entfernt war. Sie drehte sich rasch um, um etwas zu ergreifen, womit sie mich schlagen konnte. Ihre Hand erwischte einen Hüftgürtel. Sie holte aus und warf das abscheuliche Kleidungsstück in meine Richtung. Ich höre heute noch, wie es durch die Luft sauste. Der beabsichtigte Schlag traf mich auf die Brust, und eine Menge Riemen und Spangen folgten, die sich um meinen mittleren Körperteil wickelten. Mit diesem einen gewaltigen Schlag gab Mutter mir eine ganze Tracht Prügel. Von jenem Tag an zog ich mich vorsichtshalber ein paar Schritte zurück, bevor ich »loslegte«.

Respekt allein führt nicht zum Ziel; Achtung vor einem anderen darf keine Einbahn-Straße sein. Eine Mutter kann nicht erwarten, daß ihr Kind sie mit Achtung behandelt, wenn sie nicht auch Achtung vor dem Kind hat. Sie sollte mit seinem Ich vorsichtig umgehen, sollte es nie herabsetzen oder es vor seinen Freunden in Verlegenheit bringen. Strafen sollten normalerweise fern von den neugierigen Augen schadenfroher Zuschauer ausgeführt werden. Man darf das Kind nicht unbarmherzig auslachen. Seine starken Gefühle und Bitten, und seien sie noch so töricht, sollten ehrlich eingeschätzt werden. Es sollte das Gefühl haben, daß »meine Eltern sich *wirklich* um mich kümmern«. Die Selbstachtung ist die zerbrechlichste Eigenschaft der menschlichen Natur; sie kann durch einen sehr kleinen Vorfall verletzt werden, und die Wiederherstellung ist oft schwierig zu erreichen. Ein Vater, der seine Kinder sarkastisch und scharf kritisiert, kann nicht erwarten, seinerseits wirklich geachtet zu werden. Seine Kinder werden ihn vielleicht genug *fürchten*, um ihre Verachtung für sich zu behalten, aber die Rache wird oft während der späteren Adoleszenz ausbrechen. Kinder kennen die Weisheit des alten Axioms, das uns empfiehlt: »Verspotte den Alligator erst, wenn du den Fluß überquert hast.« Ein bissiger, boshafter Vater wird seine Familie vielleicht eine Weile einschüchtern können, aber wenn er sich keine Achtung bei seinen Mitbewohnern verschafft, werden sie seine Feindseligkeit möglicherweise erwidern, wenn sie erwachsen geworden sind.

Eine Mutter muß damit rechnen, daß ihr Kind ab dem Alter von ungefähr fünfzehn Monaten, wenn nicht schon früher, regelmäßig ihre Autorität in Frage stellen wird. Das Kleinkind ist der hartnäckigste Gegner von Recht und Ordnung, den es überhaupt gibt, und es kann das Leben für seine gequälte Mutter zur Hölle werden lassen. Auf seine eigene unschuldige Weise ist es gemein, selbstsüchtig, anspruchsvoll, listig und zerstörerisch. Der Komiker Bill Crosby muß ganz besondere Erfahrungen mit einem Kleinkind gemacht haben; er soll gesagt haben: »Gib mir 200 aktive Zweijährige, und ich könnte die Welt erobern.« Das Kind zwischen fünfzehn und dreißig Monaten will auf keinerlei Weise eingeschränkt oder zurückgehalten werden, und es ist nicht geneigt, seinen Standpunkt zu verbergen. Es lehnt sich z. B. jedesmal gegen das Zubettgehen auf, und die Schlafenszeit wird so zur erschöpfenden, befürchteten Feuerprobe. Es will mit allem spielen, was es sieht, besonders mit zerbrechlichen und teuren Dingen. Es macht lieber in sein Höschen als ins Töpfchen. Es besteht darauf, mit den Händen zu essen. Wenn es sich in einem Laden von der Hand der Mutter befreien kann, läuft es so schnell weg, wie seine kleinen Beinchen es tragen. Es zieht das Kätzchen am Schwanz und schreit dann voller Protest, wenn es gekratzt wird. Es will, daß seine Mutter den ganzen Tag nicht mehr als einen Meter von ihm weggeht, besonders wenn sie ihm als ständig anwesender Spielgefährte dient. Das Kleinkind ist wirklich wie ein kleiner Tiger! Sogar wenn die Eltern ihr Kind richtig erziehen, fällt es ihnen wahrscheinlich trotzdem schwer, es entsprechend zu beaufsichtigen. Sie sollten nicht erwarten, daß sie einen Zweijährigen z. B. dazu bringen, sich wie ein Erwachsener zu benehmen. Prüfende, aber geduldige Eltern werden es schließlich schaffen, den kleinen Tyrannen unter Kontrolle zu bringen, aber wahrscheinlich erst, wenn er ungefähr vier Jahre alt ist. Leider kann die Einstellung des Kindes zur Autorität während der ersten Jahre durch Fehlverhalten der Eltern ernsthaft geschädigt werden. Die Mutter, die ihren »süßen kleinen Dicken« so sehr liebt, daß sie es nicht riskieren kann, ihm entgegenzutreten, wird möglicherweise ihre Autorität einbüßen – und nie wiedergewinnen.

Ich beschäftigte mich einmal mit der Mutter eines aufsässigen Dreizehnjährigen, der ihr gar nicht gehorchen wollte. Er kam nachts erst um 2 Uhr oder später nach Hause, und er gehorchte grundsätzlich keiner Bitte, die sie äußerte. Ich bat sie darum, mir die Geschichte dieses Problems zu erzählen, da ich mit Recht annahm, daß ihr Mangel an Autorität aus einer schon lange vorher existierenden Schwierigkeit resultierte. Sie sagte, sie wisse genau, wie alles angefangen habe. Ihr Sohn war damals weniger als drei Jahre alt gewesen. Sie trug ihn in sein Zimmer und legte ihn ins Bett. Er spuckte ihr ins Gesicht, um seine Unlust vor dem Schlafengehen zu demonstrieren. Sie versuchte zu erklären, warum er der Mama nicht ins Gesicht spucken dürfe, aber ihr Reden wurde von einem weiteren nassen Geschoß unterbrochen. (Dieser Mutter war gesagt worden, daß jede Erziehungsschwierigkeit mit Liebe, Verständnis und durch Gespräche beseitigt werden könnte.) Sie wischte sich das Gesicht ab und wollte weiter erklären, als das Kind sie mit einem noch besser gezielten Geschoß erwischte. Dann begann sie, ärgerlich zu werden. Sie schüttelte ihn, aber nicht hart genug, um sein Spucken zu stören. Was hätte sie jetzt tun können? Ihre Erziehungsgrundsätze boten keine Lösung dieser peinlichen Herausforderung an. Schließlich stürzte sie voller Erbitterung aus dem Zimmer, und ihr kleiner Bezwinger spuckte auf die Rückseite der Tür, während sie hinauslief. Sie hatte verloren! Er hatte gewonnen! Sie sagte, sie hätte ihr Kind seit jener Nacht nie mehr unter Kontrolle bringen können.

Wenn ein Elternteil die frühen Kämpfe mit dem Kind verliert, so sind spätere Auseinandersetzungen noch schwerer zu gewinnen. Der Elternteil, der nie gewinnt, der zu schwach oder zu müde oder zu beschäftigt ist, um zu gewinnen, macht einen verhängnisvollen Fehler, der ihn erneut quälen wird, wenn das Kind ein junger Erwachsener ist. Wenn Sie ein fünfjähriges Kind nicht dazu bringen können, sein Spielzeug aufzuräumen, so ist es unwahrscheinlich, daß Sie während der Pubertät, der trotzigsten Zeit des Lebens, spürbare Autorität über den Jugendlichen haben werden. Es ist wichtig zu verstehen, daß in der Adoleszenz eine Zusammenfassung oder Mischung der ganzen früheren Erziehung und des ersterlernten Verhaltens offenbar wird. Jede innere, nicht verheilte Wunde der ersten zwölf Jahre wird wahrscheinlich in der Pubertät eitern und aufbrechen. Die richtige Zeit, die jugendliche Zeitbombe zu entschärfen, sind die zwölf Jahre, bevor der Jugendliche in die Pubertät kommt. Die wohl schwierigsten Probleme, die mir begegnen, habe ich mit aufsässigen, feindseligen Jugendlichen, für die die Eltern seit ihrer Geburt alles falsch gemacht haben. So haßt z. B. ein junger Mensch seine Eltern, und diese können sich das nicht erklären, denn sie lieben ihr Kind doch so sehr. Da die Pubertät das Alter der natürlichen Auflehnung ist, kommt ein Widerstand nach dem anderen. Seine Beziehung zu seinen Eltern hat schon längst ein festgefahrenes Stadium erreicht, in dem eine Änderung fast unmöglich ist. Für den Psychologen muß dieses Problem so betrachtet werden, wie der Arzt unheilbaren Krebs betrachtet: »Ich kann es jetzt nicht heilen; es ist zu spät. Aber vielleicht kann ich die Folgen lindern.«

Ich muß auf die Tatsache hinweisen, daß manches aufsässige Verhalten eine ganz andere Ursache hat, als der »herausfordernde« Trotz, den ich eben beschrieben habe. Widerstand und hartnäckiger Negativismus eines Kindes könnten durch Frustration, Enttäuschung oder Ablehnung verursacht worden sein und müssen als zu beachtendes Warnsignal gedeutet werden. Es ist wahrscheinlich die schwierigste Aufgabe für die Eltern, den Unterschied zwischen diesen beiden »Botschaften« zu erkennen. Das widerstrebende Verhalten eines Kindes beinhaltet immer eine Mitteilung an seine Eltern, die diese entziffern müssen, bevor sie eine Antwort geben. Diese Botschaft wird oft in Form einer Frage ausgedrückt: »Bist du hier der Herr, oder ich?« Eine eindrucksvolle Antwort auf diese Frage würde zukünftige Versuche verhindern, die »verfassungsmäßige Regierung« des Elternhauses zu stürzen. Andererseits könnte der Widerstand des Juniors bedeuten: »Ich fühle mich ungeliebt, da ich mich jetzt mit diesem heulenden kleinen Bruder abfinden muß. Mama kümmerte sich früher um mich, aber jetzt will mich niemand haben. Ich hasse sie alle.« Wenn dieses Gefühl dem Widerstand zugrunde liegt, sollten die Eltern schnell etwas unternehmen, um es zu beseitigen. *Die* Eltern sind am erfolgreichsten, die fähig sind, sich in die Lage des Kindes hineinzuversetzen – die sehen, was es sieht, die denken, was es denkt, und fühlen, was es fühlt. Wenn sie diese Fähigkeit nicht beherrschen, werden sie immer wieder falsch reagieren. Wenn ein Zweijähriger beim Schlafengehen heult und schreit, muß man feststellen, was er mitteilen will. Wenn er vor der Dunkelheit seines Zimmers echte Angst empfindet, ist die richtige Reaktion eine ganz andere, als wenn er nur dagegen protestiert, »Heia-Heia« machen zu müssen. Die Kunst der guten Elternschaft beginnt mit der richtigen Deutung des kindlichen Verhaltens.

Um den ersten Punkt zu wiederholen: Das entscheidendste Ziel der rechten Erziehung besteht darin, die Achtung seines Kindes zu gewinnen und zu behalten. Wenn die Eltern an dieser Aufgabe scheitern, wird das ganze Zusammenleben kompliziert.

2. *Die beste Aussprachemöglichkeit ergibt sich oft nach der Bestrafung*

Nichts führt Eltern und Kind näher zusammen als der klare Sieg der Mutter oder des Vaters, nachdem sie trotzig herausgefordert worden waren. Das gilt in besonderer Weise, wenn das Kind die Auseinandersetzung heraufbeschworen hat und ganz genau weiß, daß es die Strafe verdient hat. Wenn Eltern ihre Autorität beweisen, wird der Respekt des Kindes am meisten gefördert, und das Kind wird oft seine Zuneigung zeigen, wenn der Gefühlsausbruch vorbei ist. Aus diesem Grund dürfen Eltern sich vor solchen Konflikten mit dem Kind nicht fürchten oder ihnen ausweichen. Diese Vorfälle sollten als wichtige Ereignisse angesehen werden, weil sie die Gelegenheit bieten, dem Kind etwas zu sagen, was zu anderen Zeiten nicht gesagt werden kann. Es ist nicht notwendig, dem Kind Unterwürfigkeit einzuprügeln; kleine Schmerzen reichen einem kleinen Kind oft, damit es wirklich weint. Nach dem Gefühlsausbruch wird das Kind sich manchmal vielleicht an die Brust des betroffenen Elternteils drücken wollen. Dann sollte es mit offenen, warmen, liebevollen Armen aufgenommen werden. In diesem Augenblick können Sie offen mit ihm reden. Sie können dem Kind sagen, wie sehr Sie es liebhaben, wie wichtig es Ihnen ist, daß es gehorchen lernt. Sie können erklären, warum es bestraft wurde und wie es die Schwierigkeit das nächste Mal vermeiden kann. Solche Mitteilungen werden durch andere disziplinarische Maßnahmen nicht ermöglicht, auch nicht, wenn man das Kind in der Ecke stehen läßt oder ihm sein Spielzeug wegnimmt.

Ich versuchte, der Mutter eines fünfzehnmonatigen Mädchens die Kunst guter Erziehung beizubringen. Sie erzählte mir einen Vorfall, der den erwünschten Ausgang aufzeigt. Susi entschloß sich, nicht auf ihre Mutter, Frau Butler, zu hören, als diese ihr sagte, sie dürfe nicht nach draußen laufen. Es nieselte, und Frau Butler wollte nicht, daß sie hinausging, weil Susi barfuß war. Susis Mutter ging nach draußen, um etwas Brennholz zu holen, und sagte Susi, sie solle an der Tür warten. Das Kind verstand die Bedeutung des Befehls, denn es hatte ziemlich früh sprechen gelernt. Trotzdem tappte Susi auf den Innenhof hinaus. Frau Butler packte das Kind, brachte es zurück und wiederholte den

Befehl in strengerer Weise. Sobald sie dem Kind den Rücken zugedreht hatte, lief Susi wieder hinaus. Beim dritten Mal stach sie dem Kind ein paarmal mit einer Gerte in das Beinchen. Nachdem die Tränen getrocknet waren – Frau Butler war gerade damit beschäftigt, das Holz in den Kamin zu legen –, kam Susi zu ihr, streckte die Arme aus und sagte: »Liebe Mama.« Sie schloß ihr Kind natürlich in die Arme, wiegte es ungefähr fünfzehn Minuten und erklärte ihr mit leiser Stimme, wie wichtig der Gehorsam ist.

Die elterliche Wärme nach der Strafe ist unentbehrlich, um dem Kind zu zeigen, daß die Eltern wohl *sein Benehmen* ablehnen, nicht aber das Kind *selbst.* William Glasser, der Vater der »Reality Therapy« (Wirklichkeitsbehandlung), machte dies ganz klar, als er den Unterschied zwischen Disziplin und Strafe beschrieb. »Disziplin« richtet sich gegen das unannehmbare Benehmen, und das Kind wird die Folgen ohne Groll hinnehmen. Im Gegensatz dazu bezeichnete er »Strafe« als eine Reaktion, die gegen das Individuum gerichtet ist. Deshalb wird die Strafe vom Kind zutiefst verübelt. Strafe ist der persönliche Hieb des Elternteils gegen das Kind. Sie ist der Wunsch eines Menschen, einen anderen zu verletzen. Sie ist Ausdruck der Feindseligkeit, nicht der bessernden Liebe. Wenn die Fachleute von den gefühlsmäßigen Gefahren der körperlichen Züchtigung sprechen, versäumen sie, zwischen diesen beiden wichtigen Begriffen zu unterscheiden. Obwohl Glassers Bezeichnung des Wortes »Strafe« nicht überall in diesem Buch gebraucht worden ist, ist der von ihm übermittelte Begriff äußerst wichtig. Ohne Frage gibt es auch eine falsche Methode, ein Kind zu bestrafen, und wenn dies wiederholt geschieht, könnte es dazu führen, daß sich das Kind ungeliebt, ungewollt und unsicher fühlt. Eine der besten Methoden gegen diese falschen Auslegungen von »Strafe« ist ein liebevoller Abschluß der erzieherischen Maßnahme.

3. Erziehung ohne Nörgelei (– Das ist möglich!)

Kinder anzuschreien oder an ihnen herumzunörgeln kann zur Gewohnheit werden, zu einer unwirksamen Gewohnheit! Haben Sie Ihrem Kind je entgegengeschrien: »Das ist das letzte Mal, daß ich dir das sagen werde, jetzt reicht es mir«? Eltern wollen oft mit ihrem Zorn ein bestimmtes Verhalten erreichen, anstatt dieses

Verhalten durch ihr eigenes Verhalten herbeizuführen. Ich will Ihnen ein Beispiel geben:

Der achtjährige Klaus sitzt auf dem Boden und spielt mit seinem Spielzeug. Mama sieht auf ihre Uhr und sagt: »Klaus, es ist fast neun Uhr (dreißig Minuten übertrieben), räume deine Sachen auf, und dann bade dich.« Nun, Klaus weiß – genau wie seine Mutter – daß sie nicht wirklich meint, er solle baden. Sie meint nur, daß er anfangen soll, sich darauf *vorzubereiten*. Sie wäre umgekippt, wenn er ihrem Befehl sofort nachgekommen wäre. Ungefähr zehn Minuten später sagt Mama noch einmal: »Nun, Klaus, es wird später, und du mußt morgen sehr früh in die Schule. Ich will, daß du dein Spielzeug aufräumst. Und dann steig' in die Badewanne!« Sie erwartet immer noch nicht, daß Klaus in Wirklichkeit ihr gehorcht, und er weiß das auch. Das was sie sagen will heißt: »Die Zeit rückt näher, Klaus.« Klaus schiebt seine Sachen hin und her und stapelt ein paar Schachteln aufeinander, um zu zeigen, daß er verstanden hat. Dann fängt er wieder an, ein paar Minuten zu spielen. Noch sechs Minuten vergehen, und Mama äußert noch einen Befehl – diesmal ist ihre Stimme erregter und bedrohender: »Nun hör mal zu, junger Mann. Ich habe dir gesagt, du sollst dich beeilen, und das war ernst gemeint.« Für Klaus bedeutet das, daß er sein Spielzeug aufräumen und in Richtung Badezimmer trödeln muß. Wenn seine Mama ihm mit schnellem Schritt nachjagt, so muß er der Anweisung eiligst gehorchen. Aber wenn die Mama an etwas anderes denkt, bevor sie den letzten Schritt dieses Rituals ausführt, hat Klaus noch etwas Zeit zum Spielen.

Klaus und seine Mama führen ein einaktiges Schauspiel vor. Sie kennen beide die Regeln und die Rolle, die vom anderen Spieler dargestellt wird. Die ganze Szene ist vorprogrammiert und von vorneherein festgelegt. Wenn seine Mutter will, daß Klaus etwas tut, was er ungern tut, geht sie durch allmähliche Etappen unechten Zorns hindurch; sie fängt ruhig an und steigert sich bis zu einer Drohung. Klaus braucht sich erst zu rühren, wenn sie zum Höhepunkt des Zorns gelangt. Wie töricht ist dieses Spiel! Da seine Mutter ihn durch den Gebrauch leerer Drohungen unter Kontrolle hält, muß sie ständig wütend bleiben. Ihre Beziehung zu ihren Kindern ist vergiftet, und sie schließt jeden Tag mit hämmernden, klopfenden Kopfschmerzen ab. Sie kann nie mit sofortigem Gehorsam rechnen. Sie braucht mindestens fünf Minuten, um ein glaubwürdiges Maß an Zorn zu erreichen.

Wieviel besser ist es, wenn Eltern das gewünschte Verhalten dadurch herbeiführen, daß sie handfest eingreifen. Es gibt Hunderte von Mitteln, die die erwünschte Reaktion hervorrufen können. Manche sind mit Schmerzen verbunden, andere bieten dem Kind eine Belohnung an. Der Gebrauch von Belohnungen (Bestechungsgeschenke) wird im nächsten Kapitel erörtert und braucht deshalb hier nicht erklärt zu werden. Aber kleinere Schmerzen können dem Kind auch eine ausgezeichnete Motivierung geben. Die Eltern sollten irgendein anderes Mittel haben, um in dem Kind den Wunsch zum Mitmachen zu wecken, als nur zu erwarten, daß es gehorcht, weil ihm etwas gesagt wurde. Für die, die ein solches Mittel einfach nicht finden können, will ich eines vorschlagen. Am Rücken liegt zwischen dem Nacken und den Schulterblättern ein großer trapezförmiger Muskel. Anatomiebücher bezeichnen ihn als Trapeziusmuskel. Wenn er fest zusammengedrückt wird, meldet er dem Gehirn: »Das tut weh; vermeide Wiederholung um jeden Preis.« Die Schmerzen dauern nur kurz an, und sind völlig harmlos. Das Kind reagiert nur, wenn die Eltern sich schon bis zum äußersten in ihrem Zorn gesteigert haben, und bis das Kind wirklich hört, müssen die Eltern schon laut schreien. Wenn das Kind auf seine Mutter nicht hört, soll es wissen, daß sie ein praktisches Mittel hat. Kommen wir auf die Geschichte des Schlafengehens mit Klaus und seiner Mama zurück. Sie hätte ihm sagen sollen, er habe noch fünfzehn Minuten Zeit zum Spielen. Es wäre dann klüger gewesen, den Wecker zu stellen, damit er in einer Viertelstunde läutet. Niemand, Kind oder Erwachsener, wird gern bei seiner Tätigkeit gestört. Nach dem Läuten des Weckers hätte Mama dem Klaus leise sagen können, er solle baden. Wenn er sich nicht sofort aufgemacht hätte, hätte die Ermahnung durch das Zusammendrücken des Schultermuskels erfolgen können. Wenn Klaus lernt, daß dieser Vorgang ausnahmslos wiederholt wird, wird er sich in Zukunft bewegen, bevor die Konsequenzen gezogen werden.

Manche Leser werden meinen, daß die beabsichtigte, vorsätzliche Erzeugung kleinerer Schmerzen bei dem süßen kleinen Kind eine harte und lieblose Empfehlung sei. Ich bitte solche Skeptiker, mich ausreden zu lassen. Bedenken Sie bitte die Alternative.

Einerseits gibt es Familien, wo die Eltern ständig an den Kindern herumnörgeln und wo viel gestritten wird. Wenn das Kind entdeckt, daß keine Bedrohung hinter den tausend Worten steckt, die es hört, dann hört es schließlich nicht mehr hin. Die einzigen Botschaften, auf die es reagiert, sind die, die einen Höhepunkt der Gefühle erreichen, und das bedeutet, daß viel Schreien und Ärger notwendig sind. Das Kind zieht in die entgegengesetzte Richtung und ärgert die Mama, so daß die Eltern-Kind-Beziehung gespannt wird. Aber die wichtigste Grenze dieser mündlichen Ermahnungen ist die, daß der Erzieher sowieso zum Schluß das Kind körperlich strafen muß. Anstatt Strafmaßnahmen auf eine ruhige und gerechte Weise anzuwenden, ist der betreffende Elternteil schließlich so nervös und erregt, daß er wütend auf das Streit suchende Kind einschlägt. Es hätte nicht zum Streit kommen brauchen. Die Sache hätte ganz anders verlaufen können, wenn die Mahnung der Eltern zuversichtlich und gelassen gewesen wäre. Die Mutter spricht ruhig, fast angenehm: »Klaus, du weißt, was geschieht, wenn du nicht auf mich hörst; nun, ich sehe gar keinen Grund, warum ich dir wehtun soll, damit du heute abend gehorchst, aber wenn du darauf bestehst, werde ich dieses seltsame Spielchen mitspielen. Wenn der Wecker läutet, mußt du mir deine Entscheidung mitteilen.« Das Kind muß eine Wahl treffen, und die Vorteile, die es genießt, wenn es den Wünschen der Mutter nachkommt, sind offensichtlich. Sie muß nicht schreien, sie muß nicht drohen, sein Leben zu verkürzen. Sie braucht sich nicht aufzuregen. Sie führt das Kommando. Natürlich wird die Mutter ein paarmal beweisen müssen, daß sie Schmerzen erzeugen wird, wenn es notwendig ist, und ab und zu während der kommenden Monate wird das Kind kontrollieren, ob sie noch am Ruder ist. Doch für mich ist klar, welche dieser beiden Methoden die wenigsten Schmerzen und die geringste Feindseligkeit zwischen Eltern und Kind verursacht.

Der Schultermuskel ist eine überraschend nützliche Quelle der kleineren Schmerzen; er wurde offenbar ausdrücklich für Schullehrer geschaffen. Er kann in jenen zahllosen Situationen gebraucht werden, wo es Konfrontationen zwischen Erwachsenen und Kindern gibt. Einen solchen Vorfall erlebte ich vor einigen Jahren. Ich kam aus der Drogerie und sah dort am Eingang einen gebückten alten Mann, ungefähr fünfundsiebzig bis achtzig Jahre alt. Vier Jungen, wahrscheinlich aus der neunten Klasse, hatten ihn in die Enge getrieben und liefen im Kreis um ihn herum. Als ich durch die Tür kam, hatte einer der Jungen den Hut des Mannes eben über seine Augen hinuntergeschlagen. Sie lachten darüber, wie dumm er aussah, wie er dastand und sich an seinen Stock lehnte. Ich trat vor den armen Kerl und schlug den Jungen vor, einen anderen zu suchen, den sie quälen könnten. Sie beschimpften mich und schlenderten dann die Straße entlang. Ich stieg in mein Auto und war etwa fünfzehn Minuten weg. Ich kehrte zurück, um etwas zu holen, was ich vergessen hatte, und als ich aus dem Auto stieg, sah ich, wie dieselben vier Jungen aus einem nahegelegenen Eisenwarengeschäft hinausliefen. Der Ladenbesitzer lief ihnen nach, schüttelte die Faust und schrie. Wie ich später erfuhr, waren sie durch sein Geschäft gelaufen und hatten Dosen und Flaschen auf den Boden geworfen. Sie machten sich auch über ihn lustig, weil er Jude und etwas dick war. Als die Jungen mich kommen sahen, dachten sie bestimmt, ich wäre Robin Hood der Zweite, Verteidiger der Unschuldigen und Freund der Unterdrückten. Einer der kleinen Peiniger lief schnurstracks auf mich zu und starrte mir trotzig ins Auge. Er war ungefähr halb so groß wie ich, aber er fühlte sich offensichtlich sicher, da er ein Kind war. Er sagte: »Schlag' mich nur! Ich werde dich verklagen für alles, was du machst!« Ich habe ziemlich große Hände, und es war offensichtlich Zeit, sie zu gebrauchen. Ich griff seine Schultermuskeln auf beiden Seiten und drückte sie fest. Er fiel zu Boden und hielt seinen Hals. Einer seiner Freunde sagte: »Ich wette, Sie sind Lehrer, oder?« Alle vier liefen weg. Später am Abend bekam ich einen Anruf von der Polizei, die sagte, daß diese vier Jungen seit Wochen die Geschäftsleute und Kunden in diesem Häuserblock gequält hätten. Ihre Eltern wollten den Behörden nicht helfen, und die Polizei wußte nicht, was sie gegen die Angriffe tun sollte. Ich kann mir keine bessere Methode denken, um die Jugendkriminalität zu erzeugen, zu fördern und zu vollenden, als solche Beispiele frühen Trotzes ungestraft zu lassen.

Die Disziplin im Klassenraum unterscheidet sich nicht sonderlich von der Disziplin in der Familie. Die Prinzipien, aufgrund derer Kinder unter Kontrolle gehalten werden können, sind in beiden Rahmen dieselben – nur die Methoden sind unterschiedlich. Der Lehrer, Gruppen- oder Spielleiter, der versucht, eine

Gruppe Kinder mittels Zornausbrüchen unter Kontrolle zu halten, hat einen langen, langen Tag der Verzweiflung vor sich. Die Kinder entdecken, wie weit sie gehen können, bevor er etwas dagegen unternimmt, und sie treiben ihn ausnahmslos bis zu dieser Grenze. Vielleicht der törichste Fehler, den ein Lehrer oder Gruppenleiter begehen kann, besteht darin, Disziplinierungsmaßnahmen anzuwenden, gegen die die Kinder keine Abneigung haben. Ich kenne eine Lehrerin, die ihre Klasse anschrie und anflehte, mitzumachen. Wenn die Schüler ganz außer Kontrolle geraten waren, griff sie auf ihre größte Waffe zurück: sie kletterte auf ihr Pult und ließ ihre Pfeife ertönen! Den Kindern gefiel das natürlich. Sie wog ungefähr 240 Pfund, und die Kinder schmiedeten in den Mittags- und Ruhepausen ein Komplott, wie man sie auf das Pult treiben könnte. Sie bot ihnen so unabsichtlich eine Belohnung für ihre Widerspenstigkeit an. Ihre Haltung ähnelte der des Hasen, der die Füchse bat, ihn nicht in den Dornstrauch hineinzuwerfen. Natürlich gab es nichts, was sich die Füchse mehr wünschten, als gerade das zu tun.

Man darf das Bewußtsein des Kindes, gegen die Regeln zu verstoßen, nicht unterschätzen. Ich meine, die meisten Kinder sind sich ihres Trotzes der Autorität der Erwachsenen gegenüber sehr genau bewußt; sie überlegen sich die Tat vorher, erwägen die möglichen Folgen. Wenn die Chancen zu groß sind, daß die Gerechtigkeit triumphieren wird, wählen sie einen sichereren Weg. Das wird in Millionen von Elternhäusern bestätigt, wo das Kind einen Elternteil bis an die Grenzen seiner Toleranz treibt, während es sich beim anderen als süßer Engel anbiedert. Mama wimmert: »Rick hört ganz gut auf seinen Vater, aber mir gehorcht er gar nicht.« Der gute Rick hat bemerkt, daß Mama weniger gefährlich ist als Vati.

Um diesen Punkt zusammenzufassen: Eltern müssen erkennen, daß die erfolgreichsten Disziplinierungstechniken diejenigen sind, die etwas beeinflussen, was dem Kind wichtig ist. Kleinere Schmerzen sind eine dieser wichtigen Möglichkeiten. Worte und noch mehr Worte bedeuten sehr wenig oder gar keine Motivierungskraft für das Kind. »Warum tust du nicht das Richtige, Jack? Du tust fast nie das Richtige. Was soll ich mit dir tun, Söhnchen? Meine Güte, ich muß dich anscheinend immer ausschimpfen. Ich verstehe es einfach nicht, daß du nicht tust, was dir gesagt wird.

Wenn du einmal, nur ein einziges Mal, deinem Alter gemäß handeln würdest usw.« Jack läßt diese endlosen Schimpfkanonaden monatelang, jahrein, jahraus, über sich ergehen. Glücklicherweise hat die Natur Jack mit einem Mechanismus ausgerüstet, daß er abschalten kann. Ein Mensch, der in der Nähe der Eisenbahn wohnt, schafft es irgendwie, die Züge nicht zu hören; auf ähnliche Weise schafft Jack es auch, die sinnlosen Töne in seiner Umgebung nicht zu beachten. Jack (und alle seine Zeitgenossen) wäre viel eher bereit, »das Richtige zu tun«, wenn es für ihn vorteilhaft wäre.

4. Überfüttern Sie das Kind nicht mit materiellen Dingen

Trotz aller Nöte in der »schlechten Zeit« konnte man damals eine Frage zumindest leichter beantworten als heute: wie kann ich mich den materiellen Wünschen meines Kindes entziehen? Es war deshalb einfach, weil die Eltern ihren Kindern sagen konnten, sie könnten ihnen einfach nicht alles kaufen, was sie wollten; Vati schaffte es ja kaum, für Brot auf dem Tisch zu sorgen. Aber in den Zeiten des Überflusses wird die elterliche Aufgabe schwieriger. Es erfordert heute viel mehr Mut zu sagen: »Nein, ich *werde* dir die Puppe, die weinen kann, *nicht* kaufen«, als zu antworten: »Es tut mir leid, aber du weißt, wir können es uns nicht leisten, diese Puppe zu kaufen.« Das Verlangen des Kindes nach teurem Spielzeug wird sorgfältig durch Millionen von Mark erzeugt, die von Spielzeugherstellern für Fernsehreklamen ausgegeben werden. Die Werbe-Spots werden so geschickt produziert, daß das Spielzeug wie eine lebensgroße Kopie des echten Gegenstücks aussieht: Düsenflugzeuge, Roboterungeheuer und automatische Gewehre. Der kleine Käufer sitzt gaffend vor dem Fernsehgerät, vollständig gefesselt. Fünf Minuten später fängt er einen Feldzug an, der seinen Vater schließlich 57,35 Mark plus Batterien und Mehrwertsteuer kosten wird. Die Schwierigkeit ist: Vati *kann* es sich leisten, den neuen Gegenstand zu kaufen – wenn nicht bar, so doch zumindest mit seiner geradezu magischen Kreditkarte. Und wenn drei andere Kinder im Wohnblock das ersehnte Spielzeug erhalten, fangen Mama und Papa an, Druck oder gar Schuld zu spüren. Sie kommen sich selbstsüchtig vor, weil sie sich ja auch ähnliche Luxuswaren gegönnt haben. Falls Eltern mutig genug sind, dem Drängen des Kindes zu widerstehen, ist das aber noch nicht das Ende: Großeltern sind offenkundig leicht zu überreden. Sogar wenn das Kind keinen Erfolg dabei hat, seine Eltern oder Großeltern zu überreden, das ersehnte Spielzeug zu kaufen, gibt es ein oft erprobtes, idiotensicheres Mittel: den Weihnachtsmann! Wenn der Junior den Weihnachtsmann darum bittet, ihm etwas zu bringen, sitzen seine Eltern in der Falle. Was können sie da noch sagen? Etwa: »Der Weihnachtsmann kann es sich nicht leisten«? Würde der Weihnachtsmann ihn vergessen und enttäuschen? Nein, das Spielzeug ist schon auf dem Schlitten des Weihnachtsmanns unterwegs.

Manche fragen: »Und warum nicht? Warum sollten wir unseren Kindern nicht erlauben, die Früchte dieser guten Zeit zu genießen?« Ich will dem Kind eine angemessene Zahl der erwünschten Dinge gewiß nicht verweigern. Aber viele Kinder werden mit Sachen überhäuft, die für sie schädliche Wirkungen haben. Man sagt, daß der Wohlstand eine härtere Prüfung für den Charakter darstelle als die Not, und ich neige dazu, dem zuzustimmen. Es gibt wenig Umstände, die aufrichtige Dankbarkeit mehr verhindern, als wenn ein Kind das Gefühl hat, es habe das Recht, seinen Willen in jeder Beziehung ohnehin durchzusetzen. Besonders deutlich wird das, wenn man sieht, wie ein Kind an seinem Geburtstag oder zu Weihnachten Stapel von Päckchen und Paketen aufreißt. Nach und nach wird der teure Inhalt achtlos zur Seite geworfen, ohne richtig angesehen zu werden. Die Mutter des Kindes wird durch diesen Mangel an Begeisterung und Dankbarkeit beunruhigt, also sagt sie: »Ach, Marvin! Guck' mal, was das ist! Ein kleines Tonbandgerät! Was sagst du der Oma? Gib der Oma einen Kuß! Hörst du nicht, Marvin? Geh zu Oma, umarme sie, und gib ihr einen Kuß.« Marvin geht vielleicht zur Oma und macht das Richtige, vielleicht aber auch nicht. Sein Mangel an Begeisterung ergibt sich daraus, daß Preise, die leicht gewonnen werden, wenig Wert haben, ungeachtet der Kosten für den ursprünglichen Käufer.

Es gibt noch einen Grund, warum dem Kind manches versagt werden soll, was es – seiner Meinung nach – haben muß. Obwohl es paradox klingt, betrügt man ein Kind um das Vergnügen, wenn man ihm zuviel gibt. Ein klassisches Beispiel dieses Prinzips der

Überfülle ist jedes Jahr zu Weihnachten in meinem Haushalt zu beobachten. Unsere Familie ist mit einigen der besten Köchinnen gesegnet, die je in einer Küche geherrscht haben, und einmal im Jahr tun sie ihr Bestes. Das traditionelle Mittagessen besteht aus Pute mit Füllung, Preiselbeeren, Kartoffelpüree, süßen Kartoffeln, Erbsen, warmen Brötchen, zwei Sorten Salat und sechs bis acht anderen Gerichten. Unser Benehmen bei dieser Mahlezeit ist entsetzlich, aber wunderbar. Jeder ißt, bis er unbequem voll ist, ohne auch nur Platz für den Nachtisch zu lassen. Dann werden Apfelpastete, Kuchen und frische Götterspeise auf den Tisch gebracht. Es scheint einfach unmöglich, daß wir noch einen einzigen Bissen essen können, und doch schaffen wir es irgendwie. Schließlich fangen übersättigte Familienmitglieder an, von ihren Tellern wegzuschwanken und einen Platz zu suchen, wo sie sich niederlassen können. Später, etwa um drei Uhr nachmittags, beginnt sich der innere Druck zu legen, und jemand reicht die Bonbons. Wenn die Zeit zum Abendessen kommt, hat niemand Hunger, aber wir haben uns daran gewöhnt, drei Mahlzeiten am Tag zu erwarten. Belegte Brote mit Pute werden hingestellt und verzehrt, danach noch eine Portion Pastete. Jetzt essen alle – etwas abwesend – das, was sie weder wollen noch genießen. Dieses lächerliche Ritual setzt sich noch zwei bis drei Tage fort, bis schon der Gedanke an Essen ekelhaft wird. Während das Essen normalerweise eines der größten Vergnügen des Lebens darstellt, verliert es seinen Reiz, wenn der Appetit befriedigt ist.

Vergnügen entsteht, wenn ein intensives Bedürfnis befriedigt wird. Wenn kein Bedürfnis besteht, gibt es auch kein Vergnügen. Ein Glas Wasser ist dem Mann, der am Verdursten ist, mehr wert als Gold. Die Analogie zu Kindern sollte mittlerweile deutlich sein. Wenn man es nie zuläßt, daß ein Kind sich etwas wünscht, genießt es auch nie die Freude, es erhalten zu haben. Wenn man ihm ein Dreirad kauft, bevor es sprechen kann, ein Fahrrad, bevor es laufen, ein Auto, bevor es fahren kann, und einen Diamantring, bevor es den Wert des Geldes versteht, nimmt es diese Geschenke mit wenig Freude und noch weniger Dankbarkeit an. Wie schade, wenn ein solches Kind nie die Gelegenheit gehabt hat, sich nach etwas zu sehnen, nachts davon zu träumen und tagsüber Pläne zu schmieden! Vielleicht hätte es schließlich sogar dafür gearbeitet. Dasselbe Besitztum, das nur ein Gähnen hervorrief, hätte eine

Beute und ein Schatz sein können. Ich schlage vor, daß Sie Ihrem Kind die Freude der zeitweisen Entbehrung erlauben: das macht viel mehr Spaß und ist viel billiger.

5. Vermeiden Sie Extreme der Disziplin und der Liebe

Über die Folgen der Extreme in bezug auf Disziplin besteht kaum Zweifel. Bei zu viel Härte erleidet das Kind die Erniedrigung, vollkommen beherrscht zu sein. Die Atmosphäre ist eisig und starr, das Kind lebt in ständiger Angst. Es darf seine eigenen Entscheidungen nicht treffen, seine Persönlichkeit wird unter dem genagelten Stiefel der elterlichen Autorität zermalmt. Anhaltende Eigenschaften der Abhängigkeit, überwältigender Feindseligkeit und der Psychose können aus dieser herrischen Unterdrükkung entstehen. Das Gegenteil, die völlige Freiheit, ist ebenso tragisch. In diesem Fall ist das Kind von der frühesten Kindheit an sein eigener Herr. Es meint, die Welt drehe sich um sein berauschendes Reich, und es empfindet oft tiefe Verachtung gerade für die Menschen, die ihm am nächsten stehen. Anarchie und Chaos herrschen in seinem Elternhaus, seine Mutter ist oft die nervöseste, abgearbeitetste Frau in ihrem Wohnblock. Wenn das Kind klein ist, so ist die Mutter zu Hause »gestrandet«, weil sie es als zu peinlich empfindet, ihren kleinen Teufel irgendwohin mitzunehmen. Es würde sich lohnen, diese ganze Mühsal auf sich zu nehmen, wenn aus dieser Verwirrung heraus gesunde, sorglose Kinder hervorgingen. Leider aber hat das Kind gewöhnlich die größten Schwierigkeiten gerade in solch gesetzlosen Verhältnissen. Dieses Buch fing mit der Betonung der Gefahren und gesellschaftlichen Folgen extrem freiheitlicher Methoden der Kindererziehung an. Aber wenn es etwas gibt, was ich vermeiden will, so ist es dies: Eltern dazu zu verleiten, so sehr darauf zu reagieren, daß sie die entgegengesetzte Sünde begehen. Beide Extreme sind katastrophal. Nur der mittlere Weg ist sicher, aber manchmal ist er schwer zu finden.

Das extreme Maß an Liebe kann für das Kind ungesund sein. Das völlige Fehlen von Liebe (Ablehnung) wird es gefühlsmäßig – und in manchen Fällen sogar physisch – zerstören. Seit einigen Jahrzehnten weiß man, daß ein Säugling, der nicht geliebt, berührt und liebkost wird, sterben kann. Belege dieser Tatsache wurden schon im dreizehnten Jahrhundert beobachtet, als Friedrich II. einen Versuch mit fünfzig Säuglingen durchführte. Er wollte erforschen, wie sich Kinder artikulieren, wenn sie nie Gelegenheit hatten, ein gesprochenes Wort zu hören. Um dieses zweifelhafte Forschungsprogramm durchzuführen, befahl er Pflegemüttern, die Kinder zu baden und zu stillen, aber er verbot ihnen, ihre Schützlinge zu liebkosen, zu hätscheln oder mit ihnen zu sprechen. Der Versuch mißlang: alle fünfzig Säuglinge starben. Hunderte späterer Studien zeigen, daß die Mutter-Kind-Beziehung während des ersten Lebensjahres für das Überleben des Säuglings anscheinend unentbehrlich ist. Ein ungeliebtes Kind ist die wohl traurigste Erscheinung der ganzen Natur.

Während Mangel an Liebe eine voraussehbare Auswirkung auf Kinder hat, ist weniger bekannt, daß übermäßige Liebe auch ihre Gefahren mit sich bringt. Sogar manche ehrwürdigen Experten wie Dr. Karl Menninger erkennen die Gefahren übermäßiger elterlicher Zuneigung nicht an. Trotz meiner Achtung vor Dr. Menninger muß ich seiner Ansicht entgegentreten, die besagt, noch kein Kind sei durch Liebe »verwöhnt« worden, ein »verwöhntes« Kind sei dasjenige, das vernachlässigt wurde, indem man es nicht beachtete, durch Drohungen einschüchterte oder durch Vergünstigungen bestach. Ich glaube, manche Kinder werden *noch* durch die Liebe verwöhnt. Die Amerikaner sind zu diesem Zeitpunkt ihrer Geschichte höchst »kindorientiert«: viele Eltern haben alle ihre Hoffnungen, Träume, Wünsche und Bestrebungen in ihre Kinder investiert. Der natürliche Höhepunkt dieser Philosophie ist die übertriebene Sorge um die nächste Generation. Ich behandelte eine ängstliche Mutter, die behauptete, ihre Kinder seien ihre *einzige* Quelle der Befriedigung. Während der langen Sommermonate verbrachte sie den größten Teil ihrer Zeit am Fenster und beobachtete, wie ihre drei Mädchen spielten. Sie hatte Angst, sie könnten sich verletzen und ihre Hilfe brauchen oder mit dem Fahrrad auf die belebte Hauptstraße fahren. Ihre Verantwortung ihrem Mann gegenüber wurde trotz heftiger Klagen seinerseits zugunsten der Kinder geopfert. Sie hatte keine Zeit, das Haus zu putzen; der »Überwachungsdienst« am Fenster war ihre einzige Aufgabe. Sie litt unter enormen Spannungen über die bekannten und unbekannten Gefahren, die ihre geliebten Kinder heimsuchen könnten.

Kinderkrankheiten und plötzliche Gefahren sind für liebevolle Eltern immer schwer zu ertragen, aber die geringste Bedrohung ruft bei überängstlichen Eltern unerträgliche Sorge hervor. Leider ist der so ängstliche Elternteil nicht der einzige, der darunter leidet: auch das Kind fällt dem oft zum Opfer. Eine Theorie besagt, daß Asthma eher bei einem zu sehr geliebten Kind vorkommt, wenn das auch noch nicht endgültig erwiesen ist. Andere Folgen der übertriebenen Sorge sind weniger spekulativ. Für die überängstliche Mutter ist es schwer, ihrem Kind zu erlauben, zumutbare Risiken einzugehen; aber solche Risiken sind eine notwendige Vorstufe zur Reife. Auch die materiellen Probleme, die im vorangegangenen Abschnitt beschrieben wurden, kommen in den Familien am häufigsten vor, wo die Kinder von einem oder sogar von beiden Elternteilen so sehr »gebraucht« werden. Anhaltende gefühlsmäßige Unreife ist häufig eine weitere Folge übertriebener Sorge.

Ich habe versucht, zu zeigen, wie schädlich jede der extremen Auffassungen von Disziplin und Liebe ist. Ich sollte noch eine unglückliche Tatsache erwähnen, die allzuoft in unserer Gesellschaft zu beobachten ist. Sie ist in Elternhäusern gegenwärtig, in denen Mutter und Vater entgegengesetze Extreme vertreten. Die Situation entspricht gewöhnlich einem wohlbekannten Muster: Vati ist ein sehr beschäftigter Mann und widmet sich ganz seiner Arbeit. Er ist von frühmorgens bis spätabends weg, und wenn er nach Hause kommt, bringt er eine Tasche voller Arbeit mit. Vielleicht ist er häufig unterwegs. Während der seltenen Stunden, in denen er zu Hause ist und nicht arbeitet, ist er erschöpft. Er läßt sich in den Sessel fallen, um ein Fußballspiel anzusehen und will nicht gestört werden. Folglich ist seine Methode der Kindererziehung etwas hart und teilnahmslos. Er gerät regelmäßig in Wut, und die Kinder lernen, ihm aus dem Wege zu gehen. Im Vergleich dazu hat die Mama keine andere Welt, in der sie persönliche Befriedigung finden kann. Ihr Haus und ihre Kinder sind die Quelle ihrer Freude; sie haben sogar die romantische Glut ersetzt, die in ihrer Ehe erloschen ist. Sie macht sich Sorgen um Vatis Mangel an Zuneigung und Zärtlichkeit für die Kinder. Sie meint, sie müsse seine Strenge ausgleichen, indem sie sich in der anderen

Richtung bemüht. Wenn *er* die Kinder ohne Abendbrot ins Bett schickt, bringt *sie* ihnen heimlich Milch und Kekse. Da sie die einzige Autorität ist, wenn Vati weg ist, herrscht im Haus strukturlose Freiheit. Sie braucht die Kinder zu sehr, als daß sie riskieren würde, sie zu disziplinieren. Die beiden elterlichen Autoritäten wirken also in entgegengesetzten Richtungen, und das Kind befindet sich irgendwo in der Mitte. Das Kind achtet keinen Elternteil, weil jeder die Autorität des anderen ermordet hat. Ich habe beobachtet, daß diese selbstzerstörerischen Formen der Autorität oft eine Zeitbombe des Aufruhrs legen, die während der Adoleszenz zündet. Die feindseligsten, aggressivsten Jugendlichen, die ich gekannt habe, sind aus dieser gegensätzlichen Mischung hervorgegangen.

Der »mittlere Weg« der Liebe und der Disziplin muß gesucht werden, wenn wir gesunde, verantwortungsbewußte Kinder erziehen wollen.

ZUSAMMENFASSUNG

Damit ich nicht mißverstanden werde, will ich verdeutlichen, was ich weitergeben möchte und vom Gegenteil ausgehen. Ich empfehle nicht, daß Ihr Familienleben hart und bedrückend sein soll. Ich schlage nicht vor, daß Sie Ihren Kindern jeden Morgen Eier und Schinken servieren oder darauf bestehen, daß Ihre Kinder mit gefalteten Händen und gekreuzten Beinen im Wohnzimmer sitzen. (Kinder sind wie Uhren: man muß sie gehen lassen.) Ich meine nicht, daß Sie aus Ihren Kleinkindern Erwachsene machen wollen, um Ihre erwachsenen Freunde durch Ihre elterliche Fähigkeit zu beeindrucken, daß Sie Ihre Kinder launenhaft strafen sollen, indem Sie sie schlagen und anschreien, wenn sie nicht wissen, was sie Falsches getan haben. Ich schlage nicht vor, daß Sie Ihre Würde und Autorität isolieren, indem Sie kalt und unzugänglich sind. Diese elterliche Taktik erzeugt keine gesunden, verantwortungsbewußten Kinder. Im Gegenteil: ich schlage ein einfaches Prinzip vor – wenn Sie trotzig herausgefordert werden, sollen Sie klar gewinnen. Wenn das Kind fragt: »Wer ist der Herr?«, sagen Sie es ihm. Wenn es murmelt: »Wer liebt mich?«, schließen Sie es in die Arme und umgeben Sie es mit Zuneigung. Behandeln Sie es mit Achtung und Würde, und erwarten Sie das gleiche von ihm. Dann können Sie anfangen, die süßen Früchte fähiger Elternschaft zu genießen.

FRAGEN UND ANTWORTEN

Die folgende Liste enthält einige Fragen, die mir in meiner praktischen Arbeit von Eltern und von verschiedenen Gruppen, mit denen ich gesprochen habe, gestellt worden sind. Viele dieser Punkte entstammen Tonbandaufnahmen und verdeutlichen die immer wiederkehrenden Fragen, auf die Antworten gesucht werden.

1. *Mein Sohn gehorcht mir zu Hause, aber in der Öffentlichkeit, zum Beispiel im Restaurant, wird es schwierig, ihn zu bändigen. Dann bringt er mich vor anderen Leuten in Verlegenheit. Warum macht er das? Wie kann ich das ändern?*

Viele Eltern strafen oder verbessern ihre Kinder nicht gern in der Öffentlichkeit, wo die Disziplinierung von kritischen Zuschauern beobachtet wird. Sie bestehen auf gutem Benehmen zu Hause, aber das Kind ist »sicher«, wenn unbekannte Erwachsene in der Nähe sind. Unter diesen Umständen hat das Kind beobachtet und gelernt, daß öffentliche Einrichtungen ein Freiraum sind, in dem es sich benehmen kann, wie es will. Seine Eltern sind wegen ihrer selbstauferlegten Einschränkung in Verlegenheit. Das Mittel gegen diese Situation ist einfach: wenn der kleine Michael sich entschließt, in der Öffentlichkeit ungehorsam zu sein, nehmen Sie ihn beim Arm und marschieren Sie mit ihm aus dem Blickfeld Ihrer Beobachter. Dann reagieren Sie, wie Sie es zu Hause getan hätten. Michael wird dann lernen, daß überall dieselben Regeln gelten und daß die Freiräume doch nicht so sicher sind.

2. *Wir hören so viel von der Wichtigkeit der Aussprache zwischen Eltern und Kind. Wenn man das trotzige Verhalten des Kindes unterdrückt, wie kann es seine Feindseligkeit und seinen Groll ausdrücken?*

Das Kind sollte die Freiheit haben, seinen Eltern *alles* zu sagen, einschließlich: »Ich mag dich nicht, Papa«, oder »du bist gemein, Mama.« Diese Ausflüsse echter Gefühle dürfen nicht unterdrückt werden, solange sie auf höfliche Weise vorgebracht werden. Es besteht in diesem Zusammenhang eine schmale Grenze zwischen annehmbarem und unannehmbarem Verhalten. Der Ausdruck starker Gefühle – sogar des Grolls und der Feindseligkeit – seitens des Kindes sollte, wenn notwendig, ermutigt werden. Aber die Eltern sollten dem Kind verbieten, auf Beschimpfungen und offene Aufsässigkeit zurückzugreifen. »Papa, du hast mich vor meinen Freunden in Verlegenheit gebracht, du warst nicht nett zu mir« ist eine annehmbare Behauptung; »Du alter Idiot! Warum hältst du nicht die Klappe, wenn meine Freunde hier sind?!« ist völlig unannehmbar. Wenn die Sache rational aufgefaßt wird, wie es bei der ersten Behauptung der Fall ist, wäre es weise, wenn Papa sich hinsetzt und versucht, den Standpunkt des Kindes zu verstehen. Papa sollte groß genug sein, um sich bei seinem Kind zu entschuldigen, wenn er spürt, daß er unrecht hatte. Aber wenn er recht hatte, sollte er in aller Ruhe erklären, warum er so reagiert hat, und dem Kind sagen, wie der Zusammenstoß das nächstemal vermieden werden kann. Es ist möglich, sich auszusprechen, ohne die elterliche Würde aufzuopfern, und dem Kind sollte beigebracht werden, wie es seine Unzufriedenheit ausdrücken darf.

3. *Wie lange sollte man einem Kind erlauben, nach einer Strafe oder nach Schlägen zu weinen? Gibt es eine Grenze?*

Ja, ich glaube, es sollte eine Grenze geben. Solange die Tränen einen echten Gefühlsausbruch darstellen, sollten sie erlaubt sein. Aber das Weinen wandelt sich schnell von einem inneren Schluchzen in eine äußere Waffe. Es wird zum Werkzeug des Protestes gegen den Feind. Echtes Weinen dauert gewöhnlich zwei Minuten oder weniger, es kann aber auch fünf Minuten anhalten. Nach dieser Zeitspanne klagt das Kind nur noch, und die Umwandlung kann im Ton und in der Intensität seiner Stimme erkannt werden. Ich würde das Kind dazu auffordern, mit dem Protestweinen aufzuhören, und zwar mit der Begründung, daß ich ihm etwas mehr von dem verspreche, was die Tränen ausgelöst hat. In weniger gespannten Augenblicken kann man dem Weinen leicht ein Ende bereiten, indem man das Interesse des Kindes für etwas anderes weckt.

4. *Freizügigkeit ist ein relativer Begriff. Bitte beschreiben Sie, was Sie damit meinen.*

Wenn ich den Begriff Freizügigkeit gebrauche, so spreche ich vom Mangel effektiver elterlicher Autorität, was dazu führen kann, daß dem Kind keinerlei Grenzen gesetzt sind. Dieses Wort bezieht sich auf kindliche Mißachtung, Trotz und die allgemeine Verwirrung, die sich in der Abwesenheit erwachsener Leitung ergibt.

5. *Wir haben ein Adoptivkind, das zu uns kam, als es zwei Jahre alt war. Es wurde während seiner ersten beiden Lebensjahre so mißhandelt, daß mein Mann und ich uns nicht erlauben können, es zu strafen, auch wenn es eine Strafe verdient hat. Wir haben auch das Gefühl, daß wir nicht das Recht haben, das Kind zu disziplinieren, da wir nicht seine richtigen Eltern sind. Tun wir das Richtige?*

Ich fürchte, Sie machen einen Fehler, der von Adoptiveltern oft begangen wird. Sie haben mit ihren Kindern zu viel Mitleid, um sie unter Kontrolle zu halten. Sie meinen, das Leben sei für die Kleinen schon zu hart gewesen, sie dürften es nicht durch Strafen noch schlimmer machen. Wie Sie andeuteten, hat man oft das Gefühl, daß man nicht das Recht hat, Forderungen an Adoptivkinder zu stellen. Solche Schuldgefühle können aber zu unglücklichen Folgen führen. »Verpflanzte« Kinder brauchen Führung und Disziplin ebenso sehr wie diejenigen, die bei ihren natürlichen Eltern bleiben. Eine sichere Methode, einem Kind ein Gefühl der

Unsicherheit zu geben, besteht darin, es zu behandeln, als ob es anders – ungewöhnlich, zerbrechlich – wäre. Wenn die Eltern es als verwahrlostes Kind ansehen, das geschützt werden muß, wird es sich selbst auch so sehen.

Eltern kranker und mißgestalteter Kinder haben ebenfalls oft Schwierigkeiten mit der Disziplin. Ein Kind mit einem verkrüppelten Arm oder irgendeinem anderen Leiden kann zum kleinen Ekel werden, einfach weil die normalen Verhaltensgrenzen von seinen Eltern nicht gezogen wurden. Man darf nicht vergessen, daß das Bedürfnis nach Disziplin und Leitung in der Kindheit fast allgemein ist; dieses Bedürfnis wird nicht durch andere Probleme und Schwierigkeiten im Leben ausgeschlossen. In manchen Fällen wird der Wunsch nach Grenzen durch andere Schwierigkeiten erhöht. Nur durch liebevolle Disziplin zeigen die Eltern dem Kind, daß es einen persönlichen Wert hat.

6. Meinen Sie, man soll vom Kind erwarten, daß es zu Hause »danke« und »bitte« sagt?

Ganz bestimmt. Wenn man auf diesen Ausdrücken besteht, erinnert man das Kind nur daran, daß es nicht in einer Welt lebt, in der man immer »Haben! Haben!« sagen kann. Obwohl die Mutter für das Kind kocht, einkauft und ihm alles gibt, muß es seinerseits einige Verantwortungen auf sich nehmen. Wie ich schon gesagt habe, muß dem Kind die Dankbarkeit beigebracht werden, und dieser Erziehungsvorgang fängt mit der grundlegenden Höflichkeit an.

7. Was halten Sie von berufstätigen Müttern?

Die Mutterschaft ist während der ersten fünf Lebensjahre des Kindes eine Vollzeitbeschäftigung. Ich kenne manche Familien, die scheinbar nicht ohne Zusatz zum Gehalt des Vaters auskommen können. Aber die Kinder brauchen ihre Mutter mehr als ein neues Auto oder ein größeres Haus. Es geht weniger darum: »Soll Mama arbeiten?« als vielmehr: »Wer wird sie ersetzen?« Wird ein achtzehnjähriger Babysitter die Prinzipien guter Elternschaft anwenden, die ich umrissen habe? Wird er die subtilen, aber so wichtigen Verhaltensweisen formen, leiten und stärken, die jeden Tag in Erscheinung treten? Ist er fähig, die richtige Zusammensetzung aus Disziplin und Liebe zu finden? Eine gute Mutter zu sein, ist eine der kompliziertesten Aufgaben im Leben, und doch ist diese Rolle in den letzten Jahren in Verruf geraten. Welche Tätigkeit könnte wichtiger sein, als menschliches Leben während der beeinflußbaren Jahre zu formen? Ich habe kaum Geduld mit Leuten, die der Ansicht sind, daß häusliche Verantwortung heutzutage der Frau nicht würdig ist. Die Hand, die das Kind wiegt, herrscht über die Welt, und doch wird der Mama gesagt, sie solle eine zusätzliche Quelle der Erfüllung suchen. Der traditionelle Begriff der Mutterschaft, die »hauptberufliche« Mutterschaft, scheint mir immer noch das Beste zu sein.

8. *Ich habe meine Dreijährige noch nie verhauen, weil ich Angst habe, daß sie dadurch lernen könnte, andere zu schlagen und ein gewalttätiger Mensch zu werden. Meinen Sie, daß ich unrecht habe?*

Ja, das meine ich, aber Sie haben eine wichtige Feststellung gemacht. Es *ist* möglich, daß Eltern bei ihren Kindern Feindseligkeit und Aggressivität hervorrufen, indem sie sich selbst gewalttätig verhalten. Wenn sie schreien, um sich schlagen und die Kinder für Zufälle und Fehler dreschen, dienen sie als »Vorbilder«, die ihre Kinder nachahmen könnten. Solche elterliche Gewalt ist weit von der richtigen Erziehungsmethode entfernt. Aber wenn das Kind seinen Kopf senkt und seine Faust ballt, dann fordert es den betroffenen Elternteil geradezu auf, mit ihm fertig zu werden. Wenn der Elternteil entsprechend reagiert (eins hinten draufgibt), hat er dem Kind eine wertvolle Lektion erteilt, die mit der natürlichen Unterrichtsmethode im Einklang steht. Denken Sie an den Zweck der Schmerzen im Leben. Wenn der zweijährige Peter an der Tischdecke zieht, kommt mit ihr eine Vase Rosen, die vom Tisch herunterkippt und ihm auf den Kopf fällt. Peter hat dann große Schmerzen. Aus diesen Schmerzen lernt er, daß es gefährlich ist, an der Tischdecke zu ziehen. Und wenn er mit dem Arm gegen einen heißen Ofen kommt, lernt er sehr schnell, daß er mit Feuer vorsichtig umgehen muß. Er zieht den Hund am Schwanz und erhält sofort eine Bißwunde auf die Rückseite seiner Hand. Er klettert über die Lehne seines Stuhls, während Mama nicht zusieht, und lernt in einem Moment sehr vieles über die Schwerkraft. Drei oder vier Jahre lang sammelt er Beulen und blaue Flecken, Schrammen und Verbrennungen, und jede Verletzung lehrt ihn die Grenzen des Lebens. Machen ihn diese Erfahrungen zu einem gewalttätigen Menschen? Nein! Die Schmerzen, die er mit diesen Ereignissen verbindet, lehren ihn, diese Fehler zu vermeiden. Gott schuf diesen Mechanismus als Lehrmittel für das Kind. Liebevolle Eltern sollten die gleichen Vorgänge nutzen, wenn sie ihr Kind über gewisse Arten von sozialen Gefahren aufklären wollen. Wider Erwarten wird Peter eher dann zum gewalttätigen Menschen werden, wenn seine Eltern es versäumen, dieses Prinzip anzuwenden, weil er dann zu spät die schmerzlichen Folgen seines selbstsüchtigen, aufsässigen und aggressiven Handelns kennenlernt.

9. Eben erwähnten Sie Grenzen. Will das Kind wirklich, daß seinem Verhalten Grenzen gesetzt werden?

Ganz gewiß! Nachdem ich seit Jahren mit Kindern arbeite, könnte ich von dieser Tatsache nicht überzeugter sein. Kinder fühlen sich geborgen,wenn sie wissen, wo die Grenzen sind. Vielleicht kann ein Bild das verdeutlichen. Stellen Sie sich vor, Sie fahren mit einem Auto über die Königsschlucht in Colorado. Die Brücke hängt Hunderte von Metern über dem Boden der Felsschlucht. Wenn Sie das zum erstenmal sehen, sind Ihre Nerven zum Zerreißen gespannt, während Sie hinüberfahren. (Ich kannte einen kleinen Jungen, der von der Aussicht von dieser Brücke so beeindruckt war, daß er sagte: »Mensch, Papa! Wenn man da 'runterfällt, würde man dauernd sterben!«) Nun, falls keine Leitplanken an der Seite der Brücke wären, wo entlang würden Sie das Auto dann steuern? Mitten auf der Straße! Auch wenn Sie nicht vorhaben, gegen die Leitplanken an der Seite zu stoßen, fühlen Sie sich doch sicherer, wenn Sie wissen, daß sie da sind. Die Analogie zu Kindern ist empirisch nachgewiesen worden. Zu Beginn der fortschrittlichen Erziehungsbewegung entschloß sich ein begeisterter Theoretiker, den Zaun um das Kindergartengelände wegzunehmen. Er dachte, die Kinder würden sich ohne diese sichtbare, sie umgebende Begrenzung freier bewegen. Als der Zaun dann weg war, kauerten die Jungen und die Mädchen mitten auf dem Spielplatz. Nicht nur, daß sie nicht fortgingen. Sie trauten sich noch nicht einmal an den Rand des Geländes.

Feste Begrenzungen geben Geborgenheit. Wenn die Atmosphäre in der Familie so gut ist, wie sie sein sollte, lebt das Kind in vollkommener Geborgenheit. Es hat nie Ärger, außer wenn es absichtlich Schwierigkeiten macht. Solange es innerhalb der Grenzen bleibt, herrschen Freude, Freiheit und Anerkennung. Wenn das mit »Demokratie« gemeint ist, so bin ich dafür. Wenn mit »Demokratie« jedoch das Fehlen jeglicher Grenze gemeint ist, oder wenn der Begriff besagt, daß das Kind sich selbst seine Grenzen setzt, so bin ich entschieden dagegen.

10. Sollte ein Kind bestraft werden, wenn es das Bett näßt? Wie kann man dieses schwierige Problem behandeln?

Außer wenn es im wachen Zustand geschieht, ist das Bettnässen (Enuresis) eine unwillkürliche Handlung, für die das Kind nicht verantwortlich gemacht werden kann. Strafe unter solchen Umständen ist unverzeihlich und verheerend. Das Kind wird durch den Vorfall sowieso gedemütigt, und je öfter es passiert, desto schlechter fühlt es sich. Der Bettnässer braucht viel Beruhigung und Geduld von seiner Mutter. Vor allem soll sie versuchen, sein Problem vor denen zu verbergen, die das Kind auslachen würden. Sogar der gutmütige Scherz innerhalb der Familie tut weh, wenn er auf seine Kosten geht.

Das Bettnässen ist Gegenstand intensiver Forschungen gewesen, und die Ursachen in den einzelnen Fällen sind unterschiedlich. Bei manchen Kindern ist das Problem physiologischer Natur und wird durch eine zu kleine Blase oder eine andere physische Störung verursacht. In solchen Fällen kann ein Urologe zur Diagnose und Behandlung konsultiert werden. Bei anderen ist das Problem zweifelsohne seelisch bedingt. Jede Änderung in der psychologischen Umgebung der Familie kann Mitternachtsnässe verursachen. Bei Sommerlagern für kleine Kinder beziehen die Leiter oft die Betten jedes kleinen Gastes mit Gummidecken. Die Angst, von zu Hause weg zu sein, erhöht anscheinend die Wahrscheinlichkeit des Bettnässens während der ersten Nächte. Dann ist es besonders »gefährlich«, in einem der unteren Betten zu schlafen. Es gibt einen dritten Faktor, der meiner Meinung nach die häufigste Ursache der Enuresis ist. Das Kleinkind näßt das Bett einfach, weil es noch nicht gelernt hat, die Blase nachts zu kontrollieren. Seine Mutter holt es nachts gewöhnlich aus dem Bett und setzt es auf das Töpfchen. Dort sitzt es und schläft, und ihm wird gesagt, es solle »pinkeln«. Wenn das Kind dann aber älter wird, bleibt die Gewohnheit. Wenn es nachts urinieren muß, träumt es, daß man ihm sagt, es solle »Pipi« machen; jedesmal wenn es nachts halb wacht oder gestört wird, glaubt es, es werde zum Badezimmer gebracht. Ich empfehle, daß Eltern älterer Bettnässer damit aufhören, sie nachts zu wecken, auch wenn das Bettnässen noch eine Weile anhält. Es gibt andere mechanische Mittel, die in manchen Fällen helfen, zum Beispiel elektronische Geräte, die eine Klingel ertönen lassen und so das Kind wecken, wenn der Harn seinen »Stromkreis« schließt. Ein Kinderarzt oder Kinderpsychologe kann Ihnen bei der Suche nach einer Lösung dieses unangenehmen Problems helfen. In der Zwischenzeit ist es wichtig, dem Kind zu helfen, trotz seines peinlichen Fehlers seine Selbstachtung aufrechtzuerhalten, und verbergen Sie auf jeden Fall Ihren Ärger, auch wenn Sie ärgerlich sind.

11. Ich habe meine Kinder wegen ihres Ungehorsams verhauen, aber anscheinend hilft es nicht. Hat diese Methode bei manchen Kindern keinen Erfolg?

Kinder sind so unterschiedlich, daß es manchmal schwerfällt, zu glauben, daß sie alle Mitglieder derselben menschlichen Familie sind. Manche Kinder kann man einfach mit einem strengen Blick »erdrücken«; andere brauchen anscheinend strenge und sogar schmerzhafte Disziplinierungsmaßnahmen, um nachhaltig beeindruckt zu sein. Dieser Unterschied hängt gewöhnlich davon ab, wie sehr das Kind Beifall und Anerkennung durch die Erwachsenen braucht. Wie ich schon sagte, besteht die grundlegendste elterliche Aufgabe darin, den Standpunkt des Sprößlings zu verstehen und so die Disziplin auf ihn zuzuschneiden.

In direkter Beantwortung der Frage: es ist nicht diese individuelle Verschiedenheit, die in den meisten Fällen das »Verhauen« uneffektiv macht. Wenn Disziplinierungsmaßnahmen scheitern, geschieht es gewöhnlich wegen grundlegender Anwendungsfehler. Es ist möglich, daß doppelte Strafe nur die Hälfte der gewünschten Ergebnisse erzielt. Ich habe Situationen beobachtet, wo die Eltern mir gesagt haben, daß das Kind die Schläge nicht beachte, die es bekommt, und daß es wieder dieselbe Regel breche. Es gibt vier grundlegende Gründe für den Mangel an Erfolg:

1. Das häufigste Problem ergibt sich aus seltener, launenhafter Bestrafung. Die Hälfte der Zeit wird das Kind für eine bestimmte trotzige Handlung nicht bestraft; die andere Hälfte der Zeit bekommt es dafür Ohrfeigen. Kinder müssen merken, daß sie gerecht behandelt werden.
2. Das Kind hat vielleicht einen stärkeren Willen als der betroffene Elternteil, und beide wissen es. Wenn es einem Angriff standhalten kann, hat es einen wichtigen Kampf gewonnen, indem Strafe als brauchbares Mittel aus der Fundgrube der Eltern ausgeschlossen wird. Obwohl Mama das Kind verhaut, gewinnt es den Kampf, weil es ihr wieder trotzt. Die Lösung dieser Situation liegt auf der Hand: machen Sie weiter, gewinnen Sie, auch wenn die Strafmaßnahme wiederholt werden muß. Die Erfahrung wird für beide Beteiligten schmerzhaft sein, aber die Vorteile werden morgen und übermorgen sichtbar werden.
3. Die Eltern entschließen sich plötzlich, diese Art von Strafe anzuwenden, nachdem sie ein paar Jahre lang nichts getan haben. Das Kind braucht eine Weile, um sich an die neue Situation zu gewöhnen, und die Eltern werden möglicherweise schon während dieser Anpassungszeit entmutigt.
4. Vielleicht sind die Schläge zu leicht. Wenn sie nicht weh tun, lohnt es nicht, die Strafe das nächstemal zu vermeiden. Ein Klaps mit der Hand auf den Hintern eines dreißigmonatigen, mit vielen Windeln gewickelten Kindes ist kein Abschreckungsmittel. Es ist nicht notwendig, ein Kind zu verprügeln, aber es sollte die »Botschaft« doch spüren.

12. Wir hören heutzutage viel von dem »Syndrom der Kindesmißhandlung«. Welche Art Eltern würde ein hilfloses kleines Kind verprügeln? Wie ernst ist das Problem?

Das Problem der Kindesmißhandlung ist viel größer als allgemein bekannt. Dr. James Apthorp, Assistenzprofessor für Kinderheilkunde an der Medizinischen Fakultät der University of Southern California, behauptete neulich, daß mehr Kinder unter dem Alter von fünf Jahren von ihren Eltern getötet werden, als an Krankheiten sterben. Er schätzte, daß 60 000 Kinder jährlich in den USA zu Tode geprügelt werden. Die Prügelei ist selten vorsätzlich: sie beginnt, wenn gewöhnliche Schläge außer Kontrolle geraten oder wenn ein seelisch gestörter Elternteil sich nicht mehr im Zaum halten kann. Kinder werden von ihren Eltern in allen Rassen und allen sozialen Schichten mißhandelt, wenn auch jüngere, weniger intelligente Eltern am häufigsten ihre Kinder mißhandeln.

Es ist wirklich jämmerlich, die gebrochenen, grün und blau geschlagenen, verhungernden Kinder zu sehen, die in bedrückenden Zahlen in Kinderkrankenhäuser eingeliefert werden. Die kleinen Opfer sind zu jung, um sich wehren oder um Hilfe schreien zu können, und manche der Grausamkeiten sind furchtbar traurig. Vor einigen Jahren zum Beispiel zerstörte eine seelisch gestörte Mutter die Augen ihrer kleinen Tochter mit einer Rasierklinge. Ein anderes vierjähriges Mädchen wurde spät abends auf einer Autobahn ausgesetzt, wo es sich elf Stunden lang an die Mittelleitplanke klammerte, bevor es von der Polizei gerettet wurde. Solche mißhandelten Kinder werden oft selbst zu brutalen Eltern, die ihren eigenen Kindern ähnliches antun.

Eine meiner größten Sorgen, wenn ich körperliche Züchtigung empfehle, ist, daß manche Eltern die Schläge zu oft oder zu heftig anwenden könnten. Aber im allgemeinen ist es weniger wahrscheinlich, daß Eltern ihre Kinder mißhandeln. Voraussetzung ist allerdings, daß sie wissen, wie sie mit kleinen Verhaltensproblemen fertig werden sollen, bevor sie das Stadium höchster Gereiztheit erreichen.

13. Wenn es natürlich ist, daß ein Kleinkind gegen alle Regeln verstößt, sollte es dann doch wegen seines Trotzes gestraft werden?

Viele der Schläge, die auf Kleinkinder niedergehen, können und sollen vermieden werden. Sie geraten zum größten Teil wegen ihres natürlichen Wunsches in Schwierigkeiten, alles anzufassen, beißen, kosten, riechen und zerbrechen zu dürfen, was ihnen in die Hände kommt. Aber dieses »Ausstreckungs«-Verhalten ist nicht aggressiv. Es stellt eine wertvolle Lerntechnik dar und darf nicht verhindert werden. Ich habe gesehen, wie Eltern ihr zweijähriges Kind den ganzen Tag lang schlagen, nur weil es seine Welt erforscht. Dieses Zermalmen der natürlichen Neugier wird dem Kind nicht gerecht. Es scheint töricht, ein teures Schmuckstück dort liegen zu lassen, wo es das Kind in Versuchung führt, und dann das Kind zu verhauen, wenn es nach dem Köder greift. Wenn die dicken Fingerchen darauf bestehen, die Tassen auf dem unteren Regal anzufassen, ist es viel besser, das Kind mit etwas anderem abzulenken, als es für seine Beharrlichkeit zu verhauen. Kleinkinder können nicht widerstehen, wenn ein neues Spielzeug angeboten wird; man kann ihr Interesse an weniger zerbrechlichem Spielzeug erstaunlich leicht wecken, und die Mutter sollte ein paar andere Dinge bereit halten, falls sie gebraucht werden.

Wann sollte denn nun das Kleinkind einer milden Strafe unterworfen werden? Wenn es den gesprochenen Befehlen seiner Eltern offen trotzt! Wenn es in die andere Richtung läuft, obwohl es gerufen wird, wenn es seine Milch auf den Boden gießt, wenn es beim Schlafengehen schreit und einen Wutanfall bekommt, wenn es seine Freunde schlägt – dies sind Formen unannehmbaren Verhaltens, die verhindert werden müssen. Aber sogar in solchen Situationen sind harte Schläge selten notwendig. Ein fester Schlag auf die Finger wird dieselbe Botschaft ebenso überzeugend weitergeben. Prügel sollten für Augenblicke des größten Widerstands aufbewahrt werden.

Ich meine, es ist wichtig, den schon erwähnten Punkt zu betonen: die Jahre als Kleinkind sind für die künftige Einstellung des Kindes zur Autorität entscheidend. Ihm sollte der Gehorsam geduldig beigebracht werden, ohne daß man erwartet, daß es sich wie ein Erwachsener benimmt.

14. Sollten Jugendliche wegen Ungehorsams oder Unhöflichkeit verhauen werden?

Nein! Jugendliche wollen für erwachsen gehalten werden, und sie nehmen es zutiefst übel, wenn man sie wie Kinder behandelt. Schläge sind die schlimmste Beleidigung. Die Bestrafung für Adoleszente sollte sich auf verlorene Vorrechte, finanzielle Entbehrung und ähnliche Formen nichtphysischer Vergeltung beschränken.

15. Manchmal sind mein Mann und ich über unsere Disziplinierungsmethoden nicht einig. Wir streiten uns dann vor dem Kind, was das Beste wäre. Halten Sie das für schädlich?

Ja, ganz gewiß. Sie sollten mit Ihrem Mann abmachen, daß Sie zumindest vor dem Kind die Entscheidung des anderen akzeptieren. Die Richtigkeit der Methode kann später erörtert werden. Wenn Sie beide einander widersprechen, wird es dem Kind so scheinen, als sei »richtig« und »falsch« willkürlich festgelegt.

16. Mein Mann und ich sind geschieden, also muß ich die ganze Erziehung der Kinder selbst übernehmen. Welche Auswirkungen hat das auf Ihre Empfehlungen?

Gar keine. Die Prinzipien guter Disziplin bleiben ungeachtet des Familienhintergrundes dieselben. Es wird gewiß für alleinerziehende Eltern wie Sie schwieriger sein, da Sie niemanden haben, der Sie unterstützt, wenn die Kinder trotzig werden. Sie müssen die Rolle des Vaters *und* der Mutter spielen, was nicht leicht ist. Trotzdem berücksichtigen die Kinder Ihren Nachteil nicht. Sie müssen ihre Achtung fordern, weil Sie sie sonst nicht erhalten werden.

17. Meinen Sie, daß Eltern die Disziplin jetzt mehr schätzen? Ist die Zeit der Freiheit vorbei?

Eltern, die die äußerste Freiheit ausprobiert haben, haben zum größten Teil deren Mißlingen gesehen. Leider werden solche Eltern bald Großeltern sein, und die Welt wird von ihrer Erfahrung wenig profitieren. Was mir am meisten Sorge bereitet, ist die Art der Disziplin, die von der Generation der jetzigen jungen Erwachsenen vertreten wird. Viele dieser jungen Eltern haben gute Disziplin nie erlebt. Sie haben kein Vorbild gehabt. Außerdem haben sie sich von der besten Informationsquelle abgeschnitten, indem sie behaupten, daß keinem über dreißig zu trauen sei. Es dürfte interessant sein, zu sehen, was daraus wird.

II.

Die Wunderwerkzeuge

Im vorangegangenen Kapitel erörterten wir die richtige elterliche Reaktion auf das trotzige, herausfordernde Verhalten des Kindes. Jetzt wollen wir unsere Aufmerksamkeit der Leitung von Kindern widmen, die keinen Widerstand leisten. Es gibt zahllose dieser Situationen, wo Eltern das Verantwortungsbewußtsein des Kindes fördern wollen. Diese Aufgabe ist nicht leicht. Wie kann eine Mutter ihr Kind dazu bringen, regelmäßig die Zähne zu putzen, seine Kleider aufzuhängen oder sich bei Tisch gut zu benehmen? Wie kann sie ihm beibringen, mit Geld verantwortlich umzugehen? Was können Eltern tun, um Gewohnheiten wie Jammern, Nachlässigkeit oder Faulheit auszumerzen? Gibt es eine Lösung zum Problem ständiger Unpünktlichkeit? Solche Verhaltensweisen führen nicht zu direkten Konfrontationen zwischen Eltern und Kind und dürfen nicht in derselben eindringlichen Weise behandelt werden, die wir vorher beschrieben. Es wäre unweise und ungerecht, das Kind für seine verständliche Unreife und Kindlichkeit zu strafen. Es gibt eine viel effektivere Technik, die von klugen Eltern gebraucht werden kann.

Die beste Theorie, die je über das Steuern des Verhaltens erfunden wurde, ist das Gesetz der positiven Verstärkung und wurde vor vielen Jahren vom ersten Erziehungspsychologen, E. L. Thorndike, formuliert. Sie ist so gut, weil sie effektiv ist! Thorndikes ursprüngliches Gesetz ist durch die Arbeit von B. F. Skinner verfeinert und verbessert worden, indem er die Bedingungen beschrieb, unter denen die Prinzipien am effektivsten funktionieren. Einfach ausgedrückt lautet das Gesetz der positiven Verstärkung: »Verhalten, das wünschenswerte Folgen erzielt, tritt wieder auf.« Mit anderen Worten: wenn einem Menschen gefällt, was als Folge seines Verhaltens geschieht, wird er dazu neigen, diese Tätigkeit zu wiederholen. Wenn Sabine von den Jungen angenehme Aufmerksamkeit erhält, weil sie ein neues Kleid trägt, dann wird sie das Kleid immer wieder tragen wollen. Wenn Pancho mit einem Tennisschläger gewinnt und mit einem anderen verliert, wird er den Schläger vorziehen, mit dem er Erfolg hatte. Dieses Prinzip ist verblüffend einfach, aber es hat für das menschliche Lernen tiefgreifende Konsequenzen.

Ich gebrauchte diese Technik, um meinen kleinen Dackel »Sigmund Freud« (Siggy), zu lehren, aufrecht zu sitzen. Nun, die meisten Dackel sitzen aufrecht, ohne daß es ihnen beigebracht wurde, weil das für Tiere mit einem langen Körperbau nur natürlich ist. Nicht aber für Siggy! Er ist ohne Zweifel das unabhängigste Tier der Welt. Während des ersten Jahres seines Lebens dachte ich, er wäre etwas »langsam« und tranig. Im zweiten Jahr meinte ich, er sei vielleicht geistig zurückgeblieben; jetzt aber sehe ich ihn als widerspenstigen, eigensinnigen Schuft, der eben einfach alles auf seine Weise machen will. Es ist schwer, Siggy dazu zu überreden, bei einem »Selbstverbesserungsprogramm« mitzumachen, ohne ihm einen eßbaren Ansporn anzubieten. Er frißt Kekse besonders gern, und ich nutzte dieses Interesse aus. Ich stützte ihn in senkrechter Stellung ab, wo er aber nur ein paar Sekunden blieb, bevor er hinunterfiel. Dann gab ich ihm einen alten Schokoladenkeks, der ihm vorzüglich schmeckte. Ich stützte ihn wieder ab und gab ihm einen anderen Keks, während er fiel. Siggy sprang überall im Zimmer umher und versuchte, mir die übriggebliebenen Kekse wegzuschnappen – aber es gab nur einen Weg, den Imbiß fortzusetzen. Sogar Siggy fing an, diese Wirklichkeit zu erkennen. In weniger als dreißig Minuten dieser Übung wurde ihm die Sache deutlich. Er hat seit dem Tag seine vier Pfoten nicht auf dem Boden gehabt! Den ganzen Tag stützt er sich auf seine Hinterläufe und bittet um einen Bissen – egal, was für einen. Jetzt tut es mir fast leid, daß ich das Spiel angefangen habe, weil ich mich schuldig fühle, wenn ich ihm keine Beachtung schenke. Es war doch meine Idee; ich bin gezwungen, ihm aus der Küche etwas Eßbares zu holen.

Diese Verstärkungstechnik war nützlich, um Siggy beizubringen, einem Ball nachzujagen (ein phantastischer Beweis für die Intelligenz der Tiere). Ich warf den Ball ungefähr drei Meter. Dann nahm ich Siggy beim Genick und schleppte ihn zum Ball. Ich öffnete seine Schnauze, legte den Ball hinein und schleppte ihn zum Start zurück. Dort lag ein Kuchen aus Hafermehl. Es war diesmal noch leichter, ihn zum Mitmachen zu bewegen, weil er anfing, zu begreifen, daß er für eine Belohnung arbeitete. Diese Vorstellung ist jetzt tief in ihm verwurzelt, und er ist dabei ziemlich schöpferisch geworden, sie zu seinem Vorteil einzusetzen. Wenn die Familie zufällig vom Tablett Abendbrot ißt, um die Nachrichten im Fernsehen zu sehen, stellt sich Siggy genau auf die Stelle, wo sich unsere Sichtlinie auf dem Weg zum Fernsehgerät mit ihm kreuzt. Dort sitzt er und wedelt ständig mit dem Schwanz.

Ernsthaftere Versuche sind unternommen worden, um Tieren aufgrund der Prinzipien positiver Verstärkung hochentwickeltes Verhalten beizubringen. Die Ergebnisse waren bemerkenswert. Eine Taube hat gelernt, Radioröhren zu untersuchen, die auf einem Fließband an ihr vorbeikommen. Der Vogel bewertet jede Röhre und schlägt die defekten vom Band hinunter, wofür er ein Korn bekommt. Er sitzt den ganzen Tag da und konzentriert sich auf seine Arbeit. Wie man sich vorstellen kann, beurteilen die Gewerkschaften diesen Vorgang pessimistisch: die Taube fordert keine Kaffeepausen oder andere Beihilfen, und ihr Lohn ist schändlich niedrig. Andere Tiere haben durch sorgfältiges Verabreichen von Belohnungen gelernt, ähnliche menschliche Leistungen zu vollbringen.

Belohnungen sind nicht nur nützlich, um das Verhalten von Tieren zu formen: sie haben bei Menschen noch größeren Erfolg. Es reicht aber nicht, planlos Geschenke und Preise zu verteilen. Man muß spezifischen Prinzipien folgen, wenn das Gesetz der positiven Verstärkung voll ausgenützt werden soll. Wir wollen betrachten, wie die Elemente dieser Technik im einzelnen auf Kinder angewandt werden können.

1. Belohnungen müssen sofort verteilt werden

Wenn die Belohnung so effektiv wie möglich sein soll, muß sie gleich nach dem wünschenswerten Verhalten angeboten werden. Eltern begehen oft den Fehler, daß sie Kindern langfristige Belohnungen anbieten, aber der Erfolg bleibt meist aus. Es ist gewöhnlich ergebnislos, dem neunjährigen Jan für den Tag ein Auto zu versprechen, an dem er achtzehn wird, falls er während der nächsten neun Jahre in der Schule fleißig lernt. Kindern in der zweiten und dritten Klasse der Grundschule wird oft ein Besuch bei der Oma im nächsten Sommer versprochen, wenn sie sich im Laufe des Jahres gut benehmen. Im typischen Fall wird der Gehorsam von diesem Reiz nicht beeinflußt. Es hilft nichts, Marieluise eine neue Puppe zu Weihnachten zu versprechen, falls sie im Juli ihr Zimmer in Ordnung hält. Die meisten Kinder haben weder die geistige Fähigkeit noch die Reife, jeden Tag ein langfristiges Ziel im Auge zu behalten. Für sie vergeht die Zeit langsam; folglich scheint die Belohnung unerreichbar und damit uninteressant. Bei Tieren sollte eine Belohnung ungefähr zwei Sekunden nach dem erwünschen Verhalten angeboten werden. Eine Maus wird den Weg durch ein Labyrinth viel schneller finden, wenn der Käse am anderen Ende wartet, als wenn eine fünf Sekunden lange Verzögerung eintritt. Obwohl Kinder längere Verzögerungen aushalten können als Tiere, wird die Macht einer Belohnung mit der Zeit geschwächt.

Die sofortige Verstärkung ist bei der Behandlung des kindlichen Autismus (eine schwere Störung, die der kindlichen Schizophrenie ähnelt) erfolgreich angewandt worden. Ein autistisches Kind hat keine Beziehung zu seinen Eltern oder zu anderen Menschen; es beherrscht die Sprache nicht; es benimmt sich gewöhnlich auf exzentrische, unbeherrschte Weise. Manche Experten meinen, daß der Autismus das Ergebnis früher Schwierigkeiten der Mutter-Kind-Beziehung sei. Diese Hypothese kann ich nicht akzeptieren. Die Belege scheinen auf eine biochemische Funktionsstörung des Nervensystems beim autistischen Kind hinzuweisen. Auf jeden Fall ist der Autismus gegen eine Behandlung äußerst widerstandsfähig. Wie kann ein Therapeut einem Kind helfen, das weder sprechen noch sonst zu ihm in Beziehung treten kann? Alle früheren Behandlungsformen waren enttäuschend wirkungslos, was einige Forscher dazu brachte, mit dem Einsatz von Belohnungen zu experimentieren. An der Universität Kalifornien in Los Angeles gibt es jetzt ein Programm, autistischen Kindern das Sprechen beizubringen. Zunächst wird ein Stück Schokolade in den Mund des Kindes geschoben, wenn es irgendeinen Ton äußert; sein Grunzen, Stöhnen und Brummen wird ebenfalls belohnt. Der nächste Schritt besteht darin, das Kind für spezifischere Selbstlaute zu belohnen. Wenn ein »O«-Laut zu lernen ist, werden alle zufälligen Laute in der richtigen Richtung mit Bonbons belohnt. Wenn das Kind Fortschritte macht, wird es schließlich dazu aufgefordert, die Namen bestimmter Gegenstände oder Menschen auszusprechen, um die Verstärkung zu erhalten. Phrasen mit zwei Worten werden gesucht, dann kompliziertere Satzstrukturen. Aufgrund dieses einfachen Vorgangs haben diese schwierigen Kinder ziemlich gut sprechen gelernt. Dieselbe Technik ist zur gleichen Zeit gebraucht worden, um das autistische Kind zu lehren, auf die Menschen ringsum zu reagieren. Es wird in einen kleinen, dunklen Kasten gestellt, der ein Schiebefenster aus Holz hat. Der Therapeut sitzt außerhalb des Kastens vor dem Kind, das aus dem Fenster hinaussieht. Solange das Kind den Therapeuten ansieht, bleibt das Fenster offen. Aber wenn seine Gedanken abschweifen und das Kind anfängt, um sich zu schauen, geht der Laden zu und läßt das Kind ein paar Sekunden allein im Dunkeln. Obwohl ich kein Kind mit schwerem Autismus kenne, das erfolgreich in einen normalen Menschen verwandelt worden ist, hat die Anwendung der Verstärkungstherapie manche dieser Patienten in einen Zustand geübten, zivilisierten Verhaltens gebracht. Der Schlüssel zu diesem Erfolg war das sofortige Auftreten einer angenehmen Konsequenz, die das erwünschte Verhalten hervorrief.

Die sofortige positive Verstärkung ist eine der nützlichsten Techniken, die den Eltern zur Verfügung stehen, wenn sie ihren Kindern Verantwortungsbewußtsein beibringen wollen. Eltern klagen oft über die Verantwortungslosigkeit ihrer Kinder, und doch erkennen sie nicht, daß dieser Mangel an Fleiß *gelernt* worden ist. *Alle* menschlichen Verhaltensweisen wurden erlernt – sowohl die wünschenswerten als auch die nicht wünschenswerten Reaktionen. Kinder lernen das Lachen, das Spielen, Laufen und Springen; sie lernen aber auch zu jammern, zu schikanieren, eine Schnute zu ziehen, zu kämpfen und Wutanfälle zu bekommen. Der jeweilige Lehrer ist hier die Verstärkung. Das Kind wiederholt das Verhalten, das es für erfolgreich hält. Ein Kind wird hilfsbereit sein, weil es die Auswirkung genießt, die dieses Verhalten auf seine Eltern ausübt; ein anderes wird aus demselben Grund trotzen und schmollen. Wenn Eltern Eigenschaften erkennen, die sie bei ihren Kindern nicht gern sehen, dann sollten sie sich bemühen, ihnen bessere Eigenschaften *beizubringen,* indem sie dafür sorgen, daß gutes Verhalten erfolgreich ist, schlechtes Verhalten hingegen nicht.

Im folgenden werden die Schritte eines Programms beschrieben, das von Dr. Malcolm Williamson und mir für den Umgang mit Kindern im Alter zwischen vier und sechs Jahren entwickelt wurde; es kann gemäß Alter und Reife des Kindes abgeändert werden.

1. Die Tabelle auf der nächsten Seite führt einige Verantwortungen und Verhaltensweisen auf, die Eltern ihrem Kind vielleicht beibringen wollen. Diese vierzehn Punkte fordern ein viel höheres Maß an Zusammenarbeit und Anstrengung, als die meisten fünfjährigen Kinder täglich aufbringen können, aber durch den richtigen Gebrauch von Belohnungen wird es eher Spaß als Arbeit bereiten. Die *sofortige* Verstärkung ist der Schlüssel: jeden Abend sollten bunte (am besten rote) Punkte oder Sterne neben die Verhaltensregeln geklebt werden, die zufriedenstellend ausgeführt wurden. Wenn Punkte nicht vorhanden sind, können die Karos mit einem Filzstift ausgefüllt werden, aber es soll auf jeden Fall dem Kind erlaubt werden, seine eigenen Erfolge selbst anzukreiden.

2. Für jede Verhaltensregel, die an einem bestimmten Tag richtig ausgeführt wurde, sollten drei Pfennig gegeben werden; wenn mehr als drei Punkte an einem Tag versäumt werden, darf *nichts* als Belohnung gezahlt werden.

3. Da das Kind bis zu zweiundvierzig Pfennig pro Tag verdienen kann, haben die Eltern auch noch eine ausgezeichnete Gelegenheit, ihm beizubringen, wie es mit seinem Geld umgehen soll. Es wird vorgeschlagen, daß ihm nur erlaubt sei, fünfunddreißig bis siebzig Pfennig von diesem Einkommen in jeder Woche auszugeben. Besondere Besuche im Bäckerladen oder im Spielzeuggeschäft können eingeplant werden. In bezug auf die übriggebliebenen 2,64 Mark (höchstens) kann man vom Kind verlangen, daß es fünfunddreißig Pfennig in die Kollektenbüchse der Gemeinde steckt oder sonst einem guten Zweck opfert; es sollte dann etwa 1,20 Mark pro Woche sparen. Die übrigen siebzig Pfennig bis 1 Mark können zur langfristigen Ausgabe für etwas, was das Kind will oder braucht, gespart werden.

4. Die Liste der Verhaltensweisen, die belohnt werden, ist nicht unveränderlich. Wenn das Kind sich daran gewöhnt hat, seine

»Meine Aufgaben«

November	14	15	16	17	18	19	20	21	22	23	24	25	26	27	28	29	30
1. Ich habe mir die Zähne geputzt, ohne daß es mir gesagt wurde																	
2. Ich habe mein Zimmer aufgeräumt, bevor ich ins Bett gegangen bin......																	
3. Ich habe meine Kleider aufgehängt, ohne daß es mir gesagt wurde.......																	
4. Ich habe die Fische gefüttert, ohne daß es mir gesagt wurde																	
5. Ich habe den Abfalleimer ausgeleert, ohne daß es mir gesagt wurde																	
6. Ich habe Mama heute gehorcht																	
7. Ich habe Papa heute gehorcht																	
8. Ich habe heute gebetet																	
9. Ich war heute lieb zu meinem kleinen Bruder																	
10. Ich habe meine Vitamintablette genommen..																	
11. Ich habe heute »danke« und »bitte« gesagt..																	
12. Ich bin gestern abend ins Bett gegangen, ohne zu klagen......................																	
13. Ich habe dem Hund heute frisches Wasser gegeben																	
14. Ich habe meine Hände gewaschen und bin zu Tisch gekommen, als ich gerufen wurde																	
INSGESAMT:																	

Kleider aufzuhängen, das Hündchen zu füttern oder die Zähne zu putzen, sollten die Eltern neue Aufgaben einsetzen. Jeden Monat sollte eine neue Tabelle ausgearbeitet werden, und der Junior kann Vorschläge für seine revidierte Tabelle machen.

Dieses System hat einige zusätzliche wünschenswerte Vorteile, vor allem aber weist es auf das Hauptziel, dem Kind verantwortungsvolles Verhalten beizubringen. Durch diese Methode lernt das Kind zum Beispiel das Zählen. Es lernt, für gute Zwecke Geld zu geben. Es beginnt, die Wichtigkeit des Sparens zu verstehen. Es lernt, seine gefühlsmäßigen Triebe einzuschränken und zu beherrschen. Und schließlich lernt es die Bedeutung des Geldes kennen, und wie umsichtig man es ausgeben muß. Die Vorteile für die Eltern sind ebenso eindrucksvoll. Der Vater von vier Kindern wandte die Technik an und sagte mir später, die Lautstärke in seinem Haus sei merklich vermindert worden.

Wenn diese Art der positiven Verstärkung so erfolgreich ist, warum ist sie nicht weiter verbreitet? Die Antwort auf diese Frage stimmt traurig: Erwachsene sträuben sich, Belohnungen zu gebrauchen, weil sie das als Bestechung betrachten. Das wirksamste Lehrmittel, das uns zur Verfügung steht, wird aufgrund eines philosophischen Mißverständnisses nicht beachtet. Unsere ganze Gesellschaft ist nach dem Verstärkungssystem aufgebaut, und doch wollen wir es dort nicht anwenden, wo es am meisten gebraucht wird: bei kleinen Kindern. Als Erwachsene gehen wir jeden Tag arbeiten und erhalten einmal im Monat eine Lohnüberweisung. Das tägliche Aufstehen wird regelmäßig belohnt. Mutige Soldaten erhalten Medaillen; erfolgreiche Geschäftsleute bekommen Ehrennadeln; Angestellte, die in den Ruhestand treten, erhalten eine goldene Uhr. Belohnungen zeigen, daß die verantwortungsbewußte Anstrengung der Mühe wert war. Der Hauptgrund für den überwältigenden Erfolg des Kapitalismus ist, daß fleißige Arbeit und persönliche Disziplin materiell belohnt werden. Die große Schwäche des Sozialismus liegt im Fehlen der positiven Verstärkung; warum sollte man darum kämpfen, etwas zu erreichen, wenn man dabei doch nichts Besonderes gewinnt? Der unangenehmste Aspekt meiner kurzen Erfahrung beim Militär war der Mangel eben der so oft genannten Verstärkung; ich konnte keinen höheren Rang erreichen, bis eine gewisse Zeit vorbei war, gleichgültig, wie fleißig ich arbeitete. Der Betrag auf meinem Gehaltsscheck war von vornherein festgelegt, nicht durch meine Befähigung oder Leistung. Dieses System zerstört die Motivierung, und doch meinen manche Eltern, es sei das einzige geeignete System für Kinder. Sie erwarten, daß der kleine Markus Verantwortung trägt, weil es ihm Spaß macht. Sie wollen, daß er für die reine Freude an der persönlichen Disziplin arbeitet, lernt und schwitzt. Er macht aber nicht mit!

Betrachten Sie die Alternative zur »Bestechung«, die ich empfohlen habe. Wie werden *Sie* Ihr fünfjähriges Kind dazu bringen, die Dinge auf der Tabelle durchzuführen? Der am häufigsten gebrauchte Ersatz sind Nörgelei, Klagen, Flehen, Schreien, Drohungen und Strafen. Die Mutter, die Belohnungen ablehnt, geht möglicherweise jeden Abend mit Kopfschmerzen ins Bett und schwört sich, keine Kinder mehr zu kriegen. Sie möchte zwar das Materielle auf diese Weise nicht betonen, aber später irgendwann wird die ihrem Kind doch Geld geben. Da ihr Kind nie mit eigenem Geld umgeht, lernt es nicht, Geld zu sparen oder es mit Bedacht auszugeben. Das Spielzeug, das sie ihm kauft, wird mit ihrem Geld bezahlt – und das Kind freut sich weniger. Am wichtigsten aber: es lernt nie Selbstdisziplin und persönliche Verantwortung.

Ich beobachtete die Anwendung dieser beiden Alternativen in zwei Familien. Jonathans Eltern meinten, er hätte gewisse Verantwortungen als Mitglied der Familie. Folglich wurde er für seine Arbeit im Haus nicht belohnt (bezahlt). Jonathan konnte seine Arbeit nicht leiden, weil die Anstrengung keinerlei persönlichen Gewinn einbrachte; er betrachtete das als notwendiges Übel. Wenn er am Samstag die Garage ausräumen mußte, schleppte er sich zum »Katastrophengebiet« und starrte mit trüben Augen die deprimierende Aufgabe an, die vor ihm lag. Wie nicht anders zu erwarten, machte er die Arbeit sehr schlecht, weil er keine Motivation hatte. Diese Nachlässigkeit brachte ihm eine Strafpredigt seines Vaters ein, was die Angelegenheit kaum angenehmer machte. Jonathans Eltern waren nicht geizig. Sie erfüllten seine Bedürfnisse und gaben ihm sogar etwas Taschengeld. Wenn Jahrmarkt in der Stadt war, gaben sie ihm 10 Mark. Aber da sich ihre Geschenke nicht auf seine Anstrengungen bezogen, war das Geld keine Quelle der Motivation. Als Jonathan älter wurde, konnte er seine Arbeit nicht ausstehen; seine Eltern hatten unbeabsichtigt seinen Mangel an Verantwortungsbewußtsein gestärkt.

Thomas' Eltern vertraten einen anderen Standpunkt. Sie meinten, er sollte für die Arbeiten bezahlt werden, die er zusätzlich zu seinen regelmäßigen Aufgaben im Haus ausführte. Er bekam keine Belohnung, wenn er den Abfall hinaustrug oder sein Zimmer aufräumte, aber er bekam Geld dafür, daß er samstags auf dem Hof arbeitete. Dieser Stundenlohn war vergleichbar mit dem, was er außerhalb der Familie hätte verdienen können, ein annehmbarer Betrag. Thomas gefiel seine Arbeit. Er stand frühmorgens auf und nahm das Unkraut auf dem Hof in Angriff; er zählte sein Geld, arbeitete und sah auf seine Uhr, arbeitete und zählte dann wieder sein Geld. Manchmal stürzte er nach der Schule nach Hause, um noch ein paar Stunden zu arbeiten, bevor es dunkel wurde. Er eröffnete ein eigenes Bankkonto und war sehr vorsichtig beim Ausgeben seines schwer verdienten Geldes. Thomas genoß eine angesehene Stellung in seiner Nachbarschaft, weil er immer Geld in der Tasche hatte. Er gab es nicht wahllos aus, aber er *hätte es jederzeit tun können.* Das war eine eindrucksvolle Macht! Einmal holte er sein ganzes Geld von seinem Bankkonto. Er bat, ihm die ganze Summe in neuen Fünf-Mark-Stücken zu geben. Dann stapelte er die achtundzwanzig Münzen in seiner oberen Schublade aufeinander und zeigte sie beiläufig Jonathan und seinen anderen mittellosen Freunden. Arbeit und Verantwortungsbewußtsein – das waren die Schlüssel zu Thomas' »Position«, und er lernte ein gerüttelt Maß von beiden. Seine Eltern waren sehr zurückhaltend, wenn es darum ging, ihm Geld zu *schenken.* Sie kauften seine Kleider und das Notwendige, aber er kaufte sein Spielzeug und die Dinge, an denen er seine Freude hatte. Rein finanziell betrachtet, opferten Thomas' Eltern nicht mehr Geld, als Mama und Papa für Jonathan ausgaben. Aber sie setzten jeden Pfennig in Beziehung zu dem Verhalten, das sie bei ihrem Sohn sehen wollten. Meiner Ansicht nach war ihre Methode die bessere.

Wie ich schon andeutete, ist es außerordentlich wichtig, daß man weiß, wann man mit Belohnungen operieren und wann man auf Bestrafung zurückgreifen muß. Es ist nicht empfehlenswert, Belohnungen dann einzusetzen, wenn das Kind die Autorität der Eltern in Frage stellt. Wenn Mama zum Beispiel sagt: »Komm her, Melanie«, und Melanie schreit: »Nein!«, so wäre es ein Fehler, wenn Mama ihr einen Bonbon für den Fall in Aussicht stellen würde, daß sie ihrer Bitte nachkommt. Sie würde Melanie dann nur noch für ihren Trotz belohnen. Wenn jetzt immer noch nicht ganz klar ist, wie man mit einem solchen Konflikt fertig wird, schlage ich vor, noch einmal das erste Kapitel des Buches zu lesen. Belohnungen dürfen nicht als Ersatz für Autorität gebraucht werden. Belohnung und Strafe haben jedes seinen Platz in der Kindererziehung. Traurige Folgen entstehen nur, wenn sie durcheinandergebracht werden.

2. Belohnungen müssen nicht materieller Art sein

Als meine Tochter drei Jahre alt war, fing ich an, ihr einige Grundlagen des Lesens beizubringen, einschließlich des Alphabets. Da ich den Unterricht jeden Tag für die Zeit nach dem Abendbrot einplante, stellte ihr Nachtisch (Kekse, Schokolade) die Hauptquelle der Motivierung dar. Eines Nachmittags, es war schon ziemlich spät, saß ich gerade auf dem Boden und paukte ihr einige neue Buchstaben ein, als ein riesiger Knall die Gegend erschütterte. Die ganze Familie stürzte sofort aus dem Haus, um zu sehen, was geschehen war. Ein Jugendlicher hatte sein Auto in unserer ruhigen Wohnstraße zu Schrott gefahren. Der Junge war nicht schwer verletzt, aber sein Auto war schlimm zugerichtet. Wir besprühten das qualmende Fahrzeug mit Wasser, damit sich das tropfende Benzin nicht entzünden konnte, anschließend riefen wir bei der Polizei an. Erst, als die Aufregung sich zu legen begann, merkten wir, daß unsere Tochter uns nicht aus dem Haus gefolgt war. Ich kehrte ins Arbeitszimmer zurück, wo ich sie fand, die Hände tief in der Kilotüte Bonbons, die ich zurückgelassen hatte. Sie hatte mindestens ein Pfund Schokolade in den Mund gesteckt, und der Rest war zum größten Teil auf Kinn, Nase und Stirn verteilt. Als sie mich kommen sah, stopfte sie schnell noch eine Handvoll in ihre dicken Wangen. Diese Erfahrung hat mir eine der Grenzen materieller, zumindest der eßbaren, Verstärkung gezeigt.

Alles, was sich ein Mensch wünscht, kann als positive Verstärkung seines Verhaltens dienen. Bei Tieren sind Belohnungen am wirksamsten, die ihre physischen Bedürfnisse befriedigen. Menschen hingegen werden auch durch die Erfüllung ihrer oft überwältigenden psychischen Bedürfnisse motiviert. Manche Kinder zum Beispiel ziehen ein echtes Lob einem Fünf-Mark-Stück vor, besonders, wenn ihnen der Beifall der Erwachsenen vor anderen Kindern gespendet wird. Kinder und Erwachsene aller Altersgruppen suchen ständig nach Befriedigung ihrer seelischen Bedürfnisse, sie suchen nach Liebe, sozialer Anerkennung und Selbstachtung. Außerdem hoffen sie, intellektuelle Anregung, spannende Unterhaltung und Vergnügen zu finden.

Die meisten Kinder und Erwachsenen versuchen, ihre psychischen Bedürfnisse durch den Kontakt mit anderen Menschen zu befriedigen. Da wir uns auf unsere Mitmenschen verlassen müssen, wenn es darum geht, uns davon zu überzeugen, daß wir geliebt, angenommen und geachtet sind, interessieren wir uns sehr für alles, was diese Mitmenschen denken und sagen. *Folglich kann das gesprochene Wort die größte Motivierung für menschliches Verhalten bedeuten.* Denken Sie an die heftige Wirkung folgender Bemerkungen:

»Da kommt Michael – der häßlichste Kerl der Schule.«

»Luise ist so dumm! Sie weiß nie die richtige Antwort im Unterricht.«

»Joe schlägt bestimmt den Ball vom Platz. Das tut er immer.«

Solche rücksichtslosen Bewertungen verbrennen die Kinder, für die sie gedacht sind, wie Säure, und führen sie dazu, ihr künftiges Verhalten zu ändern. Michael wird vielleicht still, zurückgezogen und leicht verlegen sein. Luise wird wahrscheinlich noch weniger Interesse an ihrer Schularbeit als vorher aufweisen und ihren Lehrern als faul erscheinen. Joe wird vielleicht Baseball und andere sportliche Betätigungen ganz aufgeben.

Wir Erwachsenen sind für die beiläufigen Bemerkungen anderer genauso empfindlich. Es ist oft lustig zu beobachten, wie verwundbar wir durch beiläufige Bemerkungen unserer Freunde (und sogar unserer Feinde) sind. »Du hast ein paar Pfund zugenommen, Martha, oder?« Vielleicht wird Martha dieser Bemerkung im Augenblick scheinbar keine Beachtung schenken, aber sie wird am Abend fünfzehn Minuten vor dem Spiegel verbringen und am nächsten Morgen mit einer radikalen Schlankheitskur anfangen.

»Ralf ist ungefähr in deinem Alter, Peter; ich glaube, er ist 46 oder 48 Jahre alt.« Peter ist aber erst 39. Die neue Sorge um sein

Aussehen wird vielleicht bei seiner Entscheidung, im nächsten Monat ein Toupet zu kaufen, eine entscheidende Rolle spielen.

Unser Inneres ist für solch persönliche Bewertung empfänglicher, als für jedes andere Thema, und unser Gefühl der Selbstachtung und der Würde wird zum größten Teil von diesen unbeabsichtigten Signalen geprägt.

Trotz unserer Abhängigkeit von der Reaktion anderer Menschen sind wir uns des Maßes überraschend unbewußt, in dem wir die Menschen um uns herum beeinflussen. Wenn Sie das nächstemal an einem Gespräch mit zwei anderen beteiligt sind, sollten Sie innehalten, um denjenigen zu beobachten, der im Moment nicht spricht. Mit wenigen Ausnahmen wird der Zuhörer nicht unbeweglich und passiv dastehen. Er wird den Redner wahrscheinlich mit einem ständigen Strom von Informationen versehen, die seine Reaktion auf das Gesagte zeigen. Während der Redner drauflos redet, nickt der Zuhörer mit dem Kopf, lächelt zustimmend und murmelt: »Aha« und »Ja, das stimmt.« Vielleicht drückt er auch durch ähnliche Zeichen aus, daß er mit dem Gesagten nicht einverstanden ist. Der Redner ist alles andere als unempfänglich für diese Bewertung seiner Gedanken; er hört das Stichwort und stellt sein Gespräch darauf ein. Begeisterte Reaktionen seitens des Zuhörers werden den Redner noch mehr anregen. Wenn er über eine Streitfrage oder ein Thema spricht, bei dem er unsicher ist, wird er nach zusätzlicher positiver Verstärkung angeln, indem er fragt: »Findest du das nicht auch, Hans?« Der Zuhörer wird dann zum Redner, und die Reaktion des anderen wird nun ihm gewährt. Das soziale Verhalten hängt sehr von dieser Art mündlicher Verstärkung ab, die im alltäglichen Gespräch stattfindet. Dasselbe gilt für die Eltern-Kind-Beziehung, und der scharfsinnige Elternteil wird aus dieser angenehmen Quelle der Motivierung seinen Nutzen ziehen.

Diese mündliche Verstärkung sollte die ganze Eltern-Kind-Beziehung durchdringen. Zu oft bestehen unsere elterlichen Anweisungen aus millionenfachem »Du darfst nicht«, das dem Kind aufgezwungen wird. Wir sollten uns mehr Zeit dafür nehmen, unser Kind für das Verhalten zu belohnen, das uns gefällt, sogar dann, wenn die »Belohnung« nichts weiter als ein aufrichtiges Kompliment ist. Kluge Eltern kennen das Bedürfnis des Kindes nach Selbstachtung und Anerkennung. Sie befriedigen dieses wichtige Verlangen, indem sie es gebrauchen, um dem Kind die erwünschten Verhaltensweisen beizubringen. Ein paar Beispiele könnten hilfreich sein:

> Mutter zur Tochter: Du hast das Bild wirklich schön gemalt. Ich sehe so ein Bild gern. Ich werde dieses Bild am schwarzen Brett im Flur aufhängen.
>
> Mutter zum Vater in Gegenwart des Sohnes: Paul, hast du bemerkt, wie Simon heute abend sein Fahrrad in die Garage gestellt hat? Er hat es sonst immer draußen stehen lassen, bis wir ihm gesagt haben, er solle es wegräumen. Er ist viel verantwortungsbewußter geworden; findest du nicht auch?
>
> Vater zum Sohn: Ich finde es prima, daß du so ruhig warst, während ich meine Steuererklärung gemacht habe. Du warst sehr rücksichtsvoll. Da diese Arbeit nun erledigt ist, werde ich mehr Zeit haben. Wie wäre es, wenn wir am Samstag in den Zoo gingen?
>
> Professor zur Studentin: Das war ein guter Beitrag, Frl. Sommer. Ich hatte an diesen Aspekt der Sache nicht gedacht. Ich freue mich über Ihre gute Leistung.
>
> Mutter zum kleinen Sohn: Stefan, du hast den ganzen Vormittag nicht am Daumen gelutscht. Ich bin sehr stolz auf dich. Wir wollen sehen, wie lange du das heute nachmittag durchhalten kannst.

Es zeugt nicht von Weisheit, dem Kind für eine Verhaltensweise Komplimente zu machen, die man selbst nicht schätzt. Wenn alles, was das Kind tut, ihm eine große Umarmung und ein Schulterklopfen einbringt, wird dieser von der Mutter gespendete Applaus allmählich sinnlos. Die »Komplimente-Inflation« könnte den Wert ihrer Verstärkung zerstören. Spezifisches Verhalten, das echtes Lob verdient, kann sogar beim eigensinnigsten Kind gefunden werden – wenn man danach sucht.

3. Jede Verhaltensweise, die das Kind durch Verstärkung lernt, kann wieder vergessen werden, wenn die Belohnung längere Zeit ausbleibt

Es ist eine unverrückbare Tatsache, daß nichtverstärktes Verhalten schließlich verschwinden wird. Dieser Vorgang, der von Psychologen *Erlöschen* (Extinktion) genannt wird, kann für Eltern und Lehrer sehr nützlich sein, wenn sie die Eigenschaften von Kindern ändern wollen. Das Tierreich gewährt viele interessante Beispiele des Erlöschens. Der Hecht zum Beispiel ist ein großer Fisch, der einen riesigen Appetit auf Elritzen hat. Wenn er gemeinsam mit seinen kleinen Kollegen in ein Aquarium gesetzt wird, dann wird er bald nur noch allein darin herumschwimmen. Aber etwas Interessantes geschieht, wenn eine Glasplatte mitten durch das Aquarium zwischen den Hecht und die Elritzen geschoben wird. Der Hecht kann die Glasscheibe nicht sehen, deshalb schlägt er heftig dagegen, während er seinem Mittagessen nachjagt. Immer wieder schwimmt er gegen das Glas. Sein Verhalten wird *nicht* verstärkt; es wird allmählich erlöschen. Schließlich gibt der Hecht entmutigt auf. Er hat gelernt, daß es unmöglich ist, die Elritzen zu erwischen. Die Glasscheibe kann dann aus dem Wasser genommen werden, und die Elritzen werden in völliger Sicherheit um ihren tödlichen Feind umherschwimmen. Er wird nicht versuchen, sie aufzufressen. Er weiß, was er weiß. Sie sind unerreichbar. Der Hecht wird sogar an Hunger sterben, während sein Lieblingsessen ihn an Kiemen und Maul stößt.

Das Prinzip des Erlöschens wird auch gebraucht, um Zirkuselefanten daran zu hindern, jeden Abend mit ihrer ganzen Kraft an der Kette zu ziehen. Wenn der Elefant jung ist, wird sein Fuß an einen Betonklotz gekettet, der ganz und gar unbeweglich ist. Er zieht wiederholt ohne Erfolg gegen die Sperre, und dadurch wird seine Fluchtneigung erlöschen. Später reicht ein dünnes Seil und ein zerbrechlicher Pflock, um den kräftigen Elefanten festzuhalten.

Um unerwünschtes Verhalten auszuschalten, muß man die entscheidende positive Verstärkung herausfinden und dann vorenthalten. Wenden wir dieses Prinzip auf ein weit verbreitetes Kindheitsproblem an: warum quengelt ein Kind, anstatt normal zu sprechen? Weil die Mutter die Quengelei verstärkt hat! Solange die dreijährige Karin mit ihrer gewöhnlichen Stimme spricht, ist ihre Mutter zu beschäftigt, um auf sie zu hören. Karin plappert sowieso den ganzen Tag, also nimmt ihre Mutter den größten Teil dieses Wortschwalls gar nicht auf. Aber wenn Karin in einem irritierenden, lästigen Ton spricht, kommt ihre Mama, um zu sehen, was los ist. Karins Quengeln hat Erfolg; ihre normale Stimme nicht; sie gewöhnt sich ans Quengeln. Um das Quengeln auszumerzen, braucht man die Verstärkung nur umzukehren. Mama sollte damit anfangen, indem sie sagt: »Ich kann dich nicht verstehen, weil du so quengelst, Karin. Ich habe wahrscheinlich komische Ohren; sie können dieses Jammern einfach nicht hören.« Nachdem dieses Signal ein paar Tage lang weitergegeben worden ist, darf Mama nicht zeigen, daß sie das Quengeln gehört hat. Sie sollte aber einer Bitte sofort Aufmerksamkeit schenken, die mit normaler Stimme ausgesprochen wird. Wenn diese Verstärkungsmethode richtig durchgeführt wird, bürge ich für die erwünschten Ergebnisse. Das Lernen gründet immer auf diesem Prinzip, und die Folgen sind sicher und deutlich. Natürlich kann es immer noch sein, daß Oma Frieda und Onkel Albert das Verhalten weiterhin verstärken, das Sie gerade erlöschen lassen wollen.

Lehrer sollten wissen, daß sie den Angeber der Klasse auf gleiche Weise bändigen können. Zunächst stellen Sie fest, was seinem Benehmen zugrunde liegt: man muß kein großer Wissenschaftler sein, um zu erkennen, daß der Angeber gewöhnlich die Aufmerksamkeit der Gruppe auf sich lenken will. Manche Kinder möchten lieber für unangenehm gehalten werden, als daß man überhaupt nicht an sie denkt. Für sie ist Anonymität die schmerzhafteste Erfahrung. Das ideale Rezept besteht darin, ihr aufsehenerregendes Verhalten zu löschen und ihr Bedürfnis nach Anerkennung auf eine weniger laute Weise zu befriedigen. Ich arbeitete mit einem leichtsinnigen kleinen Jungen aus der sechsten Klasse, der Lukas hieß. Sein Mund ging nie zu. Er unterbrach ständig die Ruhe in seiner Klasse und zündete unaufhörlich ein Sperrfeuer aus Dummheiten, altklugen Bemerkungen und Unfug. Sein Lehrer und ich errichteten einen isolierten Raum in einer weit entfernten Ecke des Klassenzimmers, wo er nur den vorderen Teil des Zimmers sehen konnte. Danach wurde Lukas immer zu einer Woche »Isolierkabine« verurteilt, wenn er störte, was die unterstützende Verstärkung effektiv ausschaltete. Er konnte natürlich hinter der Zwischenwand Dummheiten machen, aber er konnte die Auswirkung auf seine Klassenkameraden nicht sehen. Außer dieser Einschränkung verlängerte jeder Ausbruch seine einsame Isolierung. Lukas verbrachte einen ganzen Monat in relativer Einsamkeit, bevor das Erlöschen endgültig war. Als er in die Klasse zurückkam, fing sein Lehrer sofort an, ihn für seine Mitarbeit zu belohnen. Ihm wurden Statusaufträge (Botengänge, Kreideholen usw.) gegeben, und er wurde für die erzielte Verbesserung gelobt. Die Ergebnisse waren bemerkenswert.

Manche Schulbezirke haben eine strukturiertere Form des Erlöschens ihrer schlimmsten Verhaltensprobleme durchgeführt (natürlich sollte das ungewünschte Verhalten erlöschen, nicht die Kinder!). Schüler, die zur Mitarbeit im Klassenzimmer scheinbar nicht fähig sind, werden besonderen Klassen zugeteilt, die aus zwölf bis fünfzehn Schülern bestehen. Diese Kinder werden dann einem Programm namens »systematischer Ausschluß« unterworfen. Den Eltern wird mitgeteilt, daß ihr Kind nur auf einer öffentlichen Schule bleiben kann, wenn sie es sofort abholen, falls sie während des Schultages gerufen werden. Dem Kind wird dann gesagt, es dürfe jeden Morgen in die Schule kommen, aber sobald es gegen eine der festgelegten Regeln verstoße, werde es nach Hause geschickt. Vielleicht wird das Kind schon kurz nach Schulbeginn hinausgeworfen, weil es andere Schüler in der Schlange geschubst hat. Oder vielleicht hält es bis 13.15 Uhr oder länger durch, bevor es weggeschickt wird. Es gibt an dem betreffenden Tag keine zweite Chance, aber dem Kind steht frei, am nächsten Morgen wieder in die Schule zu gehen. Trotz des traditionellen Glaubens, daß Kinder die Schule nicht leiden mögen, ist es für die meisten noch schlimmer, wenn sie zu Hause bleiben müssen. Die Radiosendungen für Hausfrauen werden ziemlich langweilig, besonders unter dem feindseligen Blick einer Mama, die ihre Tätigkeiten unterbrechen mußte, um ihren widerspenstigen Sohn abzuholen. Das störende Verhalten wird unter diesen geregelten Umständen sehr schnell erlöschen. Es ist einfach nicht vorteilhaft, das System herauszufordern. Positive Verstärkung in Form von Bonbons und anderen Belohnungen wird dann für die Versuche des Kindes beim Lernen und Studieren großzügig angewandt. Ich arbeitete einmal in einer Verhaltensänderungsklasse mit einem Kind, das als das störendste bezeichnet wurde, das je in einem größeren neuropsychiatrischen Krankenhaus in Los Angeles gesehen worden war. Nach vier Monaten konnte es regelmäßig eine öffentliche Schule besuchen.

Ab und zu geschieht das Erlöschen zufällig, wie es beim vierjährigen Markus der Fall war. Seine Mutter und sein Vater machten sich um seine irritierenden Wutanfälle Sorgen. Er wählte eine Zeit aus, in der seine Eltern am wenigsten wollten, daß er sich schlecht benahm; wenn Gäste im Haus waren, konnte man geradezu erwarten, daß er beim Schlafengehen explodieren würde, wenn nicht schon vorher. Markus wiederholte die gleiche Vorstellung in Restaurants, Gottesdiensten und in anderen öffentlichen Einrichtungen. Seinen Eltern war Disziplin nicht fremd, also wandten sie ihre ganzen Mittel bei ihrem kleinen Rebellen an. Sie schlugen ihn, ließen ihn in der Ecke stehen, schickten ihn früh ins Bett, beschämten ihn und schimpften ihn aus. Nichts war erfolgreich. Die Wutanfälle setzten sich regelmäßig fort. Schließlich waren sie vollkommen verzweifelt. Sie wußten nicht, was sie noch tun sollten. Dann saßen Markus' Eltern eines Abends im Wohnzimmer und lasen die Zeitung. Sie hatten etwas gesagt, was ihn aufregte, und er fiel vor Wut auf den Boden. Er schrie und schlug mit dem Kopf auf den Teppich, trat mit den Füßen aus und fuchtelte mit seinen kleinen Armen. Sie wußten nicht, was sie mit ihm anfangen sollten, also taten sie nichts. Sie lasen weiter in der Zeitung. Diese Reaktion kam für Markus völlig unerwartet. Er stand auf, guckte seinen Vater an und fiel zum »Zweiten Akt« auf den Boden. Wiederum keine Reaktion bei seinen Eltern. Markus' Schreien hörte abrupt auf. Er ging zu seiner Mutter, schüttelte ihr den Arm und brach zum »Dritten Akt« zusammen. Sie zeigten immer noch keine Bewegung. Er kam sich offensichtlich so dumm dabei vor, als er sich auf den Boden warf, daß er nie wieder einen Wutanfall bekam. Im Rückblick wird deutlich, daß die Verstärkung für Markus' Wutanfälle die Manipulation seiner Eltern war. Er konnte diese großen, mächtigen Erwachsenen durch sein heftiges Verhalten aufregen. Wutanfälle sind meistens eine Art herausforderndes Verhalten, das durch entsprechende Schläge ausgemerzt werden kann; bei einigen wenigen Kindern, wie Markus, ist das Verhauen aber sogar eine Art Verstärkung. Für Markus lohnte es sich, zu sehen, wieviel Aufregung er verursachen konnte.

Wenn auch Markus' Eltern sein negatives Verhalten auf einmal löschen konnten, so dauert es doch normalerweise viel länger. Es ist wichtig, die typische Geschwindigkeit zu verstehen, mit der eine Eigenschaft ohne Verstärkung verschwindet. Nehmen wir das Beispiel der Taube, die Radioröhren prüft. Sie fing die Lernübung an, indem sie alle defekten Röhren übersah, aber allmählich erkannte sie einen immer höheren Prozentsatz. Wie in Abbildung A gezeigt wird, identifizierte die Taube schließlich alle Röhren, und dieses System funktionierte ganz exakt weiter, solange die Verstärkung (Korn) für jeden Erfolg bezahlt wurde. Nehmen wir an, die Verstärkung würde dann vorenthalten. Die Taube würde die defekten Teile weiterhin genau abfangen, aber nicht für lange Zeit. Bald würde sie einige Röhren übersehen. Wenn sie lange umsonst arbeiten müßte, würde sie immer mehr abgelenkt werden und immer weniger Interesse an der Aufgabe haben. Bis zum Ende des Tages würde sie alle oder fast alle der defekten Röhren übersehen. Aber am nächsten Tag würde sie wieder arbeiten, wie vorher. *Obwohl das Verhalten an einem Tag erloschen ist, wird es wahrscheinlich am nächsten zurückkehren.* Dieses Neuerwachen heißt »Spontanerholung«. Jeden Tag kehrt das Verhalten zurück, wie in Abbildung B gezeigt wird, aber die Genauigkeit ist vermindert, und das tägliche Erlöschen findet schneller statt, als am vorigen Tag. Dieses Prinzip ist beim Erlöschen unerwünschten Verhaltens von Kindern wichtig. Die Eltern oder Lehrer dürfen nicht entmutigt werden, wenn ein erloschenes Verhalten fortgesetzt wird. Der gesamte Vorgang, eine Reaktion auszuschalten, kann eine beträchtliche Zeit dauern.

Das Erlöschungsprinzip ist angewandt worden, um Menschen zu helfen, schlechte Gewohnheiten aufzugeben. Ein solches System ist für den Raucher ausgedacht worden, der seine Zigaretten aufgeben will. Um dieses Ziel zu erreichen, müssen die Experimentierenden das Angenehme (Verstärkung), das durch das Einatmen von Zigarettenrauch gewöhnlich hervorgerufen wird, ausschalten. Auf das Gesicht des Rauchers wird ein Rohr gerichtet, aus dem sehr alter, konzentrierter Tabakrauch kommt. Wenn der Raucher einen Zug an seiner eigenen Zigarette macht, bekommt er eine Wolke des ekelhaften Rauchs aus dem Rohr ins Gesicht geblasen. Der Raucher fängt an, Zigaretten mit dem

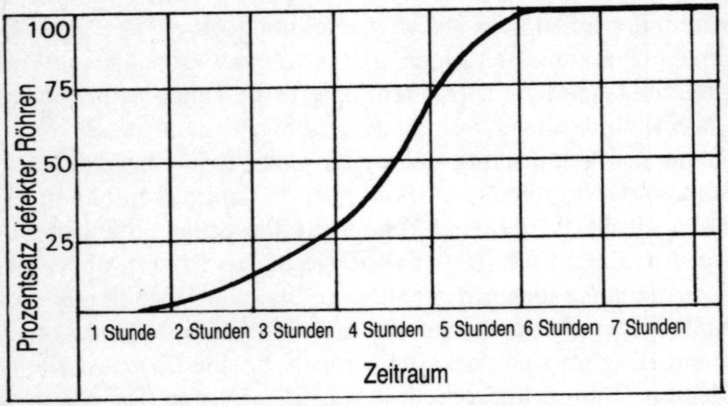

Abbildung A

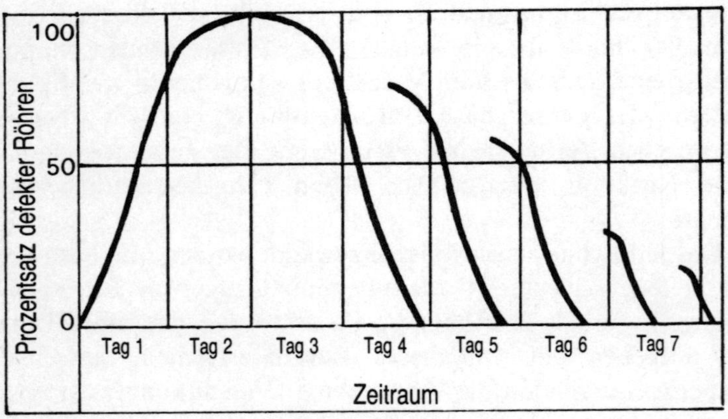

Abbildung B

stinkenden, abscheulichen Rauch zu verbinden, und es wird berichtet, daß mindestens die Hälfte der Behandelten eine starke Abneigung gegen das Rauchen entwickelte.

Das Erlöschen kann sehr nützlich sein, um einem Kind zu helfen, manche seiner unbegründeten Ängste zu überwinden. Ich beriet eine Mutter, die sich um ihre dreijährige Tochter Sorgen machte, weil das Kind große Angst vor der Dunkelheit hatte. Trotz des Gebrauchs einer Nachtlampe und trotz der offenen Schlafzimmertür hatte Maria Angst davor, allein in ihrem Zimmer zu bleiben. Sie bestand darauf, daß ihre Mutter jeden Abend bei ihr saß, bis sie einschlief, was sehr viel Zeit in Anspruch nahm und auch lästig war. Wenn Maria zufällig in der Nacht wach wurde, rief sie um Hilfe. Es war klar, daß das Kind nicht bluffte; es hatte echte Angst. Solche Ängste sind keine angeborenen Eigenschaften des Kindes; sie wurden erlernt. Eltern müssen sehr vorsichtig sein, wenn sie ihre Ängste ausdrücken, weil ihre Kinder erstaunlich aufmerksam sind und oft dieselben Sorgen übernehmen. Was das betrifft, kann sogar ein gutmütiger Scherz Probleme für ein Kind schaffen. Wenn ein Kind in ein dunkles Zimmer geht, und jemand plötzlich hinter der Tür hervorstürzt, so hat es etwas von diesem Scherz gelernt: die Dunkelheit ist nicht immer leer! In Marias Fall ist unklar, wo sie ihre Angst vor der Dunkelheit gelernt hat, aber ich meine, ihre Mutter vergrößerte unabsichtlich das Problem. In ihrer Sorge für Maria zeigte sie ihre Angst, und Maria kam auf den Gedanken, daß ihre Ängste doch gerechtfertigt seien. »Sogar die Mama macht sich Sorgen darüber.« Die Angst wurde so groß, daß Maria nicht mehr ohne Begleitung durch ein halbdunkles Zimmer gehen wollte. Dann wurde mir das Kind überwiesen. Ich schlug der Mutter vor, Maria zu sagen, sie wolle ihr zeigen, daß es keinen Grund zur Angst gibt. (Es ist gewöhnlich unfruchtbar, zu versuchen, die Ängste eines Kindes durch *Reden* zu überwinden, aber es hilft, ihm zu zeigen, daß man zuversichtlich und furchtlos ist.) Sie kaufte eine Tüte Bonbons und stellte ihren Stuhl vor die Tür von Marias Schlafzimmer. Maria wurde dann ein Bonbon für den Fall angeboten, daß sie eine kurze Zeit (zehn Sekunden) in ihrem Zimmer verbringen würde, während das Licht brannte und die Tür geschlossen war. Dieser erste Schritt war nicht sehr beängstigend, und das Spiel gefiel Maria. Es wurde einige Male wiederholt; dann bat man sie, ein paar Meter ins dunkle Zimmer hineinzugehen, während die Tür offenstand und die Mutter (sie stand auf dem Flur und war zu sehen) bis zehn zählte. Maria schaffte diese Aufgabe ein paarmal und bekam jedesmal einen Bonbon. Während späterer Versuche wurde die Tür halb geschlossen, danach noch weiter. Schließlich hatte Maria den Mut, das dunkle Zimmer zu betreten und die Tür zuzumachen, während ihre Mutter bis zehn zählte. Sie wußte, sie hätte sofort hinausgehen können, wenn sie gewollt hätte. Die Mutter sprach zuversichtlich und leise. Die Zeit, die im Dunkeln verbracht wurde, wurde allmählich verlängert, und anstatt Angst hervorzurufen, brachte es Bonbons ein – eine der größten Freuden für ein kleines Kind. Der Mut wurde verstärkt, die Angst erlosch. Der Kreislauf der Angst wurde dadurch gebrochen und durch eine gesündere Einstellung ersetzt.

Dem Einsatz des Erlöschungsprinzips ist nur durch Phantasie und Kreativität der Eltern oder des Lehrers Grenzen gesetzt. Die beste Methode, eine Verhaltensweise zu ändern, besteht darin, ihre Verstärkungen vorzuenthalten und für das, was an die Stelle des unerwünschten Verhaltens getreten ist, eine Belohnung zu geben.

4. Auch Eltern und Lehrer sind für Verstärkung anfällig

Die Verstärkung ist nicht nur der Mechanismus, durch den Kinder und Tiere neues Verhalten lernen; Erwachsene ändern ebenfalls (durch ihre Erfolge und ihr Versagen) ihr Verhalten. Es geschieht nicht selten, daß ein Kind seine Eltern erzieht (und nicht umgekehrt), indem es gewisse Verhaltensweisen verstärkt und andere löscht. Einige Beispiele dazu:

Wenn Mutter und Vater sich entschließen, den Kindern irgendetwas Besonderes zu bieten, zum Beispiel einen Besuch im Zoo, so benehmen sich die Kinder bestens. Sie sind lieb und hilfsbereit und versuchen dadurch auf raffinierte Weise, das Verhalten ihrer Eltern zu »verstärken«. In extremen Fällen habe ich gesehen, wie Kinder ihre Eltern manipulieren, indem sie das gewünschte Verhalten ganz kühl verstärken.

Wenn Mama ihre achtjährige Tochter ermahnt, sagt das Kind: »Du hast mich nicht mehr lieb!« Die meisten Kinder wissen, daß ihre Eltern bemüht sind, ihre Liebe weiterzugeben, also gebrauchen sie diese schwierige Sache, um die Bestrafung zu löschen. Oft gelingt es ihnen.

Wenn der Lehrer sagt: »Wir wollen jetzt Grammatik machen, also holt eure Grammatikhefte heraus«, stöhnt die ganze Klasse: »Ach, bloß das nicht!« Für manche Lehrer ist dieser Mangel an Verstärkung sehr schwer zu ertragen. Ähnliche Erscheinungen ergeben sich sogar in der höheren Ausbildung. Ich kannte ein Psychologieseminar an einer Hochschule, das die Prinzipien der Verstärkung studierte. Die Studenten entschlossen sich, einen Versuch mit ihrem Dozenten durchzuführen. Ihr Dozent gebrauchte zwei Unterrichtsmethoden: er las seine Notizen vor, was sich für die Studenten als trockene, trostlose Sache erwies. Aber es war viel interessanter, wenn sie ihn dazu bringen konnten, aus dem Stegreif zu sprechen, indem er ihre Fragen beantwortete und so seine reichen Kenntnisse weitergab. Eines Tages einigten sich die Studenten vor dem Unterricht, sein freies Gespräch zu belohnen und sein formelles Vorlesungsverhalten erlöschen zu lassen. Wenn er seine Notizen vorlas, scharrten sie mit den Füßen, sahen zum Fenster hinaus, gähnten und flüsterten miteinander. Andererseits zeigten sie sich bei seinen »freien« Unterrichtsstunden äußerst interessiert. Der Dozent reagierte auf klassische Weise: obwohl er erst fast am Ende des Semesters erfuhr, daß er manipuliert wurde, änderte er seine Unterrichtsweise zugunsten der informellen Methode.

Erwachsene verstärken einander sogar in bezug auf die Themen, über die sie sprechen. Birgit und Harald reden beispielsweise miteinander, aber das Thema ist für Harald langweilig; auch Birgit selbst langweilt ihn. Sein mangelndes Interesse ist nicht zu verbergen und seine Langeweile führt zu einem verräterischen Gähnen, das nicht unterdrückt werden kann. Es kriecht Haralds Kehle hinauf und hämmert auf seine Zähne, bis es freigelassen wird. Harald wartet, bis Birgit wegsieht, dann beißt er die Zähne zusammen, schluckt heftig und unterdrückt das Gähnen. Wenn Birgit Harald wieder ansieht, bemerkt sie die verdächtigen Tränen, die das unterdrückte Gähnen hinterlassen hat. Birgit kann aber auch die anderen Zeichen der Langeweile einschließlich Haralds Mangel an Beteiligung kaum übersehen. Vielleicht weiß Birgit, ohne es sich wirklich bewußt zu machen, daß sie Harald nicht beeindruckt; sie wird das Gespräch vielleicht möglichst schnell zu Ende führen oder zumindest das Thema wechseln. Sehr wahrscheinlich wird sie den Mangel an Verstärkung entziffern und darauf reagieren. Auf ähnliche Weise »sagen« wir einander, über welche Themen wir sprechen wollen.

Der Kernpunkt dieses Abschnitts ist der: Eltern sollten sich ihrer eigenen Reaktionen auf Verstärkung bewußt werden und sich versichern, daß sie die neue Lernsituation unter Kontrolle haben.

5. *Oft verstärken Eltern unerwünschtes Verhalten und schwächen dabei erwünschtes Verhalten ab*

Vielleicht der wichtigste Aspekt dieses Kapitels bezieht sich auf die zufällige Verstärkung. Es ist erstaunlich leicht, unerwünschtes Verhalten bei Kindern zu verstärken, indem man sie gewähren läßt. Nehmen wir an, daß Herr und Frau Schwachknie heute abend Gäste zum Essen eingeladen haben. Sie legen den dreijährigen Rainer um 19 Uhr ins Bett. Sie wissen, daß Rainer wie gewöhnlich weinen wird, aber was können sie dagegen schon tun? In der Tat fängt Rainer zu weinen an. Er beginnt leise (was keinen Erfolg hat) und steigert das Weinen allmählich zu einem intensiven Schreien. Schließlich wird es Frau Schwachknie so peinlich, daß sie Rainer erlaubt, wieder aufzustehen. Was hat das Kind gelernt? Daß es laut schreien muß, wenn es aufstehen will. Herr und Frau Schwachknie müssen sich auch morgen abend auf einen tränenvollen Kampf vorbereiten, weil die Methode am vorigen Abend für Rainer so erfolgreich war.

Bettina ist ein streitlustiger Teenager. Sie akzeptiert nie ein »Nein« als Antwort. Sie ist sehr mürrisch; ihr Vater sagt sogar, sie habe nur Heimweh, wenn sie zu Hause sei. Wenn ihre Mutter nicht sicher ist, ob sie Bettina erlauben soll, auf eine Party oder Tanzveranstaltung zu gehen, sagt sie ihr erst einmal, daß sie *nicht* hingehen darf. Wenn sie zunächst »Nein« sagt, versteigt sich Bettinas Mama nicht dazu, »Ja« zu sagen, bevor sie Gelegenheit gehabt hat, sich die Sache zu überlegen. Sie kann ihre negative Antwort immer noch in eine positive umändern, umgekehrt aber ist es schwer. Aber was hat dieses System Bettina zu sagen? Sie sieht, daß »Nein« in Wirklichkeit »Vielleicht« bedeutet. Je mehr sie argumentiert und klagt, um so wahrscheinlicher ist es, daß sie das erwünschte »Ja« erhält. Viele Eltern begehen denselben Fehler wie Bettinas Mutter. Sie lassen zu, daß Argumentieren, Trotzen, Schmollen und Türenzuknallen Erfolg hat. Eltern dürfen keine Entscheidung treffen, bis sie es sich genau überlegt haben. Dann aber sollten sie an ihrem Standpunkt festhalten. Wenn der Jugendliche lernt, daß »Nein« auch »absolut nein« bedeutet, ist die Wahrscheinlichkeit gering, daß er seine Energie vergeuden wird, indem er sich an »höhere Instanzen« wendet.

Es ist der zehnte Hochzeitstag von Herrn und Frau Schmidt. Sie wollen zum Essen ausgehen. Während sie sich darauf vorbereiten, fangen ihre beiden fünf- und sechsjährigen Kinder zu weinen an, weil sie zu Hause bleiben müssen. Herr Schmidt kennt die Verstärkungsprinzipien etwas, also bietet er den Kindern Bonbons an, falls sie mit dem Weinen aufhören. Leider verstärkt Herr Schmidt nicht das Ruhigsein; er hat die Tränen belohnt. Das nächste Mal, wenn er und seine Frau weggehen, wird es sich für die Kinder als Vorteil erweisen, wieder zu weinen. Tränen sind ja notwendig, um wieder Bonbons zu bekommen. Eine kleine Änderung aber hätte die Sache völlig umgewandelt. Herr Schmidt hätte ihnen die Bonbons für ihr Mitmachen anbieten sollen, *bevor* die Tränen zu fließen anfingen.

Der siebenjährige Kay sucht die Aufmerksamkeit seiner Familie, aber er kennt keine konstruktive Methode, um sie zu erlangen. Eines Abends sagt seine Mutter beim Essen: »Iß deine Bohnen auf, Kay«, worauf er trotzig antwortet: »Nein! Ich will die blöden Bohnen nicht essen!« Augen und Ohren der ganzen Familie sind nun auf ihn konzentriert – genau das, was er wollte. Kays Mutter kann den Erfolg seines Trotzes festigen (und seine Wiederholung garantieren), indem sie sagt: »Wenn du deine Bohnen aufißt, werde ich dir etwas Schönes schenken.«

Das Weinen der Kleinkinder ist eine wichtige Form des Mitteilens. Durch ihre Tränen erfahren wir von ihrem Hunger, ihrer Müdigkeit, ihrem Unbehagen oder ihrer »Windelkatastrophe«. Obwohl wir das Weinen der Babys nicht ausschalten wollen, ist es doch möglich, sie dazu zu bringen, sich weniger anzustellen und weniger zu weinen, indem man die Verstärkung dieses Verhaltens vermindert. Wenn ein Säugling sofort auf den Arm genommen oder gewiegt wird, wenn er weint, dann wird er bald die Beziehung zwischen seinen Tränen und der Aufmerksamkeit der Erwachsenen bemerken. Ich habe vor der Tür des Kinderzimmers meiner Tochter immer vier oder fünf Minuten gestanden und auf eine kurze Pause im Weinen gewartet, bevor ich zu ihrer Wiege ging. Dadurch verstärkte ich eher die Pausen als die Intensität des Gefühls.

Natürlich müssen Eltern vorsichtig sein bei der Beurteilung, welches Verhalten Erfolg hat. Sie müssen Selbstdisziplin und Geduld üben, um sicher zu gehen, daß die Verstärkung, die stattfindet, positive und nicht negative Ergebnisse hervorbringt. Hier einige Fragen, die mir gestellt worden sind, und meine Antworten und Vorschläge dazu:

FRAGEN UND ANTWORTEN

1. *Sie behaupteten früher, Sie seien dagegen, einen Jugendlichen zu schlagen. Was würden Sie tun, um meinen Vierzehnjährigen zum Mitmachen zu ermutigen, der absichtlich »unmöglich« ist? Er wirft seine Kleider überall hin, lehnt es ab, bei kleinen Aufgaben im Haus zu helfen, und ärgert seinen kleinen Bruder.*

Wenn er Taschengeld bekommt, könnte dieses Geld ein ausgezeichnetes Mittel sein, mit dem Sie ihn ein wenig motivieren könnten. Nehmen wir an, daß er vier Mark pro Woche bekommt. Dieses Maximum könnte wegen Übertretung festgelegter Regeln regelmäßig »besteuert« werden. Jedes Kleidungsstück zum Beispiel, das auf den Boden geworfen wird, könnte ihn zwanzig Pfennig kosten. Eine absichtliche Herausforderung seines Bruders würde ein Viertel der Gesamtsumme kosten. Jeden Samstag erhält er die Summe, die nach »Besteuerung« der letzten Woche übrigbleibt. Dieses System erfüllt das wichtigste Ziel bei der Formung des Verhaltens eines Kindes: geben Sie ihm einen anderen Grund zum Gehorsam, also nicht nur den, daß ihm etwas gesagt wurde.

2. *Sie haben ein sehr spezifisches Beispiel dafür gebracht, wie man bei einem fünfjährigen Kind Verantwortungsbewußtsein erzeugen kann. Können Sie eine ähnliche Technik ausführlich beschreiben, um einen faulen Jugendlichen zu motivieren?*

Die Verstärkungsprinzipien sind bei Jugendlichen besonders nützlich, weil Belohnungen gerade bei Kindern dieses typisch egozentrischen Lebensalters besonderen Anklang finden. Die Faulheit ist aber bei vielen Teenagern eine unvermeidbare Lebenswahrheit. Ihr Mangel an Fleiß und ihre allgemeine Apathie haben einen physiologischen Ursprung; die Energie wird beim schnellen Wachstum aufgebraucht. Drüsenänderungen verlangen ebenfalls eine physische Umstellung. Einige Jahre lang werden sie möglicherweise bis zum Mittag schlafen wollen und sich den Rest des Tages herumschleppen. Wenn irgendein System erfolgreich sein könnte, um ihre trägen Batterien zu laden, müßte man wahrscheinlich irgendeine Belohnung mit einbeziehen.

Folgende Schritte können verfolgt werden, um ein Verstärkungssystem bei einem Sechzehnjährigen einzuführen.

1. *Stellen Sie fest, was dem Jugendlichen wichtig ist und von ihm als Ansporn empfunden wird.* Die Zusage, am Abend eine oder anderthalb Stunden länger ausgehen zu dürfen, wirkt oft Wunder. Taschengeld ist eine andere leicht zu erschließende Quelle der Motivation, wie ich oben beschrieben habe. In unserem Zeitalter des Wohlstands haben Teenager ein großes Bedürfnis nach Geld; eine gewöhnliche Verabredung mit einer Freundin kann einen Jungen heute 20 Mark oder mehr kosten. Einen dritten Ansporn bietet ein modisches Kleidungsstück, das man sich normalerweise nicht hätte leisten können. Dem Teenager einen Weg anzubieten, solche Luxuswaren zu erhalten, ist eine ausgezeichnete Alternative zu Jammern, Weinen, Flehen und Klagen, das sonst stattfinden würde. Mama sagt: »Klar, du kannst den Skipullover haben, aber du mußt ihn dir verdienen.« Sobald eine annehmbare Motivation vereinbart ist, kommt der zweite Schritt.

2. *Schließen Sie eine feste Vereinbarung.* Ein ausgezeichnetes Mittel, dieses Ziel zu erreichen, ist der Gebrauch eines »Vertrages«. Eine schriftliche Darlegung wird skizziert, die die Eltern und der Jugendliche unterschreiben. Oft wird auch ein Punktsystem vereinbart, das in einem annehmbaren Zeitraum zum Ziel führt.

Vielleicht ist für die Verhandlung ein Außenstehender als Schiedsrichter notwendig. Wir wollen einmal eine typische Vereinbarung untersuchen. Holger möchte gern einen Kassettenrekorder. Er kann ihn gebrauchen, um Musikkassetten zu spielen, um den Unterricht in der Schule aufzunehmen (was kaum wahrscheinlich ist), – eine wirklich praktische Sache. Sein Geburtstag liegt gerade einige Wochen zurück, und er ist pleite. Der Rekorder, den er haben will, kostet ungefähr hundert Mark. Sein Vater verspricht, ihm das Gerät zu kaufen, wenn er 10 000 Punkte sammelt, was sechs bis zehn Wochen dauern wird. Es gibt Dutzende von Möglichkeiten, wie er sich Punkte verdienen kann; viele dieser Gelegenheiten werden im voraus festgelegt, aber die Liste kann erweitert werden, wenn sich andere Möglichkeiten ergeben.

1. Jeden Morgen sein Bett machen und sein Zimmer aufräumen	50 Punkte
2. Für jede Stunde Schularbeitenmachen	150 Punkte
3. Für jede Stunde Haus- oder Gartenarbeit	300 Punkte
4. Morgens und abends pünktlich zum Essen erscheinen	40 Punkte
5. Für das Babysitten bei jüngeren Geschwistern	150 Punkte
6. Jede Woche das Auto waschen	250 Punkte
7. Samstags um 8 Uhr aufstehen	100 Punkte

Die Phantasie der Eltern wird noch andere Aufgaben entdecken!

Genauso, wie Holger Punkte für seine Hilfsbereitschaft sammeln kann, so kann er sie aber auch wieder verlieren. Freches und unvernünftiges Verhalten kann mit 50 oder mehr Punkten bestraft werden. (Strafen müssen aber gerecht auferlegt werden, sonst wird das ganze System zerfallen.) Für besonders lobenswertes Verhalten kann ein Bonus verliehen werden.

3. *Beim dritten Schritt dieses Systems geht es um die Einführung einer Methode, sofortige Belohnungen zu gewähren.* Das ist notwendig, um das Interesse des Jugendlichen aufrechtzuerhalten, während er sich dem endgültigen Ziel nähert. Eine Tabelle, die

einen Thermometer mit den Punkten an der Seite darstellt, kann erstellt werden. Oben steht die 10 000-Punkt-Marke mit dem Bild eines Kassettenrekorders an der Spitze. Jeden Abend werden die Punkte für den Tag zusammengezählt, und der rote Streifen des Thermometers wird nach oben erweitert. Wenn Holger sich in bezug auf den Gegenstand, den er kaufen will, anders besinnt, können die Punkte auf ein neues Ziel umgestellt werden. (5 000 Punkte sind 50 Prozent von 10 000 und bedeuten 50 Mark für ein anderes Ziel.) Es ist äußerst wichtig, daß der Jugendliche das Ziel nicht erreicht, wenn er es nicht wirklich verdient hat. Diese Praxis würde den weiteren Gebrauch der Verstärkungstechnik ausschließen. Es wäre auch unklug, das Ziel vorzuenthalten oder zu verschieben, obwohl es erreicht worden ist.

Das obige System ist nicht starr. Es muß dem Alter und der Reife des Jugendlichen angepaßt werden. Was für den einen gilt, das gilt noch lange nicht auch für den anderen. Die Prinzipien gelten fast überall, nur die Anwendung muß geändert werden.

3. *Kann mit Belohnungen auch im Kindergottesdienst oder im Konfirmandenunterricht gearbeitet werden?*

Ich habe gesehen, daß die Verstärkung im christlichen Unterricht sehr wirksam angewendet wurde. Anstatt Geld zu verdienen, konnten die Kinder »Pfunde« sammeln, die wie Spielgeld verschiedener Nennwerte aussahen. (Die Vorstellung der Pfunde gründet auf Jesu Gleichnis der Pfunde im Neuen Testament.) Die Kinder verdienten Pfunde, indem sie Bibelverse auswendiglernten, sonntags morgens rechtzeitig kamen, immer anwesend waren, einen Gast mitbrachten usw. Dieses Währungssystem wurde dann gebraucht, um neue Gegenstände von einer Ausstellung im Schaukasten zu »kaufen«. Bibeln, Füllfederhalter, Bücher, Rätsel und andere Preise konnten ausgewählt werden. Die Kindergruppe der Gemeinde, in der dieses System gebraucht wurde, gedieh hervorragend. Manche werden einem solchen materialistischen Programm in der Gemeinde entgegentreten. Das ist aber Sache der eigenen Bewertung.

4. *Ich habe zwei Söhne im Altersunterschied von zwei Jahren: einer ist sieben und der andere neun Jahre alt. Sie hören nie mit dem Raufen und Streiten auf. Was soll ich dagegen unternehmen?*

Streit zwischen Geschwistern ist ebenso natürlich wie Essen und Schlafen. Es könnte sogar fast als unnatürlich angesehen werden, wenn sie in ständiger Harmonie zusammenlebten, obwohl auch das ab und zu vorkommt. Ich glaube nicht, daß Sie sich um das kleinliche Gezänk Sorgen machen sollten, das Sie hören, auch wenn es manchmal zum offenen Krieg wird. Andererseits könnte Ihr Eingreifen notwendig werden, wenn Sie anfangen, Symptome größerer Schwierigkeiten zu sehen. Es ist wichtig, darauf zu achten, daß nicht ein Kind – gewöhnlich das jüngere – bei diesen Kämpfen ständig verliert. Ein älteres Kind kann das Leben für seinen schwächeren Gegner zur Qual werden lassen. Wenn das geschieht, sollten die Eltern ihren Einfluß geltend machen, um das Gleichgewicht wieder herzustellen. Ein jüngeres Kind kann manchmal ebenso herrisch sein. Es kann seinem älteren Bruder alle von ihm so geschätzten Besitztümer wegnehmen oder zerstören oder ihn unerträglich belästigen. Wenn also ein Kind ständig der Angreifer ist und das andere Zeichen beträchtlicher Frustration aufweist, ist das elterliche Eingreifen in Ordnung. Aber ich schlage vor, daß Sie den weniger bedeutsamen Auseinandersetzungen keine Beachtung schenken und den Kindern ruhig erlauben, ihre eigenen Kämpfe auszufechten.

Obwohl das alltägliche Gezänk keine große psychologische Bedeutung hat, will ich zwei Vorschläge machen, wie Sie den Lärm in Ihrem Haus vermindern können.

1. Bieten Sie den Kindern eine attraktive Belohnung für den Fall an, daß sie einen ganzen Tag ohne Getue oder Streit auskommen. Vielleicht könnten Sie jeden Tag 25 Pfennig anbieten, wenn Streit vermieden wird. Wenn ein Kind ablehnt, auf einen Angriff des anderen zu reagieren, sollte nur das eine Kind am Abend die Belohnung erhalten.

2. Der Wettstreit zwischen Geschwistern geht oft um die Frage des Vorrechts in der Familie. Das kann von den Eltern ausgeglichen werden. Es gibt manche Dinge, die ein älteres Kind tun kann, eben weil es älter ist (länger aufbleiben, mehr unternehmen usw.). Es gibt andere Vorrechte, die das jüngere Kind bevorzugen (es

kann sein Spielzeug auswählen, hat weniger Arbeit usw.). Die kluge Mutter wird ihre Kinder davon überzeugen, daß sie ihr Bestes tut, um in dieser Hinsicht gerecht zu sein.

5. Sollten Eltern das Kind zum Essen zwingen?

Nein. Ich bin kein Nahrungsexperte, aber ich meine, der Appetit des Kindes wird von der Menge der Nahrung geregelt, die es braucht. Ich meine aber, daß Eltern diesen Appetit vorsichtig beurteilen sollen, indem sie sichergehen, daß er mit den Nahrungsmitteln befriedigt wird, die der Körper des Kindes braucht. Zu viel Süßes am Nachmittag kann das Interesse am Abendbrot verderben. Oder das Kind setzt sich zu Tisch und füllt den Magen mit Saft oder einem anderen Nahrungsmittel, das auf seinem Teller liegt. Vielleicht wird es notwendig sein, ihm jeweils nur eine Art Nahrung zu geben – zunächst das eisenreiche Fleisch und anderes Eiweiß, dann erst die weniger wichtigen Nahrungsmittel. Wenn das Kind satt ist, sehe ich keinen Wert darin, es zu zwingen, weiterzuessen. Übrigens sollten Eltern wissen, daß der Appetit eines Kindes oft im Alter von zwei bis drei Jahren schnell abnimmt. Das geschieht, weil die Zeit des schnellsten Wachstums vorbei und das Bedürfnis nach Nahrung verringert ist.

6. Ich bin Lehrer an einem Gymnasium, und unterrichte jeden Tag fünf verschiedene Klassen in Physik. Mein größtes Problem besteht darin, diese Schüler dazu zu motivieren, Hefte, Papier und Bleistifte mitzubringen. Ich kann ihnen das Material zwar leihen, das sie brauchen, aber ich bekomme es nie zurück. Was schlagen Sie vor?

Ich hatte das gleiche Problem, als ich ein Jahr lang an einem Gymnasium war. Meine Schüler waren nicht böswillig. Sie hatten einfach zu viele andere Gedanken im Kopf, um an ihre Schulsachen zu denken. Ich versuchte verschiedene Motivationstechniken in dieser Angelegenheit, aber ohne Erfolg. Ich bat dringend um Hilfe bei der Bewältigung dieses Problems, aber ich konnte keine Begeisterung wecken. Ich hielt eine erregte Strafpredigt, aber das schien eine große Energievergeudung für eine solch kleine Sache. Es mußte ein besseres Mittel geben! Schließlich kam ich auf eine Lösung, die auf der Gewißheit gründete, daß junge Menschen mitmachen werden, wenn es für sie vorteilhaft ist. Ich verkündete eines Morgens, daß es mir jetzt egal sei, ob sie ihre Bleistifte und Hefte zum Unterricht mitbrächten. Ich hätte zwanzig Hefte und einige Schachteln gespitzter Bleistifte übrig, die sie leihen dürften. Wenn sie vergessen würden, dieses Material mitzubringen, bräuchten sie nur darum zu bitten. Ich würde nicht mit den Zähnen knirschen oder rot vor Zorn werden; sie würden entdecken, daß ich sehr gern dazu bereit sei, meine Mittel mit ihnen zu teilen. Aber die Sache hatte einen Haken: der Schüler, der etwas auslieh, mußte für die Stunde auf seinen Sitzplatz verzichten. Er mußte neben seinem Platz stehen, während ich unterrichtete, und wenn schriftliche Arbeiten geschrieben wurden, mußte er sich im Stehen über sein Pult beugen. Wie zu erwarten, waren die Schüler über diese Aussicht gar nicht begeistert. Ich lächelte heimlich, als ich sah, wie sie vor der Stunde umherrasten, um ein Heft oder einen Bleistift zu leihen. Ich brauchte die »Standregel« nicht sehr oft anzuwenden. Etwa nur einmal pro Woche mußte ein Schüler die Stunde im Stehen verbringen, aber der Jugendliche paßte dann sehr auf, damit er nicht ein zweites Mal in die gleiche Situation hineinstolperte.

Auch auf die Gefahr hin, mich zu wiederholen, hier noch einmal die wertvolle Erziehungsformel: Geben Sie den Kindern möglichst viel Anreiz, Ihren Wünschen nachzukommen. Ihr Zorn ist die am wenigsten effektive Motivation, die ich mir vorstellen kann.

III.

Disziplin im Klassenzimmer

Es dürfte jetzt jedem klar sein, daß wir uns mitten in einer sehr ernstzunehmenden, weltweiten Revolution befinden. Dieser verheerende soziale Umbruch wird von jungen Menschen – den Studenten, der Bevölkerung »unter dreißig« – gezündet und mit weiterem Brennstoff versehen. Ob in Tokio, Paris, London, Frankfurt oder an den amerikanischen Universitäten, allerorten sind diese Gegner in ihrem Widerstand gegen eine gemeinsame Zielscheibe einig: die Autorität jeglicher Form. Jede Autorität wird jetzt in Frage gestellt: die Polizei, das Militär, die Katholische Kirche, die Evangelische Kirche, die Familie, die Gerichtshöfe, die Universitäten, die Kriminalpolizei, die Sitten und Werte der Gesellschaft selbst. Sogar an medizinischen Fakultäten, die bisher traditionelle Hochburgen der Disziplin und der Strenge waren, werden Studenten immer streitbarer und rebellischer. Kein junger Mensch will, daß seine Vorgesetzten ihm etwas »sagen« – falls er seine Vorgesetzten überhaupt anerkennt. Diese Feindseligkeit der neuen Generation gipfelt in der Minderheit junger Revolutionäre, die den Besitz des Establishments niederbrennen und zerstören wollen. Sie haben kein Reformprogramm. Ihre Plattform beinhaltet nichts als totale Zerstörung – in der vergeblichen Hoffnung, daß etwas Besseres entstehen werde.

Studentenorganisationen haben offene Auseinandersetzungen an unseren Universitäten begonnen, und ihre Tätigkeit erweist sich in den höheren Schulstufen als ebenso beunruhigend. Diese jungen Kämpfer sind zornig, weil unsere Gesellschaft die Frechheit besitzt, unvollkommen zu sein. Sie wollen seine Führer und Einrichtungen vernichten. Leider unterschätzen sie die entscheidende Rolle der Autorität in jeder Zivilisation. Die Achtung vor der Führerschaft ist der Klebstoff, der die Gesellschaft zusammenhält. Ohne sie gibt es Chaos, Gewalttätigkeit und Unsicherheit für alle. Es scheint, als müsse die Welt diese schmerzhafte Lektion noch einmal lernen.

Im ersten Kapitel dieses Buches habe ich die *primäre* Ursache dieser vorherrschenden Mißachtung der Autorität erörtert: Eltern in der westlichen Welt haben es im allgemeinen versäumt, ihren Nachkommen Verantwortungsbewußtsein beizubringen, solange die Kinder noch klein waren. Aber den Eltern darf nicht die ganze Schuld zugeschoben werden; sie haben ziemlich viel Hilfe bekommen. Den zweitgrößten Einfluß auf die wachsende Unordnung übte die Schule aus. Eltern vermittelten ihren Kindern eine falsche Einstellung zur Autorität, und die Schule unterstützte das leichtfertig. Wenn die Tendenz zum gesellschaftlichen Chaos rückgängig gemacht werden soll, müssen die Lehrer mit den Eltern zusammenarbeiten, um eine Wiederbelebung wirksamer Disziplin im Klassenzimmer zu erzielen.

ZÜGELLOSES VERHALTEN

Während der ersten Jahre, in denen ich Erfahrungen als Lehrer sammelte, war ich überrascht, wieviel Unordnung und zügelloses Verhalten in vielen Klassen herrschte. Die Verwirrung war bei allen Altersgruppen sichtbar. Schon die kleinen Kinder in der ersten Klasse schüchterten ihre beunruhigten Lehrer ebenso systematisch ein, wie die tobenden Studenten es taten. In manchen Situationen zeigten sich ganze Klassen in der Rebellion gegen die Ordnung so geübt, daß sie bei ihren Lehrern regelrecht gefürchtet waren. Es schien lächerlich, daß die Schulbehörden solchen Ungehorsam duldeten, zumal er doch so leicht hätte ausgeschaltet werden können. Aber in den Fällen, wo Lehrer hart blieben, klagten viele Eltern und forderten Milde für ihre Kinder. Später fingen wir an, die Folgen dieses Disziplinmangels im Verhalten der Kinder zu beobachten. Ich hatte zum Beispiel die für mich aufschlußreiche Verantwortung, als Berater für 450 respektlose, stolze Jugendliche aus der neunten Klasse zu fungieren. Sie marschierten mit geballten Fäusten in die Schule.

Sie waren stolz auf ihr Versagen in der Wissenschaft. Sie waren mürrisch, lästerlich und undankbar. Schon damals, im Jahre 1963, besagten Schätzungen, daß ein Drittel dieser Schüler aus der Mittelschicht Rauschgift irgendeiner Art einnahm. Sie waren die Vorläufer der feindseligen, aggressiven, rauschgiftsüchtigen Teenager, die heute in vielen Gymnasien zu sehen sind.

Aus der Perspektive jener Jahre gesehen war klar, daß größere soziale Schwierigkeiten am Horizont auftauchen würden. Ich teilte die Sorge der berühmten Kriminologen Professor Sheldon Glueck und seiner Frau[1], die sich in einem Interview im *U. S. News and World Report,* April 1965, widerspiegelt. Ihre Antworten auf die folgenden Fragen haben sich geradezu prophetisch erwiesen:

Frage: *Worin liegt wohl die Ursache für die rapide Zunahme der Kriminalität heute begründet?*

Antwort: Es gibt viele Ursachen. Aber zum größten Teil ist das, was wir heute sehen, ein Vorgang, der schon seit dem Zweiten Weltkrieg zu beobachten ist.

Erstens gehen immer mehr Mütter arbeiten. Viele lassen ihre Kinder zu Hause oder auf der Straße, mehr oder weniger ohne Aufsicht. Das bedeutet, daß diese Kinder die ständige Führung und das Gefühl der Geborgenheit entbehren müssen, die sie in den ersten Lebensjahren von ihrer Mutter brauchen.

Außerdem haben sich die elterlichen Einstellungen zur Disziplinierung ihrer Kinder rapide geändert. Zu Hause und draußen besteht eine Tendenz zu größerer Freiheit – das heißt, man will sein Verhalten weniger zügeln und einschränken.

Frage: *Was für eine praktische Auswirkung hat diese Philosophie gehabt?*

[1]) Professor Glueck und seine Frau wurden durch ihre Studie der Jugendkriminalität und ihrer Ursachen berühmt.

Antwort: Anscheinend keine gute Auswirkung. Ein gewisses Maß an Disziplin im Leben ist notwendig. Man braucht sie in der Klasse, man braucht sie zu Hause, man braucht sie in der Gesellschaft im allgemeinen. Die Zehn Gebote fordern doch auch Disziplin. *Wenn keine allgemeine Zurückhaltung in den Charakter der Kinder eingebaut wird, erhält man schließlich ein soziales Chaos.*

Frage: *Meinen Sie, daß moralische Werte verfallen?* (Anmerkung des Verfassers: Diese Frage ging der »neuen Moral« um mehrere Jahre voraus.)

Antwort: Das ist ein Teil des Bildes. Nicht nur Eltern, auch andere sind sich oft nicht sicher, was moralisch richtig bzw. falsch ist, und deshalb ist es schwer, der Disziplin Geltung zu verschaffen.

Zum Beispiel sind Kinder heute allen möglichen Filmen und Büchern ausgesetzt. Man kann schwer entscheiden, bei welchen Filmen und Büchern eine Zensur angebracht wäre.

Im allgemeinen meint man vielleicht, die Zensur sei nicht wünschenswert. Und doch weiß man, daß an irgendeinem Punkt Einschränkungen auferlegt werden müssen – besonders, wenn es um Kinder geht. Aber wenn man versucht, sich zu entscheiden, an welchem Punkt Einschränkungen gemacht werden müssen, geschieht es sehr oft, daß gar keine Einschränkungen zustande kommen. Diese fehlenden Grenzen in der Familie und draußen sind es, die die Grundlage für einen großen Teil unserer Kriminalität bilden.

Frage: *Neigen Jugendgerichte dazu, mit Jugendlichen zu sanft umzugehen?*

Antwort: Manchmal schon, aber gewöhnlich sind sie inkonsequent, weil Richter einen breiten Ermessensspielraum haben; sie verlassen sich manchmal eher auf die Intuition und auf Ahnungen als auf den Gebrauch von Daten, die ihre Mitarbeiter für sie sammeln könnten.

Frage: *Strenge Bestrafung ist also ein Abschreckungsmittel gegen weitere Verbrechen?*

Antwort: Das Wissen um die Strafe ist ganz bestimmt ein Abschreckungsmittel, ist doch die Angst eines der primären Gefühle des Menschen. Sie spielt bei seiner Erziehung eine wichtige Rolle. Wir sind etwas zu weit in der anderen Richtung gegangen, indem wir erlauben, daß das Kind meint, es werde für seine Missetaten nicht bestraft.

Es ist natürlich falsch, sich ausschließlich auf die Angst vor der Strafe zu verlassen, aber es ist ebenso falsch, dieses Abschreckungsmittel abzuschaffen.

Frage: *Kann die Schule mithelfen, zu verhindern, daß Kinder zu Unruhestiftern werden?*

Antwort: Ganz bestimmt. Wie wir schon sagten, gibt es Kinder, die nicht dazu geeignet sind, lange still zu sitzen, und ihre Abenteuerlust muß auf eine annehmbare Weise befriedigt werden.

Wir sind auch der Meinung, daß eines der grundlegenden Bedürfnisse der Schulen – und anderer Institutionen der Gesellschaft – die allgemeine Anerkennung von bestimmten Regeln ist, daß man ohne Regeln in Chaos und Tyrannei getrieben wird, wo man sich seine eigenen Gesetze schafft. Man sieht das nicht nur unter Kriminellen, sondern auch unter Studenten, die immer mehr Freiheit von Einschränkungen, von höherer Autorität fordern.

Frage: *Erwarten Sie, daß die Kriminalität zunehmen wird?*

Antwort: Wahrscheinlich. Wir persönlich sind der Meinung, daß, wenn nichts getan wird, um den Teufelskreis zu durchbrechen, wir eine Zeit der Gewalttätigkeit zu erwarten haben, die alles Vorangegangene übersteigt.

Man braucht nur von den Morden und Überfällen zu lesen, die in der New Yorker Untergrundbahn geschehen. Vor ein paar Jahren noch hätte niemand gedacht, daß die öffentlichen Verkehrsmittel gefährlich sein könnten. Wir sehen bisher kein Ende dieser Entwicklung. Ein jugendlicher Verbrecher hat später oft kriminelle Kinder – nicht durch Vererbung, sondern wegen seiner eigenen ungelösten Konflikte, die ihn unfähig zur Elternschaft machen.

Professor Glueck und seine Frau sahen die Anarchie klar voraus, die jetzt im Mittelpunkt der Demokratie verhängnisvoll auf uns zurollt. Nirgends ist die Gefahr offensichtlicher, als an den großen städtischen Oberschulen und Gymnasien. Ein Freund von mir, ein Lehrer, sagte mir neulich, daß er einen neuen Beruf suche. Er will seinen Beruf als Lehrer aufgeben, weil er sich um seine Sicherheit Sorgen macht, obwohl er über zwei Meter groß ist, 200 Pfund wiegt und eine sportliche Figur hat. Die Schüler an seiner Schule werden bei der physischen Konfrontation mit den Lehrern immer kühner. Vor ein paar Wochen hatte ein Schüler einem Lehrer eine Schrotflinte vor den Bauch gehalten und die Schlüssel zu seinem Auto gefordert. Der Lehrer kannte den Jungen und dachte, das ganze sei ein Spaß. Er schob die Flinte beiseite. Der Schüler richtete seine Waffe wieder auf den Lehrer und drohte, ihn zu erschießen, wenn er die Schlüssel nicht hergebe. Der Lehrer nahm den Jugendlichen nicht ernst und ging weiter. Später wurde ihm von den untersuchenden Beamten gesagt, er habe Glück, noch am Leben zu sein. So viele Teenager mißbrauchen jetzt Drogen, daß bei ihnen Vernunft nicht mehr als selbstverständlich vorausgesetzt werden kann. Die Epidemie der Heroinsucht, die schon auf uns zugekommen ist, hat uns zahllose, von panischem Schrecken gepackte junge Menschen beschert, die dazu getrieben werden, ihre innere Qual zu stillen. Jeder in ihrer Nähe schwebt in derselben Gefahr.

Das Maß an Disziplinierung der Schüler, das seitens der Schulbehörden aufgebracht wird, war nie zuvor in den USA so gering wie heute. Manche der besorgten Eltern schicken ihre Kinder so lange nicht in die Schule, wie die Sicherheit der Schüler nicht garantiert ist. Wir müssen einfach die Ordnung an unseren Oberschulen einigermaßen wiederherstellen, und doch tendiert man gegenwärtig noch zu immer mehr Autonomie der Schüler. Die Disziplin in den Schulen nimmt ab, was sich in der Eliminierung traditioneller Regeln widerspiegelt. Regeln in bezug auf die Kleidung werden aufgegeben, Schüler dürfen die schlampigste, oder extravaganteste Kleidung tragen, die man sich vorstellen kann. Richtlinien in bezug auf die Länge der Haare und gepflegtes Aussehen werden auch gestrichen. Ich bin zwar damit einverstanden, daß die Frisur und ähnliche vorübergehende Modetrends an sich kein Grund zur Sorge sind, *aber das Festhalten an einem gewissen Maßstab ist ein wichtiges Element der Disziplin.* Es ist ein großer Fehler, *nichts* von den Kindern zu verlangen, überhaupt keine Forderungen in bezug auf ihr Verhalten zu stellen. Ob eine Oberschülerin eine Hose oder ein Kleid trägt, hat keine welterschütternde Bedeutung. Bedeutsam aber ist, daß sie sich an einige vernünftige Regeln hält. Wenn man das Erfolgsgeheimnis eines Fußballstars, eines ausgezeichneten Orchesters oder eines erfolgreichen Unternehmens untersucht, stößt man ausnahmslos auf Disziplin. Wie falsch ist doch der Glaube, daß Selbstzucht in einer Umgebung gefördert werde, in der an die Kinder keinerlei Forderungen gestellt werden! Wie töricht ist die Annahme, daß Selbstzucht ein Produkt der Selbstverwöhnung sei! Wie schlimm ist die systematische Zerstörung von Erziehungsregeln, die von einer Minderheit der Eltern unter Rechtshilfe des Amerikanischen Bundes für Zivilfreiheiten (American Civil Liberties Union) und jener alten, müden Richter, an die sie sich gewandt haben, bewerkstelligt wurde. Gegen den Willen der Mehrheit haben diese Gegner der Disziplin gewonnen. Die Regeln in bezug auf das Verhalten der Studenten sind reduziert worden, statt dessen sind eine Unzahl von Einschränkungen für die Lehrer eingeführt worden. Schulgottesdienste sind plötzlich gesetzeswidrig. Die Bibel darf nur als Literatur gelesen werden. Treue zur Bundesfahne darf nicht verlangt werden. Für die Lehrer ist es oft sehr schwierig, einen Schüler zu bestrafen oder hinauszuwerfen. Lehrer sind sich des Kampfgeistes der Eltern so bewußt, daß sie sich oft den trotzigen Herausforderungen ihrer Schüler einfach entziehen. Folglich ist die Disziplin an den Schulen am Aussterben.

Vor einigen Jahren wurde es für Schüler in einer bestimmten Stadt Mode, in großer Zahl den Unterricht zu boykottieren. Das ganze wurde einige Wochen lang in der gesamten Gegend wiederholt – ein Kennzeichen für das nachahmende Verhalten von Jugendlichen. Ich habe die typischen Einzelheiten eines solchen Streiks untersucht. Die Auseinandersetzung wurde von bekannten Unruhestiftern angefangen – eine kleine Gruppe von Schülern, die auf ständigen Widerstand als Motor dieser Unruhe zurückgriffen. Diese Schüler sprachen in der Mittagspause miteinander und beschlossen dann, am Nachmittag nicht in die Schule zu gehen. Erst wurden einige Methoden des »Schwänzens« vorgeschlagen; schließlich entschloß man sich zu einem Streik. Es wurde weitergesagt, woraufhin sich ein paar hundert Schüler auf dem Schulhof versammelten. Eine laute Kundgebung folgte, und es entstand eine Liste mit Forderungen an den Rektor. Ein junger Kerl wurde dann weggeschickt, um die örtliche Presse zu holen, die darauf auch reagierte, indem sie einige Reporter mit Fotoapparaten und einen Übertragungswagen schickte. Es war das aufregendste und erfolgreichste Unternehmen der jungen Kämpfer – und es machte viel mehr Spaß, als Geschichte, Englisch oder Mathematik zu lernen. Sie hielten sich für die mutigen Führer der unterdrückten Massen, indem sie die Mitglieder des Lehrkörpers und der Verwaltung wegen ihrer Tyrannei verurteilten. Der Rektor reagierte ruhig und vernünftig. Ob die Forderungen der Schüler gerechtfertigt waren, war ihm egal: er lehnte klugerweise ab, unter Druck zu verhandeln. Er drohte, die Schüler zu bestrafen, wenn sie nicht binnen einer Stunde im Unterricht erschienen. Ungefähr die Hälfte der Schüler kehrte in die Schule zurück, während die anderen auf edlen Reformen bestanden. Nachdem der Aufruhr unterdrückt war, begann der Rektor, die Disziplinierungsmaßnahmen durchzuführen, die er den streikenden Schülern versprochen hatte. Aber bevor er handeln konnte, bekam er Weisung vom Oberschulamt, allen Beteiligten Amnestie zu gewähren und zu versuchen, die Forderungen der Schüler zu erfüllen. In jenem Augenblick bescherte das Schicksal der Gewalt und der Unordnung auch noch einen Sieg. Die jungen Rebellen hatten die Erfahrung als aufregend und vorteilhaft empfunden. Und es wurde ihnen Grund genug gegeben, das Spektakel künftig in noch dreisterer Form zu wiederholen. Es ist offensichtlich gefährlich, Schüler für diese Art des Verhaltens zu belohnen. Wenn es einmal gelingt, wird der Trotz die logische Zuflucht für den Fall werden, daß die Jugendlichen mit einer administrativen Entscheidung nicht übereinstimmen. Da es den Lehrern nie gelingen wird, alle Schüler in jeder Beziehung zufriedenzustellen, wird es mit Sicherheit wieder zur Gewalttätigkeit kommen, was zu einer Art des Lernens führen wird, die dem Auftrag der Schule nicht entspricht.

DISZIPLIN IN DER GRUNDSCHULE

Nachdem wir die große Bedeutung der Disziplin in der Ausbildung festgestellt haben, müssen wir unsere Aufmerksamkeit der Frage widmen, wie dieses Ziel am besten zu erreichen ist. In diesem Zusammenhang gewährt die Familie das ideale Vorbild für die Schule. Die Disziplin in den frühen Erfahrungen des Kindes beginnt mit der grundlegenden Beziehung zwischen ihm und seinen Eltern (besonders seiner Mutter); die Schuldisziplin wiederum sollte mit der entscheidenden Wechselbeziehung zwischen dem Grundschullehrer und seinen Schülern anfangen. Als erste offizielle Stimme der Schule ist der Grundschullehrer in der Lage, positive Einstellungen zu schaffen, auf denen künftige Lehrer aufbauen können. Er kann seine jungen Schüler aber auch mit

Verachtung und Respektlosigkeit erfüllen. Die ersten sechs Lehrer des Kindes werden zum größten Teil seine Einstellung zur Autorität in der Oberschule (und darüber hinaus) prägen.

Ich unterrichtete einige Jahre lang in der Schule, nachdem ich meine Universitätsausbildung abgeschlossen hatte, und ich lernte aus diesem täglichen Umgang miteinander viel mehr darüber, wie Kinder denken, als man je aus einem Buch erfahren könnte. Lehrreich war vor allem auch, die Disziplinierungstechniken der anderen Lehrer zu beobachten. Manche von ihnen kamen mit der Klasse ohne Schwierigkeiten zurecht, während andere unter der ständigen Demütigung durch den Trotz der Schüler litten. Ich konnte beobachten, daß es einen grundlegenden Unterschied darin gab, wie sie mit ihren Klassen umgingen. Der unerfahrene Lehrer stand vor den Jungen und Mädchen und versuchte sofort, ihre Zuneigung zu gewinnen. Obwohl die meisten guten Lehrer die Zuneigung ihrer Klasse wollen, sind manche von der Anerkennung durch die Kinder sehr abhängig. Am ersten Schultag im September hält die neue Lehrerin, Fräulein Süß, eine kleine Rede, die ungefähr so klingt: »Ich freue mich wirklich sehr, daß wir die Gelegenheit haben, zusammenzukommen. Dieses Jahr wird euch viel Spaß machen. Wir wollen Seife machen und Suppe kochen, und wir wollen ein Bild malen, das die ganze Wand bedecken wird. Wir werden Ausflüge machen und Spiele spielen . . . es wird ein ganz tolles Schuljahr. Ihr werdet bei mir gerne in die Schule gehen, und ich werde froh sein, euch als Klasse zu haben. Es wird viel Spaß machen.« Ihr Stundenplan ist voller Spaß, Spaß und nochmals Spaß – das Zeichen ihrer Liebe zur Klasse. Am ersten Schultag geht alles gut, weil die Schüler am Anfang eines neuen Schuljahrs etwas eingeschüchtert sind. Aber ungefähr drei Tage später muckt der kleine Bernd dort hinten links auf und will Antwort auf die Frage haben, die alle anderen sich auch stellen: Wie weit können wir bei Fräulein Süß gehen? Er will sich einen Namen als mutiger und forscher Junge machen, und vielleicht, so denkt er, könnte er seinen Ruf auf Kosten von Fräulein Süß aufpolieren. In einem gut gewählten Augenblick fordert er sie mit ein wenig Trotz heraus. Das letzte, was Fräulein Süß will, ist eine Auseinandersetzung, weil sie hofft, in diesem Jahr so etwas vermeiden zu können. Sie greift die Herausforderung durch Bernd nicht auf. Sie tut so, als habe sie nicht bemerkt, daß er nicht getan hat, was sie ihm auftrug. Er gewinnt diese erste, kleinere Auseinandersetzung. Alle in der Klasse haben gesehen, was geschehen ist. Es war nichts Großes, aber Bernd kam ungescholten davon. Am nächsten Tag zeigt sich Matthias durch Bernds Erfolg sehr ermutigt. Kurz nach Schulanfang leistet er ihr etwas offeneren Widerstand als Bernd gestern, und Fräulein Süß schenkt der Herausforderung wieder keine Beachtung. Von diesem Augenblick an wächst und steigert sich das Chaos. Zwei Wochen später merkt Fräulein Süß schließlich, daß es doch nicht so geht. Sie muß jeden Tag viel schreien und weiß nicht, wie alles anfing. Sie wollte wirklich keine autoritäre Lehrerin sein. Bis Februar ist das Leben in ihrem Klassenraum unerträglich geworden. Jedes neue Projekt, das sie anfängt, wird durch ihre fehlende Autorität sabotiert. Und gerade das, was sie vermeiden wollte, fängt an: die Schüler zeigen ganz offen ihren Haß und ihre Verachtung. Sie beschimpfen sie; sie verlachen sie wegen ihrer Schwächen. Wenn sie einen physischen Fehler hat – eine große Nase oder schwache Augen – lassen sie sie das regelmäßig spüren. Fräulein Süß weint heimlich während der Pausen, und ihr Kopf klopft und hämmert bis in die Nacht hinein. Der Rektor kommt in die Klasse, sieht die Unordnung und sagt: »Fräulein Süß, Sie müssen diese Klasse unter Kontrolle bringen!« Aber Fräulein Süß weiß nicht, *wie* sie die Klasse unter Kontrolle bringen soll, weil sie nicht weiß, wie sie die Kontrolle verloren hat.

Man schätzt, daß 80 Prozent der Lehrer, die nach dem ersten Jahr ihre Stelle aufgeben, das tun, weil sie unfähig sind, mit ihren Klassen fertig zu werden. Wird an den Pädagogischen Hochschulen und bei den Studienplänen nun auf diese Not reagiert, indem spezifische Kurse über Disziplinierungsmethoden angeboten werden? Nein! Fördert der Staat Lehrgänge, die den Lehrern helfen, mit dieser ersten Voraussetzung zum Unterrichten fertigzuwerden? Nein, und dies trotz der Tatsache, daß das Lernen in einem chaotischen Klassenraum unmöglich ist!

Wir wollen im Vergleich dazu die Methode der erfahrenen Lehrerin, Frau Gerhart, betrachten. Sie will ebenfalls die Liebe der Klasse, aber sie ist sich auch ihrer Verantwortung den Schülern gegenüber bewußt. Am ersten Schultag hält sie ihre Antrittsrede, aber sie klingt ganz anders als die von Fräulein Süß. Sie sagt im wesentlichen: »Es wird ein gutes Jahr, und ich freue mich, daß ihr meine Schüler seid. Ich will, daß ihr wißt, daß jeder von euch für mich wichtig ist. Ich hoffe, daß ihr den Mut haben werdet, eure Fragen zu stellen, und daß es euch Freude machen wird, in dieser Klasse zu lernen. Ich werde nicht zulassen, daß jemand einen anderen auslacht, weil es weh tut, ausgelacht zu werden. Ich werde euch nie absichtlich in Verlegenheit bringen, und ich will eure Freundin und Helferin sein. Aber es gibt eines, was ihr wissen sollt: wenn ihr mich herausfordert, habe ich eine Menge Möglichkeiten, euch zur Räson zu bringen. Wenn ihr mir das nicht glaubt, sagt es mir, und wir werden es gleich ausprobieren. Eure Eltern haben mir die Verantwortung übertragen, euch in diesem Jahr viele sehr wichtige Dinge beizubringen, und ich muß euch auf das vorbereiten, was ihr nächstes Jahr lernen sollt. Deshalb kann ich nicht zulassen, daß ein oder zwei Quertreiber mich von meiner Aufgabe abhalten. Wir haben viel zu lernen, also meine ich, wir sollten am besten gleich anfangen. Nehmt bitte eure Mathematikbücher und schlagt Seite vier auf.«

Ungefähr drei Tage später beginnt der Aufmüpfige in dieser Klasse mit seiner Arbeit (es gibt mindestens einen Quertreiber in jeder Klasse; wenn der »Klassenkaspar« während des Jahres weggeht, wird ein neuer Demagoge in Erscheinung treten). Er fordert Frau Gerhart auf vorsichtige Weise heraus, und sie gibt ihm zurück. Er verliert entschieden! Jeder in der Klasse merkt: es lohnt sich nicht, Frau Gerhart anzugreifen. Mensch, dem armen Bernd ist es aber schlecht ergangen! Frau Gerhart handelt des weiteren nach der Devise, die ich (augenzwinkernd) bevorzuge: *Man soll den Tag nicht vor dem Abend loben.* Bis November hat sich diese fähige Lehrerin durchgesetzt. Die Klasse weiß, daß sie zäher, klüger und mutiger ist als sie. Dann kann sie anfangen, die Früchte dieser Grundlage zu genießen. Sie kann etwas weniger streng sein. Die Klasse kann zusammen lachen, zusammen reden und zusammen spielen. Aber wenn Frau Gerhart sagt: »Es ist Zeit, wieder mit der Arbeit anzufangen«, so tun sie es, weil sie wissen, daß sie in der Lage ist, ihren Vorschlag durchzusetzen. Sie schreit nicht. Sie schlägt nicht. Sie kann sogar den einzelnen ihre Zuneigung zeigen, die die meisten Kinder so sehr brauchen. Die Klasse reagiert darauf mit einer tiefen Liebe, und die Lehrerin wird diesen zweiunddreißig ihr Leben lang unvergessen bleiben. Frau Gerhart hat aus der größten Quelle der Befriedigung im

Lehrerberuf geschöpft: dem Bewußtsein eines tiefgreifenden Einflusses auf menschliches Leben.

SCHULEN OHNE DISZIPLIN

Nicht jeder erkennt, wie wichtig Zucht und Ordnung in der Schule sind. In einem weitverbreiteten Buch mit dem Titel *Summerhill* beschreibt der Verfasser, A. S. Neill, eine englische Schule, die er leitet und in der Disziplin praktisch nicht existiert. Die Schüler im Internat in Summerhill müssen weder morgens aufstehen, noch den Unterricht besuchen, noch Hausaufgaben machen, noch baden, noch Kleider tragen. Neills Anschauung ist genau das Gegenteil von allem, was ich bei der Kindererziehung für wertvoll halte; ihm fehlt es vollständig und absolut an Verständnis für Disziplin und Autorität. Seine absurde Auffassung von Freiheit rief die sozialen Katastrophen hervor, die auf uns und unsere Kinder zugekommen sind. Hier ist eine Liste der Elemente von Neills Anschauung, die besonders belastend sind:

1. Die Erwachsenen, meint Neill, haben kein Recht, darauf zu bestehen, daß ihre Kinder gehorsam sind. Versuche, Kinder zum Gehorsam zu zwingen, sind nur dazu bestimmt, den Wunsch des Erwachsenen nach Macht zu befriedigen. Es ist nicht zu entschuldigen, wenn Eltern ihre Wünsche bei ihren Kindern durchsetzen. Diese müssen frei sein. Die beste Familiensituation zeigt sich dort, wo Eltern und Kinder vollkommen gleichberechtigt sind. Man darf nichts von einem Kind verlangen, bis es von sich aus dazu *bereit* ist. (Diese Ansicht wird in Summerhill umgesetzt, wo keinerlei Autorität zu sehen ist. Neill bemüht sich sehr, den Schülern zu zeigen, daß er einer von ihnen ist – nicht ihr Vorgesetzter.)

2. Es darf von Kindern überhaupt nicht verlangt werden, daß sie arbeiten, bis sie achtzehn Jahre alt sind. Die Eltern dürfen

noch nicht einmal von ihnen fordern, daß sie kleine Aufträge ausführen oder bei der Hausarbeit helfen. Wir beleidigen sie, wenn wir sie dazu zwingen, unsere niederen Dienste auszuführen. Neill ging sogar so weit, daß er betonte, wie wichtig es sei, dem Kind keinerlei Verantwortung zu übertragen.

3. Kinder dürfen keinen Religionsunterricht erhalten. Die Religion ist in der Gesellschaft nur vorhanden, um Menschen von der falschen Schuld zu befreien, die sie vorher in sexuellen Dingen erzeugt hat. Unsere Vorstellungen von Gott, vom Himmel, von der Hölle und der Sünde gründen auf Mythen. Aufgeklärte Generationen der Zukunft werden die traditionelle Religion ablehnen.

4. Strafe jeder Art ist nach Neills Philosophie streng verboten. Der Elternteil, der sein Kind verhaut, haßt es eigentlich, und sein Wunsch, dem Kind weh zu tun, ergibt sich aus seinem eigenen unbefriedigten Geschlechtsleben. In Summerhill zerbrach ein junger Schüler siebzehn Fenster, ohne auch nur einen mündlichen Verweis zu erhalten.

5. Jungen Menschen in der Pubertät soll gesagt werden, daß die sexuelle Promiskuität keine moralische Frage sei. In Summerhill ist der voreheliche Geschlechtsverkehr nur deshalb nicht erlaubt, weil Neill die Empörung der Öffentlichkeit befürchtet. Er und andere Mitglieder des Lehrkörpers sind nackt herumgelaufen, um die sexuelle Neugier auszuschalten. Er sagte voraus, daß die Jugendlichen, die heute in der Pubertät sind, später durch ein uneingeschränktes Geschlechtsleben eine gesündere Existenz führen werden.

6. Keine pornographischen Bücher oder Materialien sollten dem Kind vorenthalten werden. Neill deutete an, daß er jedem seiner Schüler schmutzige Literatur kaufen würde, wenn er sie haben wolle. Das, meinte er, heilt ihn von seinen lüsternen Interessen – ohne dem Schüler zu schaden.

7. Man darf nicht von Kindern verlangen, daß sie zu ihren Eltern »danke« oder »bitte« sagen. Sie sollten noch nicht einmal dazu *ermutigt* werden.

8. Es ist eine entwürdigende und zersetzende Praxis, ein Kind für sein gutes Verhalten zu belohnen. Das stellt eine ungerechte Form des Zwangs dar.

9. Neill hält Bücher in der Schule für unbedeutsam. Die Ausbildung sollte zum größten Teil aus der Arbeit mit Ton, Farbe, Werkzeugen und verschiedenen Formen des Dramas bestehen. Das Lernen ist nicht wertlos, aber es sollte dem Spielen untergeordnet sein.

10. Sogar dann, wenn ein Kind in der Schule versagt, darf die Sache nie von seinen Eltern erwähnt werden. Was das Kind tut, ist ausschließlich seine Privatsache.

11. Neills Anschauung besteht zusammengefaßt aus folgenden Elementen: jede Autorität ausschließen, das Kind ohne Einmischung aufwachsen lassen, es nicht unterrichten, dem Kind nichts aufdrängen.

Wenn A. S. Neill der einzige Befürworter dieser zerstörerischen Anschauung gewesen wäre, hätten wir uns deswegen keine Sorgen zu machen brauchen. Aber er vertritt ja eine ganze Ära der Vorherrschaft der Neo-Freudianer während der fünfziger und anfangs der sechziger Jahre. Die schmerzliche Auswirkung jener Jahre wird nicht so bald verschwinden. Die meisten Werte, die von der »jetzigen« Generation akzeptiert werden, wurden während der von mir beschriebenen Zeit eingepflanzt. Bitte merken Sie sich, wie viele der folgenden Elemente der neuen Moral auf den von Neill vertretenen, freiheitlichen Standpunkt zurückzuführen sind: Gott ist tot; Unsittlichkeit ist schön; Nacktheit ist edel; Verantwortungslosigkeit ist ideal; Respektlosigkeit und Frechheit sind modern; unbequeme Gesetze sind zu mißachten; Gewalttätigkeit ist ein annehmbares Mittel, um Änderungen herbeizuführen (wie es bei den kindlichen Wutanfällen der Fall war); Autorität ist vom Übel; jeder über dreißig ist dumm; die Lust zählt; Fleiß ist widerlich. Diese Meinungen sind der unmittelbare Beitrag aller Gegner der Disziplin, die in der von ihnen beherrschten Generation vorsichtig eine riesige Zeitbombe schufen. Die Beziehung zwischen den freiheitlichen Anschauungen und dem Kampfgeist der Jugendlichen ist zu offenkundig, um übersehen zu werden. Passive junge Menschen sind doch nicht plötzlich gewaltsam geworden. Die egozentrische Launenhaftigkeit ist bei den jungen Erwachsenen Amerikas doch nicht willkürlich ausgebrochen; sie wurde durch die Überflüsse und die Verwöhnung in jungen Jahren gehegt und gepflegt. Selbstsucht, Gier, Ungeduld und Verantwortungslosigkeit durften im Namen der »Freiheit« des Kindes blühen und gedeihen. Diese große, fehlgeleitete Bewegung war vielleicht der erfolgloseste Versuch der ganzen Geschichte auf sozialem Gebiet, und doch ist ihr Einfluß in unseren Schulen und Familien noch lange nicht tot.

Die Fehler der Vergangenheit sind nur in dem Maße interessant, in dem sie uns helfen, die Vergangenheit zu erklären und sie in Zukunft zu vermeiden. Mehr noch als die Irrtümer von gestern zu beklagen, geht es uns um die Auswirkungen des Problems heute. Konkret heißt das: die undisziplinierte Generation hat jetzt das Oberschul- und Hochschulalter erreicht, und sie droht, unser Schulsystem zu zerstören. Die Schulbehörden müssen sich entscheiden, wie sie auf Krawalle und Ungehorsam reagieren. Wie Fräulein Süß können sie einfach leugnen, daß sie herausgefordert wurden, in der Hoffnung, daß ihre Peiniger wegschleichen werden, aber das ist ein gefährlicher Standpunkt. Sie können zwar den Kopf in den Sand stecken, aber dadurch entblößen sie einen sehr verwundbaren Teil ihrer Anatomie.

Die Behörden müssen die offensichtliche Tatsache erkennen, daß die jungen Kämpfer die Revolution suchen – nicht die Reform. Der kleine Prozentsatz echter Revolutionäre interessiert sich nicht dafür, den Wandel durch Verhandlung zu schaffen. Sie wollen einen größeren Preis. Ihre Motivation ist etwas Grundlegenderes als die Wehrpflicht, Kriegsforschung, Umweltverschmutzung, das Mindestalter der Stimmberechtigten, die Brutalität der Polizei. Wie Jerry Rubin, der Leiter der Yippies, einmal sagte: »Erfüllt unsere Forderungen, und wir werden verlieren.« Der echte Beweggrund zur Gewalttätigkeit an den Universitäten ist der berauschende Griff nach Macht und Ruhm. Es liegt auf der Hand, daß das erste Ziel dieses Feldzugs darin besteht, die großen Universitäten und die anderen Institutionen auf die Knie zu zwingen. Manche Studentenorganisationen gebrauchen edle Motive, um die Zusammenarbeit ihrer weniger kriegerischen

Kollegen zu gewinnen. Ihre Beschwerden sind nur ein Trick, um Gefühle zu mobilisieren. Es ist also naiv, zu meinen, daß die Beilegung aufgeblähter Auseinandersetzungen dem Konflikt und Streit ein Ende bereiten wird. J. Edgar Hoover, der ehemalige Direktor der Bundeskriminalpolizei, machte sich keine Illusionen in bezug auf die Wünsche der Universitätsrevolutionäre. Er beschrieb einer Kommission des Kongresses die Motive der Neuen Linken auf folgende Weise: »Im Mittelpunkt der Bewegung steht ein fast leidenschaftlicher Wunsch zu zerstören, zu vernichten, niederzureißen . . . um es ganz offen zu sagen: sie sind staatsgefährdend, und die Gefahr ist groß.«

ZUSAMMENFASSUNG

Wir haben den Mangel an Disziplin und Ordnung an den Schulen erörtert, der der Verschlechterung elterlicher Autorität in der Familie gleichkommt. Lehrern und Eltern wurde eingeredet, daß Kinder in einer Atmosphäre vollständiger Freiheit am besten gedeihen – sogar wenn diese Freiheit die Kinder dazu ermutigt, selbstsüchtig, unverantwortlich, anspruchsvoll, unhöflich, respektlos und zerstörerisch zu sein. Diese lächerliche Anschauung führte den Junior zur einleuchtenden Schlußfolgerung, daß er sein eigener Chef sei. Er wußte, daß er zu Hause und in der Schule keiner Kontrolle unterlag. Es wäre möglich gewesen, die Folgen dieser freiheitlichen Methode der Kindererziehung vorauszusehen. Es scheint höchst wahrscheinlich, daß der gegenwärtige Widerstand unter jungen Menschen in unmittelbarer Wechselbeziehung zu dem steht, was sie als Kinder gelernt haben, und wir müssen nun mit den unsozialen Folgen rechnen – eine Revolution eingeschlossen.

Die Bibel spricht von einer aufsässigen Generation, die eines Tages auf Erden leben wird.

»Dann werden die Menschen selbstsüchtig, geldgierig,

prahlerisch und eingebildet sein. Sie werden ihre Mitmenschen beleidigen und ihren Eltern nicht gehorchen. Es wird nichts Heiliges für sie geben; sie werden undankbar sein, lieblos und unversöhnlich, verleumderisch, unbeherrscht und gewalttätig; Menschen, die das Gute hassen, die untreu und unzuverlässig sind, aber aufgeblasen vor Stolz. Solche Menschen lieben das Vergnügen mehr als Gott. Sie geben sich zwar einen frommen Anschein, aber die Kraft wirklicher Frömmigkeit kennen sie nicht.« (2. Timotheus 3, 2–5)

Auch wenn wir noch nicht ganz so entartet sind, so scheint es doch, als bewegten wir uns in diese Richtung.

Wie können wir einer Generation junger Menschen, die nicht mehr auf unseren Rat hört, konstruktive Haltungen beibringen? Wir können es nicht. Wir müssen uns auf die nächste Generation konzentrieren, auf die Kinder, die für Leitung und Erziehung noch offen sind. Wir müssen nicht nur die Disziplin in der Familie (die erste Verpflichtung!) wiederherstellen, wir müssen auch die Autorität der Schule wiederaufbauen. Die Eltern tragen für beide Ziele größte Verantwortung, da die Schule ihren Wünschen zum größten Teil nachkommt. Sie sollten Lehrern und Schulbehörden klarmachen, daß sie ein vernünftiges Maß an Disziplin in der Klasse bevorzugen, auch wenn das ab und zu die Anwendung körperlicher Züchtigung erforderlich macht.

FRAGEN UND ANTWORTEN

1. Was würden Sie tun, wenn Ihr achtzehnjähriger Sohn sich entschließen würde, einfach auszuflippen und in eine weit entfernte Stadt davonzulaufen?

Es ist für alle Leute schwer, genau zu wissen, was sie in einer bestimmten Krise tun würden, aber ich kann Ihnen sagen, was ich für die beste Reaktion unter solchen Umständen halte. Ohne zu nörgeln oder zu jammern, würde ich hoffen, den Jungen dahingehend zu beeinflussen, daß er sich anders besinnt, bevor er einen Fehler begeht. Wenn er nicht davon abgebracht werden könnte, würde ich mich gezwungen sehen, ihn gehen zu lassen. Es ist nicht klug, wenn Eltern mit einem älteren Teenager zu streng und gebieterisch umgehen; sie könnten ihn dazu zwingen, ihrer Autorität zu trotzen, nur um seine Unabhängigkeit und sein Erwachsensein zu beweisen. Außerdem: wenn Sie auf den Tisch hauen, die Hände ringen und Ihren widerspenstigen Sohn anbrüllen, wird er sich nicht für sein eigenes Verhalten voll verantwortlich fühlen. Wenn Mama und Papa gefühlsmäßig zu sehr an ihn gebunden sind, kann er erwarten, daß sie ihm zu Hilfe eilen, wenn er in Schwierigkeiten gerät. Ich halte es für viel besser, den älteren Jugendlichen als Erwachsenen zu behandeln; er wird viel eher als Erwachsener handeln, wenn er die Stellung des Erwachsenen genießt. Die richtige Reaktion der Eltern wäre: »Johannes, du weißt, daß du meiner Meinung nach eine Wahl triffst, die dich jahrelang quälen wird. Ich möchte, daß du dich mit mir hinsetzt, und wir können über das Für und Wider reden, dann bleibt die endgültige Entscheidung dir überlassen. Ich werde dir keine Steine in den Weg legen.« Johannes weiß, daß die Verantwortung auf seinen Schultern ruht. Ab Mitte der Pubertät sollten Eltern dem Kind jedes Jahr mehr Verantwortung übertragen, so daß es ihre Führung nicht mehr braucht, wenn sie es nicht mehr unter Kontrolle halten können.

Das Lukasevangelium enthält eine erstaunliche Geschichte über einen jungen Ausgeflippten. Ich möchte Ihnen den Bericht aus der *Guten Nachricht* vorlesen:

> »Ein Mann hatte zwei Söhne. Der jüngere sagte zu seinem Vater: ›Gib mir den Teil der Erbschaft, der mir zusteht!‹ Da teilte der Vater seinen Besitz unter die beiden auf. Nach ein paar Tagen machte der jüngere Sohn seinen ganzen Anteil zu Geld und zog in die Fremde. Dort lebte er in Saus und Braus und verjubelte alles. Als er nichts mehr hatte, brach in jenem Land eine große Hungersnot aus; da ging es ihm schlecht. Er fand schließlich Arbeit bei einem Bürger jenes Landes, der schickte ihn zum Schweinehüten aufs Feld. Er war so hungrig, daß er auch mit dem Schweinefutter zufrieden gewesen wäre; aber selbst das verwehrte man ihm. Endlich ging er in sich und sagte sich: ›Die Arbeiter meines Vaters bekommen mehr, als sie essen können, und ich

werde hier noch vor Hunger umkommen. Ich will zu meinem Vater gehen und zu ihm sagen: Vater, ich bin vor Gott und vor dir schuldig geworden; ich verdiene es nicht mehr, dein Sohn zu sein. Laß mich als einfachen Arbeiter bei dir bleiben!‹

So machte er sich auf den Weg zu seinem Vater. Der sah ihn schon von weitem kommen, und voller Mitleid lief er ihm entgegen, fiel ihm um den Hals und küßte ihn. ›Vater‹, sagte der Sohn, ›ich bin vor Gott und vor dir schuldig geworden, ich verdiene es nicht mehr, dein Sohn zu sein!‹ Aber der Vater rief seine Diener: ›Schnell, holt das beste Kleid für ihn, steckt ihm einen Ring an den Finger und bringt ihm Schuhe. Holt das Mastkalb und schlachtet es. Wir wollen ein Fest feiern und uns freuen! Mein Sohn hier war tot, jetzt lebt er wieder. Er war verloren, jetzt ist er wiedergefunden.‹ Und sie begannen zu feiern.

Der ältere Sohn war noch auf dem Feld. Als er zurückkam und sich dem Haus näherte, hörte er das Singen und Tanzen. Er rief einen der Diener herbei und fragte, was denn da los sei. Der sagte: ›Dein Bruder ist zurückgekommen, und dein Vater hat das Mastkalb schlachten lassen, weil er ihn gesund wieder hat.‹ Da wurde der ältere Bruder zornig und wollte nicht ins Haus gehen. Schließlich kam der Vater heraus und redete ihm gut zu. Aber der Sohn sagte zu ihm: ›Du weißt doch: all die Jahre habe ich wie ein Sklave für dich geschuftet, nie war ich dir ungehorsam. Was habe ich dafür bekommen? Mir hast du nie auch nur einen Ziegenbock gegeben, damit ich mit meinen Freunden feiern konnte. Aber der da, dein Sohn, hat dein Geld mit Nutten durchgebracht; und jetzt kommt er nach Hause, da schlachtest du gleich das Mastkalb für ihn.‹ ›Mein Sohn‹, sagte da der Vater, ›du bist immer bei mir, und dir gehört alles, was ich habe. Wir konnten doch gar nicht anders als feiern und uns freuen. Denn dein Bruder war tot, jetzt ist er wieder am Leben! Er war verloren, aber jetzt ist er wiedergefunden!‹«
(Lukas 15)

Diese Geschichte enthält einige wichtige Dinge, die auch auf unsere Zeit bestens übertragbar sind. Erstens: der Vater versuchte nicht, seinen Sohn ausfindig zu machen und ihn nach Hause zu schleppen. Der Junge war anscheinend alt genug, um seine eigene Entscheidung zu treffen, und der Vater gewährte ihm das Vorrecht, seine eigenen Wege zu gehen. Zweitens: der Vater kam ihm während des darauffolgenden finanziellen Drucks nicht zu Hilfe. Er schickte ihm kein Geld. Es gab keine wohlmeinenden Gemeinden, die ihn in seiner Torheit unterstützten. Merken Sie sich die Verse 16 und 17 gut: »Niemand gab ihm ... endlich kam er zu sich.« Vielleicht verhindern wir manchmal, daß unsere Kinder zu sich kommen, indem wir vermeiden, daß sie die Folgen ihrer eigenen Fehler zu spüren bekommen. Wenn ein Teenager ein Strafmandat erhält, weil er die Geschwindigkeitsbegrenzung überschritten hat, soll *er* es bezahlen. Wenn er sein Moped beschädigt, soll *er* es reparieren lassen. Wenn er von der Schule fliegt, soll *er* die Folgen tragen, ohne daß seine Eltern der Schule Protestbriefe schicken. Wir lernen aus unseren Nöten. Eltern, die sich zu sehr bemühen, ihr Kind aus seinen Schwierigkeiten zu retten, könnten ihm damit einen schlechten Dienst erweisen. Drittens: Der Vater hieß seinen Sohn zu Hause willkommen, ohne ihn zu schmähen oder Wiedergutmachungen zu verlangen. Er brüllte nicht: »Ich habe es dir ja gesagt, daß du Schiffbruch erleiden würdest!« oder: »Du hast deine Mutter und mich ganz schön in Verlegenheit gebracht. Jeder redet jetzt von dem furchtbaren Sohn, den wir erzogen haben!« Stattdessen offenbarte er die Tiefe seiner Liebe, indem er sagte: »Er war verloren, jetzt ist er wiedergefunden!«

2. *Meinen Sie, daß die Anliegen und die Feldzüge der Studenten vernünftig und legitim sind? Sollten wir nicht auf das hören, was sie uns sagen wollen?*

Es wäre eine Übervereinfachung, zu sagen, daß die weit verbreiteten Ansichten an den Universitäten heute keine Gültigkeit und keinen Wert besitzen. Ich bin sicher, daß Studenten manche legitimen Beschwerden haben, die überdacht werden müssen. Große, unpersönliche Seminare zum Beispiel, die von einfachen Forschungsassistenten geleitet werden, sind auf der Nichtgraduiertenebene viel zu häufig. Studenten haben außerdem mit Recht angesichts einer Tendenz unter Universitätsdozenten die Losung ausgegeben: »Veröffentlichen oder umkommen.« Sehr wenige Lehrer nur besitzen die seltene Gabe, junge Menschen in großer Zahl anzuspornen, herauszufordern und anzufeuern; Professoren, die diese wertvolle Fähigkeit entwickelt haben, sollten nicht dazu gezwungen werden, ihre Zeit an mittelmäßige Forschungsarbeiten zu verschwenden, um ihre Arbeitsstelle zu behalten. Studenten sind sich der Dozenten sehr bewußt, die eine überragende Lehrfähigkeit besitzen, und sie fürchten die Sorte von Lehrern, die diese Fähigkeit nicht besitzen, die sich mehr für andere Aspekte des Universitätslebens interessieren. Und doch unterstützen die Universitäten weiterhin etwas, was für die Studenten verhältnismäßig unwichtig ist. Den pädagogisch begabten Lehrern wird wenig Lohn oder Ehre zuteil; die Universitäten sparen sich die Lorbeeren für jene Professoren, die der Fachliteratur einen Beitrag leisten. In dieser Sache – und in anderen – meine ich, haben die Studenten recht, wenn sie gegen das »Establishment« angehen.

Wie es unklug ist, nichts von dem zu beachten, was die Studenten verkünden, so ist es genauso töricht, *alle* Einstellungen der jungen Menschen zu akzeptieren. Die Bevölkerung über dreißig Jahre hat eine derartige Angst vor dem Altwerden, daß sie einen großen Anteil ihrer Mittel für den Versuch ausgibt, jugendlich zu wirken, zu denken und zu handeln. Menschen, die sich am meisten bemühen, jung zu bleiben, ahmen jede Anschauung oder Ansicht nach, die sie mit ihren jugendlichen Idolen identifiziert. Das ist ein gefährlicher Trend, weil er eine starke politische Macht darstellt, die zum größten Teil gefühlsbetont und unvernünftig ist. Besonders auf dem Gebiet der Außenpolitik fehlt den Bürgern unter dreißig ein richtiges Verständnis der Geschichte. Sie können sich an die schreckliche Zeit Adolf Hitlers nicht erinnern. Sie haben Unterdrückung nie gekannt. Sie haben noch nie einen wirtschaftlichen Zusammenbruch miterlebt. Sie verstehen die Vorstellung der internationalen Aggression und die Folgen der Beschwichtigungspolitik nicht.

Seit dem Beginn des menschlichen Lebens auf der Welt schmieden ehrgeizige Tyrannen Komplotte, um die Welt zu erobern. Es hat kaum eine Ära in der Geschichte gegeben, in der nicht jemand versucht hat, alle anderen zu überfallen. Diese kämpferische

Eigenschaft der menschlichen Natur hat sich nicht geändert. Es gibt heute Diktatoren, die nur auf den richtigen Augenblick warten, um ihren Anspruch auf Größe und Macht zu enthüllen. Es ist unglaublich naiv, zu meinen, daß Menschen mit bösen Vorhaben von der Erdoberfläche verschwunden seien. Wie töricht ist die Annahme, daß ein Adolf Hitler, ein Mussolini, ein Attila, ein Napoleon und ein Stalin von heute Pazifisten seien! Wie lächerlich ist der Glaube, daß die Freiheit in Zukunft unangetastet bleiben wird! Aber die jüngere Generation ist davon nicht so überzeugt. Sie war noch nicht geboren, als Neville Chamberlain im Namen des »Friedens« Europa opferte. Sie hat nicht gelernt, daß die Macht der einzige Schild gegen den bedrohenden Ehrgeiz gemeiner, blutrünstiger Herrscher ist. Sie würde die Schrecken des Krieges als Ausrede nehmen, um sich der Tyrannei zu ergeben. Ich bete, daß sich ihre Meinung ändert, bevor sie die Leitung übernimmt.

Unsere Frage lautete: Sollten wir nicht auf die jungen Menschen hören? Natürlich sollte man den Studenten zuhören, aber wir wollen die Ansichten der jungen Menschen auf den Gebieten, wo sie am wenigsten Erfahrung haben, nicht verewigen.

3. *Was halten Sie von der Disziplin, die vom Militär gefordert wird? Meinen Sie, daß die jungen Männer in der Armee gut ausgebildet werden?*

Es kommt auf die Bedürfnisse des einzelnen an. Manche jungen Männer brauchen dringend die Art von Disziplin und Schulung, die Teil der militärischen Grundausbildung ist. Manche dieser mürrischen, schmutzigen, feindseligen jungen Männer schlendern mit demselben Knurren und bösen Blick ins Ausbildungszentrum des Marineinfanteriekorps, mit dem sie die Leute zu Hause erschrecken. Sie stehen mit krummen Knien und hängenden Schultern da und murmeln: »Paß auf, Mann!« Dann erscheint ein drahtiger, kleiner Feldwebel, der sogar Drakula einschüchtern könnte. Er flucht und verspottet sie und droht, ihr Leben zu verkürzen; dann zeigt er auf einige Füße, die auf den Boden gemalt sind. Jedem Rekruten wird gesagt, er solle seine Schuhe auf diese Markierungen setzen, und ihm wird mit dem schlimmsten gedroht, falls er es wagen sollte, sich überhaupt zu bewegen. Ein paar Stunden später werden diese Jugendlichen mit den wallenden Haaren ganz kahlgeschoren. Dann fängt die Disziplin in vollem Umfange an. Sie werden angeschrien, bedroht, verspottet und ausgeschimpft. Sie lernen, die Autorität des hohen Rangs zu fürchten und zu achten. Ihre Eigenarten werden unterdrückt, indem sie zu etwas geformt werden, was sie gar nicht werden sollten. Die Intensität des Trainings ist während dieser Wochen unglaublich; die Rekruten vergessen fast, wie es war, mit einem Auto zu fahren oder fernzusehen. Jeder wache Augenblick (ungefähr achtzehn Stunden am Tag) wird damit zugebracht, irgend etwas zu tun, was sie lieber nicht tun würden. Wenn sich der Rauch viele Wochen später wieder klärt, erscheint manchmal dort ein Mann, wo vorher ein Junge war.

Trotz der positiven Auswirkung dieses Trainings auf manche ist das Militär kein reiner Segen. Manche empfindlichen jungen Männer leiden unnötig, wenn sie in Verlegenheit gebracht und verspottet werden. Andere sind schon gut trainiert und diszipliniert, bevor das Militär sie erwischt. Noch andere halten die Langeweile für den schmerzhaftesten Aspekt des Lebens beim Militär. Ich würde den Wehrdienst ganz bestimmt nicht als Allheilmittel gegen das Böse in der Welt empfehlen, aber er ist für den undisziplinierten Balg, der die Achtung vor seinen Vorgesetzten noch zu lernen hat, nach Maß angefertigt. Leider ist er jedoch das Individuum, das wahrscheinlich aus irgendeinem Grund vom Militär abgelehnt wird.

4. *Ich habe beobachtet, daß Schüler an der Grundschule und sogar an der Oberschule dazu neigen, die strengeren Lehrer zu bewundern. Warum ist das der Fall?*

Ja, Lehrer, die Ordnung halten, sind oft die, die am meisten bewundert werden, solange sie nicht gemein oder griesgrämig sind. Die Lehrerin, die eine Klasse zügeln kann, ohne erdrückend zu werden, wird fast immer von ihren Schülern geliebt. Ein Grund dafür liegt darin, daß diese Ordnung Geborgenheit bietet. Wenn eine Klasse – besonders auf der Grundschulebene – außer Kontrolle gerät, haben die Kinder Angst voreinander. Wenn die Lehrerin es nicht schafft, das gute Benehmen der Klasse zu sichern, wie kann sie den Aktivitäten eines Klassentyrannen ein Ende bereiten? Wie kann sie verhindern, daß die Schüler einen der weniger Begabten auslachen? Kinder sind nicht sehr gerecht und verständnisvoll im Umgang miteinander, und sie fühlen sich besser, wenn sie eine starke Lehrerin haben, die diese Eigenschaften besitzt.

Zweitens: Kinder wollen Gerechtigkeit. Wenn jemand eine Regel übertreten hat, wollen sie eine sofortige Vergeltung. Sie bewundern die Lehrerin, die ein gerechtes System durchsetzen kann, und ihr Wohlergehen hängt von vernünftigen sozialen Regeln ab. Im Vergleich dazu läßt die Lehrerin, die ihre Klasse nicht unter Kontrolle hält, zu, daß sich ein Vergehen lohnt, das gegen die Grundlage des kindlichen Wertsystems verstößt.

Drittens: Kinder bewundern strenge Lehrer, weil das Chaos nervenaufreibend ist. Das Schreien, Schlagen und Raufen macht vielleicht zehn Minuten Spaß; dann wird die Verwirrung ermüdend und lästig.

Ich habe oft mit Vergnügen darüber gelächelt, wie Kinder in der zweiten und dritten Klasse die disziplinarischen Fähigkeiten ihrer Lehrer scharfsinnig vergleichen. Sie wissen genau, wie eine Klasse geführt werden sollte. Ich wünschte nur, daß sich ihre Lehrer dieser wichtigen Voraussetzung ebenso bewußt würden.

5. Können Sie uns Richtlinien geben, wieviel Arbeit man Kindern übertragen soll?

Ein gesundes Gleichgewicht zwischen Arbeit und Spiel sollte schon bestehen. Viele Kinder auf Bauernhöfen haben in der Vergangenheit Aufgaben gehabt, die das Leben ziemlich schwierig machten. Morgens früh und dann wieder nach der Schule fütterten sie die Schweine, sammelten Eier, melkten Kühe und holten Holz. Wenig Zeit blieb da nur für das Spielen übrig, und die Kindheit wurde zu einer recht trostlosen Erfahrung. Das war ein Extrem, und ich bin ganz bestimmt nicht dafür, daß es zurückkehrt. Aber vergleichen Sie diese Verantwortungsebene mit dem Gegenteil, das von Neill empfohlen wird, wonach ich mein Kind noch nicht einmal darum bitten darf, den Rasen zu sprengen oder die Katze hinauszulassen. Gemäß dieser Empfehlung sollte dem Junior erlaubt sein, sechs oder acht Stunden auf seinem überfüllten Bauch zu liegen und wertlose Fernsehprogramme anzuschauen, während seine Schulhefte in der Ecke verstauben.

Beide Extreme sind, wie stets, schädlich für das Kind. Der logische, mittlere Weg kann gefunden werden, indem man dem Kind einen Geschmack für Verantwortung und Arbeit vermittelt, gleichzeitig aber Zeit für Spiel und Spaß läßt. Der Zeitraum, der einer jeden Tätigkeit gewidmet wird, sollte dem Alter des Kindes gemäß geändert werden, indem vom älteren Kind mehr Arbeit gefordert wird.

6. *Was halten Sie von den Jugendgerichten? Sind sie als Abschrekkungsmittel gegen die Kriminalität wirksam?*

Im allgemeinen nicht, aber es ist schwierig festzustellen, woran das liegt. Manchmal bauen die Gerichte ebenso systematisch Verbrecher auf. Das geschah mit einem mir bekannten Neuntkläßler, der alle möglichen Gesetze übertrat, nur um die Machtlosigkeit des Gesetzes aufzuzeigen. Gregor prahlte vor seinen Freunden, bevor er etwas Illegales unternahm, und lachte dann, wenn er keine Strafe bekam. Innerhalb von etwa zwei Jahren stahl er zwei Autos, ein Motorrad, lief zweimal von zuhause weg, wurde dreimal von der Schule ausgeschlossen und einmal wegen zu großer sexueller Neugier verhaftet. Ich beobachtete, wie er wiederholt vor Gericht gestellt und dann entlassen wurde, nachdem er stets eine längst verbrauchte Rede des Richters über sich hatte ergehen lassen. Schließlich wurde Gregor in ein Lager für jugendliche Kriminelle geschickt, von wo er mir einen Brief schrieb, in dem er beteuerte, wie sehr er es bedauere, daß er sein Leben verpfuscht habe. Er wollte gern nach Hause, um seine Ausbildung abzuschließen. Ich glaube, Gregor wollte nur wissen, wie weit er gehen konnte. Sobald er die Antwort bekommen hatte, wollte er nicht mehr kämpfen. Er hätte gleich bestraft werden sollen, als man ihn zum erstenmal verhaftete.

Kurz nachdem ich den Brief von Gregor erhielt, sprach ich mit einem bekannten Richter über die offensichtliche Milde der

Gerichte. Ich fragte ihn, warum sich die Jugendbehörden so sträuben, gegen einen trotzigen Jugendlichen vorzugehen, obwohl er möglicherweise geradezu um Strafe bittet. Der Richter nannte zwei Gründe für die Einstellung seiner Kollegen: 1. Es gibt nicht genug Strafanstalten für Jungen wie Gregor. Die Arbeitslager müssen deshalb für die schlimmsten Unruhestifter aufbewahrt werden. 2. Es ist für Richter schwierig, sich über leichtere Arten der Kriminalität überhaupt aufzuregen, wenn sie ernsthaftere Fälle behandeln, die Mord, Vergewaltigung und Raub einschließen. Es ist schade, daß die Einstellung der Richter auf diese Weise beschränkt wird. Der erste Zusammenstoß des Jugendlichen mit dem Gesetz sollte so schmerzhaft sein, daß er den gleichen Fehler nicht wiederholen will, aber unser Rechtssystem ist nicht dazu geeignet, dieses Ziel zu erreichen.

Ab und zu begehen die Jugendgerichte den entgegengesetzten Fehler, indem sie einen Jugendlichen zu hart behandeln. So war es bei Linda, einem Mädchen, das ich an einem regnerischen Nachmittag kennenlernte. Ich saß an meinem Schreibtisch und arbeitete an einem Bericht, als ich plötzlich merkte, daß ich nicht allein war. Ich blickte auf und sah ein barfüßiges, tropfnasses Mädchen in der Tür stehen. Sie war ein hübsches Mädel und etwa fünfzehn Jahre alt. »Sie können die Polizei jetzt anrufen«, beauftragte sie mich.

»Warum soll ich denn die Polizei anrufen?« fragte ich.

»Weil ich von .... weggelaufen bin« (sie nannte den Namen eines Heims für straffällige Mädchen in der Nähe). Sie sagte, sie hätte den ganzen Tag damit verbracht, sich vor der Polizei zu verstecken.

Sie sagte mir, sie heiße Linda, und ich bat sie, sich hinzusetzen und mir zu sagen, warum sie davongelaufen sei. Sie fing von vorn an, und ich fand später die Bestätigung dafür, daß die Tatsachen stimmten. Ihre Mutter war Prostituierte, bei der die Tochter keinerlei Aufsicht oder Leitung hatte. Linda durfte sogar im Schlafzimmer bleiben, während die Mutter ihre Männer unterhielt. Das Kind wurde seiner Mutter schließlich weggenommen und unter Amtsvormundschaft gestellt. Sie wurde in ein Heim geschickt, wo sie zu wenig Liebe erfuhr. Während der ersten Jahre kam ihre Mutter noch, um sie zu besuchen, aber dann schenkte sie ihr keine Beachtung mehr. Linda hungerte so sehr nach Liebe, daß sie davonlief, um ihre Mutter zu suchen. Sie wurde sofort wieder ins Heim gebracht. Ein Jahr später versuchte sie wieder, davonzulaufen – mit demselben Ergebnis. Linda lief immer wieder davon und entwischte der Polizei jedesmal gewitzter. Ein Jahr, bevor ich das Mädchen kennenlernte, war sie wieder verschwunden. Diesmal wurde sie von einigen Jungen mitgenommen. Sie wohnten zwei Wochen lang zusammen und wurden während dieser Zeit in einige Vergehen und verschiedene sexuelle Eskapaden verwickelt. Linda wurde anschließend verhaftet und vor den Jugendrichter gebracht. Sie kam in eine Mädchenstrafanstalt, die von drei Meter hohen Zäunen umgeben ist. Das Gericht hielt sie für ein schwer erziehbares, unverbesserliches Mädchen, aber das war falsch. Linda war ein einsames Mädchen, das sich nach Liebe sehnte und durch die Umstände des Lebens betrogen worden war. Sie brauchte jemanden, der sich um sie kümmerte – nicht jemanden, der sie strafte. Vielleicht war der Richter zu beschäftigt, um ihren sozialen Hintergrund zu studieren; vielleicht hatte er auch keine andere Möglichkeit für Linda parat. Auf jeden Fall blieben die Bedürfnisse dieses schmächtigen Mädchens zu diesem entscheidenden Zeitpunkt ihres Lebens unerfüllt.

Das Jugendrecht muß geeignet sein, mit einem Kind milde umzugehen, das wie Linda verletzt worden ist, und dem Kind weh zu tun, das sich wie Gregor gegen die Autorität aufgelehnt hat. Es ist manchmal schwierig, den Unterschied zu erkennen.

7. *Abgesehen vom Rauschgiftproblem und anderen gesundheitlichen Schwierigkeiten scheint es, daß die Hippies Spaß haben und das Leben genießen. Warum sollten wir sie dazu zwingen, die Werte unserer Gesellschaft zu akzeptieren, und von ihnen erwarten, daß sie sich um materielle Dinge Sorgen machen und danach streben?*

Das ist eine ausgezeichnete Frage, die eine Antwort verdient. Die reine Theorie des Hippiedaseins ist keine so schlechte Idee. Unsere Gesellschaft legt viel zu viel Wert auf das Materielle, auf physische Anziehungskraft und Prestige; ich könnte mit einer Bewegung übereinstimmen, die den Einfluß dieser vergänglichen Werte verringern will. Aber was haben die »Ausgeflippten« als

Ersatzwerte anzubieten? Die Suche nach Vergnügen, der Drogenmißbrauch, sinnliche Befriedigung, sexuelle Ausbeutung, Unwissenheit, der Dreck und die Geschlechtskrankheiten sind wohl kaum eine Verbesserung gegenüber dem alten System. All das wird im Namen einer »Liebe« getan, die so falsch ist, wie ein Neunmarkschein. Können Sie sich vorstellen, daß ein Teenager einer Fremden auf der Straße Liebe anbietet, wenn er noch nicht einmal seinen besorgten Eltern sagen will, wo er ist? Das ist eine seltsame Vorstellung von Liebe. Meiner Meinung nach haben die meisten Mitglieder dieser unsozialen Bewegung aus allen möglichen Gründen, aber bestimmt nicht aus philosophischen, ihren Weg gewählt. Sie wollen tun, was andere tun, ungeachtet der Bedeutung dieses Verhaltens. Wenn es plötzlich »in« wäre, jeden Tag auf Stelzen zu gehen und Mickey-Maus-Ohren zu tragen, so würden wir in dieser Richtung eine Massenbewegung erleben. Die Öffentlichkeit ist die Lebensader dieses Massenverhaltens, und die Medien sind dabei erstaunlich hilfreich, indem sie der Öffentlichkeit das nächste Spiel bekanntgeben. Natürlich gibt es eine Minderheit, die das Hippieleben aufgrund rationaler Bewertung gewählt hat, und man darf sie nicht anzweifeln. Es existieren »Kommunen«, die ihre neue Lebensanschauung anscheinend erfolgreich angewendet haben. Aber die Masse der irregeleiteten Jugendlichen marschiert nach einem Trommelwirbel des Gleichschritts.

In direkter Beantwortung Ihrer Frage: Verantwortungslosigkeit macht immer mehr Spaß als disziplinierte Anstrengung. Ich möchte Sie fragen, wer das Leben mehr genießt: der Student, der sechs Stunden am Tag studiert, um gute Noten zu bekommen, oder der sorglose junge Rebell, der seine Zeit dabei verbringt, sich mit seinen langhaarigen Freunden zu vergnügen? Es ist gewiß angenehmer zu spielen, als um die persönliche Leistung zu ringen. Aber das Leben endet nicht bei Sonnenuntergang, und die Zukunft hängt davon ab, wie wir die Gegenwart verbringen. »Laßt uns essen, trinken und fröhlich sein, denn morgen werden wir sterben« ist eine gemeine Lüge; wir sterben morgen *nicht*. Wir leben weiter und müssen die Rechnungen bezahlen, die wir heute angehäuft haben. Ich kann mich nur fragen, was mit den Massen junger Menschen geschehen wird, die ihre Jugendjahre in Tätigkeiten investieren, die keine Zinsen tragen. Vielleicht ist es romantisch, ein freier, arbeitsloser, unabhängiger, sinnlicher, zwanzigjähriger Playboy zu sein, aber diese Rolle erweist sich für den dicken, fünfzigjährigen Versager als etwas weniger anziehend.

Stellen Sie sich vor, wie es sein muß, ein alternder Hippie zu sein. Jeden Morgen schaut er sich im Spiegel an und sieht neuen Verfall: sein Gesicht ist beträchtlich eingefallen, und die Furchen um seine Augen verzweigen sich wie Flüsse auf einer Landkarte. Sein Rücken tut weh, und seine Augen sind merklich verschwommen geworden. Was noch schlimmer ist: seine Haare sind auf einige einsame Flecke um seine Ohren zurückgegangen, und es gibt *nichts*, was er tun kann, um seine Auflehnung zu zeigen. Er hat seine Jugend in nichts investiert, und jetzt steht er dem Alter ohne Fähigkeiten, ohne Wertgefühl und ohne Talente gegenüber, die sein Ego vor dem kalten, winterlichen Sturm des physischen Niedergangs schützen könnten. Vor zwanzig Jahren hatte er sich dazu entschlossen, zu allen Menschen in seinem Leben nur zeitlich begrenzte und unverbindliche Beziehungen zu pflegen, also empfindet er keinerlei tiefe Zuneigung für jemanden. Er seinerseits ist ebenso ungeliebt. Niemand lebt mehr, der sich seiner jugendlichen Tage erinnert. Zu Weihnachten geht er in die örtliche Gaststätte zum Mittagessen, und während er an den Wohnhäusern vorbeigeht, sieht er Familien durch die Fenster; ihre Kamine sehen warm aus, und ihre aufgeregten Kinder rasen in Vorfreude hin und her. Er erinnert sich verschwommen daran, daß er sich entschlossen hat, im Namen der Liebe aus der Gesellschaft auszubrechen, aber von der Liebe gibt es für ihn nicht mehr viel. Der schmerzhafteste Schlag von allen aber ist die Auswirkung der Zeit auf seine soziale Stellung: statt ein junger, moderner Rebell zu sein, ist er jetzt ein komischer, schmutziger alter Mann. Neue Marotten und Sitten haben seine veralteten Protestsymbole ersetzt. Außerdem betrachtet die neue Generation nun *ihn* mit Mißtrauen. Vielleicht sind fünfundzwanzig Jahre der einzige wirkliche Unterschied zwischen einem Hippie und einem Strolch. Aus dieser düsteren Perspektive erweist sich Verantwortungsbewußtsein in der Jugend wohl doch als die beste Festung gegen die Angriffe des Lebens.

IV.

Schwierigkeiten beim Lernen

Wir haben die Wichtigkeit der Disziplin in der Eltern-Kind-Beziehung erörtert, besonders in bezug auf Gehorsam, Respekt und Verantwortungsbewußtsein. Wir haben außerdem die Wichtigkeit der Autorität im Klassenraum untersucht. Jetzt ist es angebracht, einen anderen Aspekt der Disziplin zu untersuchen: die Schulung der geistigen Fähigkeiten und des Charakters. Die primäre Sorge gilt den Millionen von Kindern, die in der Schule erfolglos sind – »Opfer des akademischen Prinzips«, die die von ihnen erwartete intellektuelle Verantwortung nicht tragen können oder nicht tragen wollen. Ihre Eltern weinen, flehen und drohen; ihre Lehrer mahnen und warnen. Nichtsdestoweniger sitzen sie Jahr für Jahr da in passivem Widerstand gegen den Zwang der Erwachsenen. Wer sind diese Kinder, für die akademische Disziplin anscheinend so schwierig ist? Sind sie faul? Sind sie dumm? Sind unsere Lehrmethoden unwirksam? Wie können wir ihnen helfen, während dieser frühen Erfahrungen dem Stachel des Versagens auszuweichen?

DER SPÄTENTWICKLER

Dirk ist fünf Jahre alt und wird bald in den Kindergarten gehen. Er ist ein unreifer kleiner Kerl, der in vielen Dingen immer noch das Baby seiner Mutter ist. Im Vergleich zu seinen Freunden ist Dirks Sprache kindlich, und seine physische Koordination ist ungenau. Er weint drei- oder viermal am Tag, und andere Kinder nützen seine Einfalt aus. Ein Entwicklungspsychologe oder Kinderarzt würde feststellen, daß Dirk weder physisch krank noch geistig zurückgeblieben ist; seine Entwicklung folgt einfach einem langsameren physiologischen Zeitplan als bei den meisten Kindern in seinem Alter. Aber Dirks fünfter Geburtstag ist gekommen, und jeder weiß, daß Kinder aus der Mittelschicht, die fünf Jahre alt werden, in die Vorschule gehen. Er freut sich auf die Schule, aber innerlich erfüllt ihn diese neue Herausforderung auch etwas mit Spannung. Er weiß, seine Mutter will, daß er in der Schule Erfolg hat, obwohl er eigentlich gar nicht weiß warum. Sein Vater hat ihm gesagt, er wäre ein »Versager«, wenn er keine gute Ausbildung bekomme. Er weiß nicht genau, was ein Versager ist, aber er weiß ganz sicher, daß er keiner werden will. Mama und Papa erwarten etwas Hervorragendes von ihm, und er hofft, daß er sie nicht enttäuschen wird. Seine Schwester Sandra ist jetzt in der zweiten Klasse; sie kommt gut mit. Sie kann lesen und Druckbuchstaben schreiben, und sie kennt die Namen der Wochentage. Dirk hofft, daß auch er bald diese Dinge lernen wird.

Die Vorschule erweist sich für Dirk als eine ruhige Zeit. Er fährt Dreirad und Go-Kart und spielt mit der Spieluhr. Er zieht es vor, allein zu spielen, solange Fräulein Moss, seine Betreuerin, in der Nähe ist. Fräulein Moss ist klar, daß Dirk noch zu unreif ist und noch nicht eingeschult werden sollte. Sie spricht mit seinen Eltern über die Möglichkeit, ihn ein Jahr zurückstellen zu lassen. »In der Vorschule durchfallen? Wie kann überhaupt jemand in der Vorschule durchrauschen?!« sagt sein Vater. »Wie kann das Kind in der Vorschule durchrauschen?« Fräulein Moss versucht zu erklären, daß Dirk in der Vorschule nicht durchgefallen ist; er braucht einfach noch ein Jahr der Entwicklung, bevor er in die erste Klasse kommt. Der bloße Vorschlag verursacht bei seinem Vater einen Anfall. »Das Kind ist sechs Jahre alt; es soll Lesen und Schreiben lernen. Was hilft es ihm, mit dieser dummen Uhr zu spielen und mit einem Dreirad zu fahren? Schicken Sie das Kind in die erste Klasse!« Widerwillig kommen Fräulein Moss und ihr Rektor der Forderung nach.

Im darauffolgenden September packt Dirk sein Mickey-Maus-Brottäschchen und geht auf wackeligen Beinen in die erste Klasse. Vom ersten Tag an hat er anscheinend Schwierigkeiten, und mit dem Lesen scheint es besonders schlimm zu sein. Seine neue Lehrerin, Fräulein Cramer, stellt ihrer Klasse das Alphabet vor, und Dirk merkt, daß die meisten seiner Freunde es schon können. Er muß etwas nachholen. Aber allzu schnell fängt Fräulein Cramer an, etwas Neues zu lehren; sie will, daß die Klasse die Laute lernt, die die Buchstaben darstellen, und bald liegt er noch weiter zurück. Bald beginnt die Klasse, von Michel und Maria und ihrem fantastischen Hund »Spot« zu lesen. Manche Kinder können schon ganz schnell lesen, aber Dirk arbeitet immer noch am Alphabet. Fräulein Cramer teilt die Klasse gemäß ihrer anfänglichen Fähigkeiten in drei Lesergruppen auf. Sie will die Tatsache verbergen, daß eine Gruppe nicht so gut vorwärtskommt wie die andere, also gibt sie ihnen Decknamen: »Löwen«, »Tiger« und »Giraffen«. Ihr Motiv ist edel, aber sie täuscht niemanden. Die Schüler brauchen ungefähr zwei Minuten, um zu erkennen, daß die Giraffen alle dumm sind. Dirk fängt an, sich über seinen Mangel an Fortschritt Sorgen zu machen, und der quälende Gedanke kommt ihm, daß irgend etwas bei ihm nicht stimmt.

Beim ersten Elternabend im Oktober erzählt Fräulein Cramer Dirks Eltern von seinen Problemen in der Schule. Sie beschreibt seine Unreife und seine Unfähigkeit, sich beim Unterricht zu konzentrieren oder still zu sitzen. »Unsinn«, sagt sein Vater. »Was das Kind braucht, ist ein wenig Übung.« Er besteht darauf, daß Dirk seine Bücher mit nach Hause bringt, damit Vater und Sohn sich zu weiteren Übungen hinsetzen können. Aber alles, was Dirk tut, ärgert seinen Vater. Seine kindlichen Gedanken schweifen ab, und er vergißt das, was ihm fünf Minuten vorher gesagt wurde. Während sich die Spannung seines Vaters steigert, nimmt Dirks Leistungsfähigkeit ab. Einmal schlägt Dirks Vater mit der Faust auf den Tisch, und er nennt seinen Sohn »beschränkt«. Das Kind wird diese schmerzhafte Bewertung nie vergessen.

Hat Dirk während seiner ersten Tage in der Schule umsonst um Lernerfolge gerungen, so wird er bis November uninteressiert und unmotiviert. Er schaut zum Fenster hinaus. Er zeichnet und kritzelt mit seinem Bleistift. Er flüstert und spielt. Da er nicht lesen kann, kann er weder buchstabieren, noch schreiben, noch seine Gemeinschaftskundeaufgaben ausführen. Er ist unbeteiligt und gelangweilt und weiß die meiste Zeit gar nicht, was geschieht. Er fühlt sich furchtbar minderwertig und mangelhaft. »Steh bitte auf, Dirk, und lies den nächsten Absatz!« befiehlt seine Lehrerin. Er steht auf und bewegt sich von einem Fuß auf den anderen, während er darum ringt, das erste Wort zu entziffern. Die Mädchen kichern, und er hört, wie einer der Jungen sagt: »Was für ein Dummkopf!« Das Problem fing als Entwicklungsrückstand an, aber jetzt ist es zur seelischen Zeitbombe und zum wachsenden Haß gegenüber der Schule geworden.

Die Tragödie ist, daß Dirk die Demütigung des schulischen Versagens nicht hätte erleiden brauchen. Ein weiteres Jahr des Wachstums und des Reifens hätte ihn darauf vorbereitet, mit den Aufgaben des Lernens fertig zu werden, die ihn jetzt zerstören. Das Alter eines Kindes ist der *schlechteste* aller Maßstäbe, um den Beginn seiner Schulzeit festzulegen. Sechsjährige Kinder sind in der Reife sehr unterschiedlich; manche erscheinen altklug und weise, während andere (wie Dirk) noch Kleinkinder sind. Außerdem neigt die Entwicklung von Jungen dazu, ungefähr sechs Monate hinter der der Mädchen in diesem Alter herzuhinken. Wie man sehen kann, ist ein langsam heranreifender Junge, der erst kurz vor Schulanfang sechs wird, weit hinter den meisten anderen Kindern zurück. Diese Unreife hat tiefgreifende soziale und intellektuelle Folgen.

Ein Grund, warum ein unreifes Kind mit der Schule schlecht fertig wird, liegt im Mangel eines organischen Stoffes namens Myelin. Bei der Geburt ist das Nervensystem des Körpers nicht isoliert. Ein Säugling kann seine Hand nicht ausstrecken oder einen Gegenstand anfassen, weil der elektrische Befehl oder Impuls unterwegs zwischen Gehirn und Hand verlorengeht. Allmählich fängt ein weißlicher Stoff (Myelin) an, die Nervenfasern zu bedecken, was dann die beherrschte Muskeltätigkeit ermöglicht. Die Myelinisierung verbreitet sich vom Kopf nach unten und von der Mitte des Körpers nach außen. Mit anderen Worten: ein Kind kann die Bewegungen seines Kopfes und seines Halses beherrschen, bevor es den Rest des Körpers beherrschen kann. Die Beherrschung der Schulter geht der Beherrschung des Ellenbogens voraus, der Ellenbogen ist vor dem Handgelenk dran, dann kommt der große Handmuskel und schließlich die Koordinierung der kleinen Fingermuskeln. Grundschulkinder lernen wegen der verzögerten Entwicklung der genauen Fingerbeherrschung zunächst Druckbuchstaben. Dieses Entwicklungsmuster ist für den »Spätentwickler« entscheidend; da der Sehapparat des Menschen gewöhnlich der letzte Nervenmechanismus ist, der myelinisiert wird, kann es sein, daß das unreife Kind diesen notwendigen Entwicklungsvorgang im Alter von sechs Jahren noch nicht hinter sich hat. Ein Kind, das äußerst unreif und unkoordiniert ist, ist für die intellektuellen Aufgaben des Lesens und Schreibens noch nicht neurologisch ausgerüstet. Insbesondere ist das Lesen ein höchst komplizierter neurologischer Vorgang; der visuelle Reiz muß ohne Verzerrung an das Gehirn weitergeleitet werden, wo er ausgelegt und im Gedächtnis behalten werden soll. Nicht alle sechsjährigen Kinder sind schon so weit entwickelt, daß sie diese Aufgabe erfüllen können. Leider erlaubt unsere Gesellschaft aber nur wenige Ausnahmen oder Abweichungen vom festgelegten Zeitplan. Ein sechsjähriges Kind muß lesen lernen, oder es wird mit den seelischen Folgen des Versagens zu kämpfen haben.

Die Frage könnte nun gestellt werden: »Warum holt der Spätentwickler seine Klasse nicht ein, wenn er in späteren Jahren reif wird?« Wenn das Problem einfach eine physische Erscheinung wäre, könnte man erwarten, daß das langsam heranreifende Kind seine frühentwickelten Freunde einholen würde. Aber ausnahmslos sind seelische Faktoren mit dieser Schwierigkeit verwickelt. Die Selbstachtung kann erstaunlich leicht zerstört werden, ist aber äußerst schwierig wieder aufzubauen. Wenn ein Kind sich einmal für dumm, unfähig, unwissend und töricht hält, kann diese Vorstellung nicht so leicht wieder ausgeschaltet werden. Wenn das Kind unfähig ist, sich so einzufügen, wie es im frühen akademischen Rahmen erforderlich ist, wird es im Schraubstock zwischen Schule und Familie zusammengedrückt; der Konflikt ist oft unlösbar. Dem Kind hilft keine besänftigende oder rationale Erklärung. Seine Selbstachtung wird oft durch dieses Versagen zerstört, und seine Persönlichkeit als Erwachsener wird wahrscheinlich die Narben seines inneren Verletztwerdens widerspiegeln.

Die Lösung des Problems des Spätentwicklers ist verhältnismäßig einfach: statt den Eintritt des Kindes in die erste Klasse seinem Alter gemäß einzuplanen, sollte der optimale Zeitplan aufgrund neurologischer, psychologischer, sozialer und pädiatrischer Faktoren festgelegt werden. Eine einfache Überprüfung könnte dazu dienen, die extremen Fälle, wie Dirk, zu identifizieren. Die Mehrheit der Kinder könnte mit sechs Jahren in die Schule gehen, obwohl auch im Falle des außergewöhnlich begabten Kindes mehr Flexibilität vorbehalten werden müßte. Ungeachtet der Annahme oder Ablehnung dieser Empfehlung seitens der Schule schlage ich vor, daß die Eltern eines unreifen Kindergartenkindes seine Ausbildungsbereitschaft von einem Kinderentwicklungsexperten (Kinderpsychologe, Kinderarzt, Neurologe usw.) untersuchen lassen. Dieser Vorgang sollte für langsam heranreifende Jungen, die spät im Schuljahr Geburtstag haben, Pflicht sein. Unser Bemühen in dieser Sache könnte dem Kind ein kummervolles Leben ersparen.

DER LERNBEHINDERTE

Das lernbehinderte Kind wird wahrscheinlich auch mit der schulischen Disziplin nicht fertig werden, da es nicht fähig ist, so schnell zu lernen wie andere Kinder. Ich muß den Leser darum bitten, in diesem Zusammenhang eine kurze technische Erklärung über sich ergehen zu lassen: um das Problem des Lernbehinderten verstehen zu können, müssen wir uns auf die normale Verteilung der Intelligenzquotienten in der Gesamtbevölkerung beziehen.

Die beiden Flächen in der Mitte der Abbildung stellen den »normalen Bereich« der Intelligenzquotientenwerte dar, der zwischen 90 und 110 liegt.[1] Fünfzig Prozent aller Personen erreichen bei Intelligenzprüfungen Werte in diesem Bereich. Interessant ist, daß fast jeder meint, sein Intelligenzquotient liege über 100. Wenn wir 10 000 Menschen darum bitten würden, ihre Fähigkeitsebene zu schätzen, so würden nur sehr wenige ihren Intelligenzquotienten unter 100 ansetzen. Es ist aber Tatsache, daß die Hälfte der Gesamtbevölkerung weniger als 100 Punkte erhalten würde. Vor allem Eltern schreiben ihren Kindern phantastische Intelligenzquotienten zu. Eine vertraute, aber lächerliche Bemerkung heißt: »Herbert hat einen Test in der Sonntagszeitung gemacht. Er hat einen Intelligenzquotienten von 214.« *Sehr* wenige Leute erreichen über 150 Punkte, und es ist unwahrscheinlich, daß Herbert einer von ihnen ist.

[1] Die genauen Werte für jede Kategorie unterscheiden sich gemäß der bei den einzelnen Intelligenztests angelegten Maßstäbe.

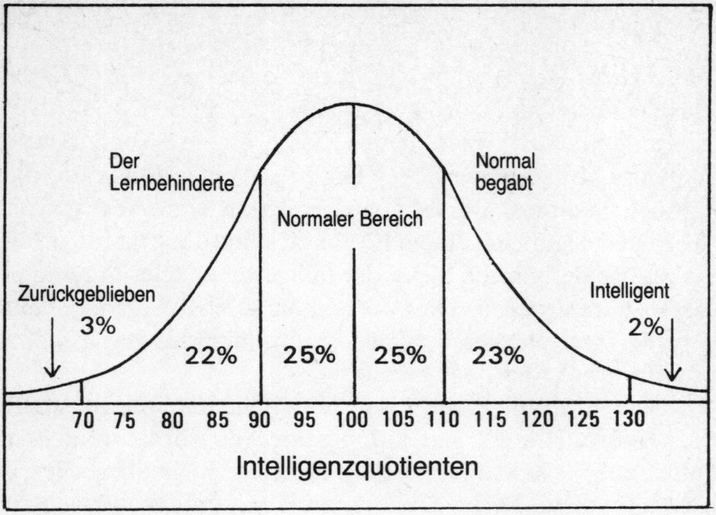

Die »begabten« Menschen werden im äußersten rechten Feld der Abbildung dargestellt. Etwa zwei Prozent aller Kinder und Erwachsenen besitzen diesen besonders hohen Fähigkeitsgrad. Im Vergleich dazu erscheinen fast drei Prozent der Bevölkerung am anderen Ende der Intelligenzskala und werden als »zurückgeblieben« bezeichnet. Die meisten Länder sehen eine Sonderausbildung für Kinder mit Intelligenzdefiziten vor, und manche bieten den Begabten ein besonderes Lernprogramm an.

Wie schon angedeutet, besteht der Zweck der Schilderung dieser Statistiken darin, die Probleme lernbehinderter Kinder – mit Intelligenzquotienten zwischen 70 und 90 – hervorzuheben. Diese Schüler stellen fast ein Viertel der Kinder in einer durchschnittlichen Schule dar. In vielerlei Hinsicht sind sie die bemitleidenswertesten Kinder, die wir behandeln. Besonders betroffen sind Kinder mit Intelligenzquotienten im niedrigeren Bereich dieser Klassifizierung (70 bis 80), die praktisch nicht umhin können, Schwierigkeiten in der Schule zu haben. Keine besondere

Ausbildung wird ihnen angeboten, *obwohl sie sich nicht merklich von den Grenzfällen der zurückgebliebenen Schüler unterscheiden.*

Ein »zurückgebliebenes« Kind mit einem IQ von 70 würde wahrscheinlich zum höchst spezialisierten und teuren Ausbildungsprogramm mit einer kleinen Klasse, einem besonders ausgebildeten Lehrer, audiovisuellen Hilfen und einer Bewertung ohne die Möglichkeit des Durchfallens berechtigt sein. Aber gewöhnlich erhält ein Kind mit einem IQ von 80 keine derartigen Vorteile. Es muß mit der ganzen Skala der fähigeren Schüler in normalen Klassen konkurrieren. Die Vorstellung der Konkurrenz deutet Gewinner und Verlierer an; es ist ausnahmslos das Kind mit Lernschwierigkeiten, das »verliert«.

Betrachten wir die Lage des nichtintelligenten jungen Schülers in der Klasse. Hier ist ein Kind, das alles tun würde, wenn es nur könnte, aber es kann nicht. Es erlebt selten, wenn überhaupt, die Freude, für einen Rechtschreibungstest eine gute Note zu bekommen. Es ist das letzte Kind, das für ein akademisches Spiel oder für einen Wettbewerb ausgewählt wird. Es erhält oft *am wenigsten* Verständnis von seinen Lehrern. Es ist bei gesellschaftlichen Aktivitäten ebenso erfolglos wie bei schulischen Arbeiten, und es wird von den anderen Kindern offen abgelehnt. Wie der Spätentwickler, so entwickelt auch der Lernbehinderte allmählich ein bedrückendes Bild des Versagens, das sein Selbstbewußtsein verzerrt und sein Ego schädigt. Ein Kollege von mir hörte, wie zwei intellektuell behinderte Schüler ihre Aussichten mit Mädchen besprachen; einer sagte: »Es geht gut, bis sie entdecken, daß ich ›zurückgeblieben‹ bin.« Offensichtlich war sich dieses Kind seiner Minderwertigkeit sehr bewußt. Kaum kann man das Selbstvertrauen unserer Kinder besser töten, als 25 Prozent von ihnen in eine Lage zu versetzen, in der sie den hohen Leistungsanforderungen unmöglich gerecht werden können, wo die Unzulänglichkeit zur alltäglichen Routine gehört, und wo die Minderwertigkeit eine lebendige Wirklichkeit ist. Es ist kaum überraschend, daß ein solches Kind oft in der dritten Klasse zum mutwilligen Quälgeist wird, in der sechsten Klasse zum Tyrannen, in den unteren Klassen der Oberschule zum Angeber und in den höheren Klassen zum »Ausgeflippten« und Verbrecher.

Der Lernbehinderte ähnelt in einer Hinsicht dem Spätentwickler: seine Unzulänglichkeit wird nicht mit der Zeit aufgehoben. Er neigt sogar dazu, noch weiter zurückzubleiben, wenn er älter wird. Traditionsgemäß lassen die Schulen das unfähige Kind noch ein oder zwei Jahre in derselben Klasse sitzen, was sich als die unwirksamste, unwissenschaftlichste und unglücklichste Maßnahme erweist, die je erfunden wurde. Das Sitzenbleiben erfüllt keinen Zweck, außer den Kuchen des Versagens zu glasieren; die angesammelten wissenschaftlichen Belege sind in dieser Hinsicht unbestreitbar. Viele Studien haben gezeigt, daß Kinder, die sitzengeblieben sind, im nächsten Jahr wieder versagen, und ihre schulischen Probleme werden dann mit seelischen Schwierigkeiten verbunden. Das sitzengebliebene Kind bleibt bei den »kleinen Kindern« zurück, während seine Mitschüler in eine neue Klasse und zu einem neuen Lehrer weitergehen. Das Kind fühlt sich übergroß, töricht und dumm. Seine Verwandten wissen alle, daß es durchgefallen ist. Durch seine Schulzeit hindurch stellen die Leute enthüllende Fragen: »Wie kommt es denn, daß du mit dreizehn Jahren erst in der fünften Klasse bist?« Das Kind erwidert: »Ach, ich bin in der dritten Klasse sitzengeblieben.« Das ist ein schmerzhaftes Bekenntnis. Ein weiteres Problem ist vorauszusehen: das Kind, das ein- oder zweimal sitzengeblieben ist, wird die Geschlechtsentwicklung (Pubertät) ein oder zwei Jahre vor seinen Klassenkameraden durchmachen, was alle möglichen unglücklichen Umstände hervorrufen kann.

Wenn der Lernbehinderte schließlich ein oder zwei Jahre zu spät in die Oberschule kommt, erlebt er gewöhnlich noch weniger Verständnis für seine Schwierigkeit. Ein reifer Zehntklässler wurde mir überwiesen, weil er angekündigt hatte, er wolle die Schule verlassen. Als ich ihn fragte, warum er aufhören wolle, sagte er: »Ich bin unglücklich gewesen, seit ich in der ersten Klasse war. Ich habe mich jedes Jahr verlegen und dumm gefühlt. Ich mußte aufstehen und lesen, aber ich konnte noch nicht einmal ein Buch der zweiten Klasse verstehen. Die Leute haben mich jetzt die längste Zeit ausgelacht. Ich steige aus.« Ich mußte ihm sagen, daß ich es ihm nicht verübeln konnte, daß er sich so fühlte; wir waren für sein Leiden verantwortlich.

Erstaunlicherweise sind manche der erfolglosen Schüler nach Jahren des Versagens immer noch kampfbereit. Es war immer ermutigend zu sehen, wie die schwierigsten, ungehobeltsten Jungen der Oberschule sich über ein Nachhilfeprogramm im Lesen freuten. Sie wollten dringend diese Fähigkeit erlernen, aber sie waren davon überzeugt, sie seien dafür zu dumm. Die erste Aufgabe eines Lehrers, der Lesenachhilfeunterricht erteilte, bestand darin, ihnen zu zeigen, daß sie lernen *konnten.* Ein stämmiger Kerl namens Daniel war über seine eigenen Fortschritte erstaunt. Mit Tränen in den Augen schaute er zu seinem Lehrer auf und sagte: »Als ich in der zweiten Klasse war, brachte ich ein Schulzeugnis nach Hause, in dem stand, daß ich im Lesen durchgefallen war. Ich saß auf dem Sofa, während mein Alter das Zeugnis las. Er kam zu mir mit einem Gurt und schlug mich grün und blau. Seitdem ist dies das erstemal, daß ich in der Schule etwas richtig gemacht habe.«

Ich wurde einmal gebeten, einen Oberschüler namens Willi zu bewerten, der dreimal in Geschichte durchgefallen war. Er konnte den Schulabschluß nicht bekommen, weil er in diesem Fach keine ausreichende Note verdient hatte. Ich gebrauchte einen individuellen Intelligenztest, und Willi erzielte einen IQ von 81. Sein Lehrer war über diese schlechten Voraussetzungen erstaunt; er hatte von dem Jungen gefordert, daß er auf gleicher Basis mit den anderen Schülern konkurriere. Dieser Mangel an Verständnis für das behinderte Kind schien mir ungerecht, also entwarf ich den folgenden Formbrief, um Lehrer über Lernbehinderte wie Willi zu informieren.

Streng vertraulich

Name des Schülers ....

Der obengenannte Schüler hat anscheinend einige Schwierigkeiten, die zum Verständnis seiner schulischen Leistung und seines Verhaltens in der Klasse wichtig sein könnten. Obwohl er bei genauer Auslegung des Ausbildungskodexes zu einer *Sonderausbildung* nicht berechtigt ist, fällt seine intellektuelle Fähigkeit anscheinend in eine »Grenzkategorie«. Es besteht von Gesetzes wegen kein Grund, ihn aus der normalen Klasse zu versetzen, aber man darf nicht von ihm erwarten, daß er mit fähigeren Schülern konkurriert. Wenn von ihm verlangt wird, daß er einen annehmbaren Prozentsatz richtiger Prüfungsantworten erzielt, wie es bei Schülern mit normalen Fähigkeiten der Fall ist, muß man damit rechnen, daß er ständig durchfallen wird. Andererseits darf nicht zugelassen werden, daß er sich treiben läßt, ohne die Möglichkeiten auszunützen, die er hat. Es wäre wahrscheinlich richtig, seine Noten von seiner Anstrengung abhängig zu machen und seine Lernaufgaben vor dem Hintergrund seiner Fähigkeiten festzulegen. Ihn trotz seiner Anstrengungen durchfallen zu lassen, heißt, ihm die Möglichkeit zu verweigern, den Schulabschluß zu erreichen.

Wenn weitere Einzelheiten erwünscht sind, bin ich gern bereit, die Sache mit Ihnen zu besprechen.

BEMERKUNG: *Bitte vernichten Sie diesen Brief, um zu verhindern, daß der Schüler durch ihn in Verlegenheit gebracht wird.*

Manche Lehrer hatten nie daran gedacht, einem lernbehinderten Kind ein leichteres Ziel zu setzen, bevor sie diesen Brief erhielten. Einige dachten auch nicht daran, *nachdem* sie ihn erhalten hatten.

Roberto war ein bemitleidenswerter mexikanisch-amerikanischer Vierzehnjähriger, der immer noch in der sechsten Klasse saß. Er war mindestens zwölf Zentimeter größer und achtzehn Pfund schwerer als der nächstgrößte Schüler in seiner Klasse. Er war zweimal sitzengeblieben – einmal in der zweiten Klasse und dann wieder in der vierten –, und doch hatte er das Lesen und Schreiben nicht gelernt. Sein Lehrer versuchte vergeblich, irgendein Mittel zu finden, um den unglücklichen Jugendlichen zu motivieren, aber Roberto hatte allen früheren Versuchen, ihn zum Arbeiten zu bringen, widerstanden. Er wollte einfach nicht mehr. Der Lehrer drohte schließlich, ihn zum drittenmal durchfallen zu lassen, und Roberto reagierte mit Entsetzen. Er hatte diese Bedrohung schon vorher gehört. Er konnte sich vorstellen, daß er als dreiundsiebzigjähriger Schüler immer noch in der sechsten Klasse sitzen würde. Er fing an, sein Bestes zu tun, seine Aufgaben zu machen und die Prüfungen zu bestehen, aber seine mangelhaften schulischen Fähigkeiten ließen nicht viel Fortschritt zu. Roberto blieb in einem Zustand der Spannung und der Angst bis zum 16. Juni, als die Zeugnisse verteilt wurden. An jenem Morgen war er buchstäblich weiß um den Mund und zitterte vor Spannung, bis er las: »In die siebte Klasse versetzt.« Robertos

Lehrer wollte nicht unfreundlich sein; er wollte nur die größtmögliche Anstrengung bei diesem Jungen sehen. Trotzdem war es ein Fehler, ihm auf diese Weise mit einer sozialen Katastrophe zu drohen. Ein wenig intelligenter oder zurückgebliebener Mensch hat *dieselben* seelischen Bedürfnisse nach Zulänglichkeit und Anerkennung wie das begabte oder intelligente Kind, und manche Aspekte des seelischen Gleichgewichts dürfen nicht auf dem Ausbildungsaltar geopfert werden.

Trotz der Auswirkungen, die das Durchfallen auf ein lernbehindertes Kind hat, glaube ich, daß einige Kinder aus einem zweiten Jahr in derselben Klasse *gewinnen.* Die beste Richtlinie in bezug auf das Durchfallenlassen ist diese: lassen Sie *das* Kind ruhig sitzenbleiben, bei dem sich im nächsten Jahr etwas *ändern wird.* Einem Kind, das im Schuljahr sieben Monate lang krank war, wird wahrscheinlich ein weiterer Durchgang zum Vorteil gereichen, wenn es wieder gesund ist. Und noch einmal: der Spätentwickler sollte in der Vorschule (oder spätestens in der ersten Klasse) behalten werden, damit er mit Kindern eines ähnlichen Entwicklungsstadiums zusammenkommt. Beim Lernbehinderten aber wird sich nichts ändern. Wenn er in der vierten Klasse durchfällt, wird er beim nächstenmal wieder durchfallen. Es wird oft verkannt, daß der Zeitplan jeder Klasse dem der vorigen und dem der nächsten Klasse inhaltlich sehr ähnlich ist. Jahr für Jahr werden die gleichen Inhalte gelehrt; die Schüler werden zwar in jeder Klasse etwas weitergeführt, aber viel Zeit wird zur Wiederholung gebraucht. Addition und Subtraktion werden zum Beispiel in den ersten Schuljahren gelehrt, aber diesen Aufgaben wird auch in der sechsten Klasse noch beträchtliche Aufmerksamkeit geschenkt. Haupt- und Zeitwörter werden einige Jahre lang wiederholt. Die Überschneidungen des Lehrstoffes werden in Abbildung A genauer dargestellt als in Abbildung B.

Die ungerechtfertigtste Begründung des Sitzenlassens ist also, dem Lernbehinderten noch ein Jahr für das Lernen leichterer Inhalte zu geben. Er wird es das zweitemal nicht besser schaffen! Die (in den Vereinigten Staaten übliche) Sommerschule ist auch keine Zauberlösung. Manche Eltern hoffen, daß ein sechswöchiges Programm im Juli und im August das erreichen wird, was in den zehn Monaten zwischen September und Juni unmöglich war. Sie werden oft enttäuscht.

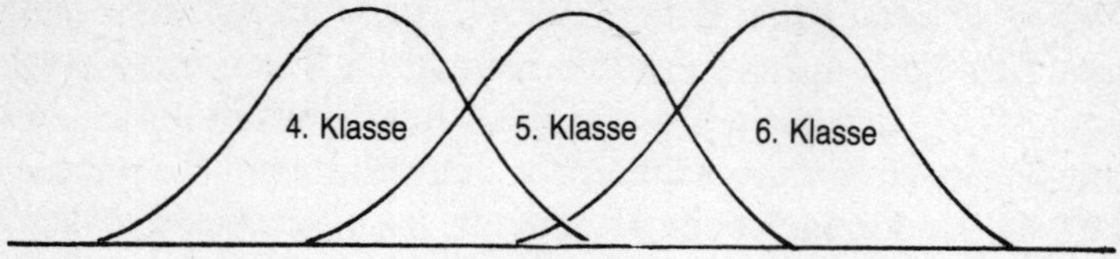

Abb. A

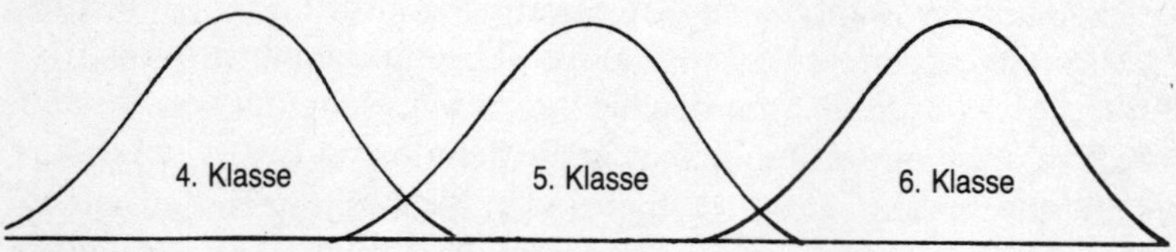

Abb. B

Da Sitzenbleiben und Sommerschule die Probleme des Lernbehinderten nicht lösen, drängt sich nun die Frage auf: Was kann für diese Kinder getan werden? Folgende Liste zeigt Schritte, die dieser riesigen Zahl von Kindern helfen könnten:

1. *Bringen Sie ihnen das Lesen bei, sogar wenn für jeden Schüler ein Lehrer erforderlich ist* (was wahrscheinlich der Fall sein wird). Fast jedes Kind kann lesen lernen, aber *viele* Kinder haben Schwierigkeiten, wenn sie nur in großen Gruppen unterrichtet werden. Ihre Gedanken schweifen ab, und sie stellen nicht so bereitwillig Fragen. Es wäre gewiß teuer, wenn die Schule zusätzlich Lehrer zur Lesenachhilfe einstellen müßte, aber ich kann mir keinen Aufwand vorstellen, der hilfreicher wäre. Besondere Techniken, Lehrmaschinen und individuelle Verstärkung können erfolgreich sein, um Kindern, die es (ohne daß man ihnen persönliche Aufmerksamkeit widmet), wahrscheinlich nicht lernen würden, das Lesen – die grundlegendste aller wissenschaftlichen Fähigkeiten – beizubringen. Diese Nachhilfe darf *nicht* bis zur vierten oder fünften Klasse oder gar zur Oberschule verzögert werden. Bis dahin hat das Kind schon unter den Demütigungen des Versagens gelitten.

Viele Schulbezirke haben schöpferische Programme eingeführt, die sich auf Leseprobleme konzentrieren. Ein solches Programm – die klassenlose Grundschule – schaltet die Unterschiede zwischen den Schülern in den drei ersten Klassen aus. Statt die Kinder nach dem Alter aufzuteilen, setzt man sie gemäß ihrer Lesefähigkeit zusammen. Gute Leser in der ersten, zweiten und dritten Klasse lernen zusammen. Schlechte Leser sind auch zusammen gruppiert. Dieser Vorgang macht das Sitzenbleiben weniger »schmerzhaft« und ermöglicht den Kindern, aus den Vorteilen der homogenen Gruppierung zu profitieren. Ein anderes, weitverbreitetes System heißt »Leseaufteilungsprogramm«. Bei dieser Methode kommen die besseren Leser einer bestimmten Klasse dreißig Minuten früher in die Schule, um Lesen zu lernen. Die schwächeren Leser bleiben jeden Nachmittag zu demselben Zweck eine halbe Stunde länger in der Schule. Es gibt viele derartige Programme, die erfunden worden sind, um das Lesen effektiver zu lehren. Eltern, die sich um die grundlegenden schulischen Fähigkeiten ihres Kindes Sorgen machen, werden vielleicht den Wunsch haben, zusätzlich zu diesen Schulprogrammen private Nachhilfe zu suchen.

2. *Der Lernbehinderte sollte vor der psychischen Verwüstung durch Versagen geschützt werden.* Schulziele, die nicht erreicht werden können, dürfen nicht betont werden. Der Lernbehinderte sollte nur dazu aufgefordert werden, das zu tun, was innerhalb seiner Reichweite liegt. Er sollte gelobt werden, wenn er sein Bestes gibt, sogar wenn seine Arbeit keine so hohe Qualität wie die der Gleichaltrigen hat. Auch das »schwerfällige« Kind hat ein Recht auf ein gewisses Maß an Selbstbewußtsein, auch in dieser technisierten Welt.

3. *Denken Sie daran, daß Erfolg Erfolg erzeugt.* Die beste Motivierung für einen Lernbehinderten ist das Wissen, daß er Erfolg erzielt hat. Wenn die Erwachsenen ihm in seinem Leben etwas zutrauen, so ist es wahrscheinlicher, daß auch er sich selbst etwas zutrauen wird. Eigentlich ist das ein Kennzeichen der meisten Menschen. Wir neigen dazu, uns so zu verhalten, wie andere Menschen uns – unserer Meinung nach – »sehen«. Diese Tatsache wurde mir klar, als ich in der Nationalgarde diente. Ich hatte vorher die Hochschule abgeschlossen und zog es gegenüber dem aktiven Dienst vor, mich für eine längere Zeit als Reserve zu

melden. Ich wurde sofort mit dem Bus nach Fort Ord, Kalifornien, geschickt, um mich einem sechsmonatigen Büroausbildungsprogramm zu unterziehen. Entgegen den Aussagen der Werbungsplakate war diese aufregende neue Gelegenheit keine Sache der persönlichen Wahl; sie wurde für mich ausgewählt. So verbrachte ich die nächsten sechs Monate damit, die faszinierende Welt der Militärformulare, des Tippens und der Ablage kennenzulernen. Nach einhundertdreiundachtzig Tagen wurde ich mit diesen neuen Kenntnissen an die örtliche Einheit der Nationalgarde zurückgeschickt. Erstaunlicherweise wurde ich nicht gerade mit überwältigender Begeisterung begrüßt. Jeder weiß, daß einfache Soldaten dumm sind. Alle einfachen Soldaten sind dumm. Ich war einfacher Soldat, also war ich dumm. Mit Ausnahme von einigen anderen dummen Soldaten war ich der dümmste auf der ganzen Welt. Jeder, vom Obergefreiten bis zum Oberst, erwartete von mir ungebildetes Verhalten, und zu meiner Überraschung erwies sich ihre Erwartung als gerechtfertigt. Die erste Aufgabe, die ich nach sechs Monaten der Büroausbildung erhielt, bestand darin, einen einfachen Brief mit Durchschlag zu schreiben. Nach fünfundzwanzig Minuten konzentrierter Anstrengung an der Schreibmaschine bemerkte ich, daß das Kohlepapier verkehrt eingelegt war. Umgekehrte Buchstaben waren überall auf die Rückseite des Originals geschmiert, was den Feldwebel nicht gerade mit Dankbarkeit erfüllte. Und so komplizierte Vorgänge wie das Marschieren »im Gleichschritt« waren seltsam schwierig auszuführen. Wenn ich heute daran denke, ist mit klar, daß *meine Leistung meinem Bild entsprach.* Auf ähnliche Weise tun viele Kinder, die in der Schule versagen, nur das, was andere – ihrer Meinung nach – von ihnen erwarten. Unser Ruf bei unseren Mitmenschen ist eine sehr einflußreiche Macht in unserem Leben.

Ich habe das Problem des Lernbehinderten dargestellt – die Situation eines Viertels der heutigen Schulkinder. Vielleicht gehört auch Ihr Kind dazu.

DER »UNTERFORDERTE«

Der Unterforderte ist ein Schüler, der *trotz* seiner Fähigkeit, die Arbeit zu tun, in der Schule erfolglos ist. Er kann einen IQ von 120 oder mehr besitzen und doch schlechte Noten im Zeugnis haben. Vielleicht sind die unterforderten Kinder sogar noch zahlreicher und noch weniger verstanden als die Lernbehinderten oder Spätentwickler. Verwirrung stiftet die Tatsache, daß *zwei* spezifische Bestandteile notwendig sind, um hohe schulische Leistungen zu erzielen, und doch wird der zweite oft übersehen. Zunächst muß die *intellektuelle Fähigkeit* vorhanden sein. Aber geistige Fähigkeit allein genügt nicht. Ebenfalls erforderlich ist *Selbstdisziplin*. Ein fähiges Kind wird, oder wird auch nicht, die notwendige Selbstbeherrschung besitzen, um Tag für Tag an etwas zu arbeiten, was es für unangenehm und schwierig hält. Intelligenz und Selbstdisziplin sind aber häufig *nicht* miteinander verbunden. Oft sehen wir ein Kind, das die eine Eigenschaft besitzt, die andere aber nicht. Ab und zu wird ein unbegabtes Kind darum ringen, etwas über dem erwarteten Niveau zu liegen; diese Erscheinung wird als »Überforderung« bezeichnet. Das entgegengesetzte Phänomen zeigt sich indessen viel häufiger: das Kind mit beträchtlichen intellektuellen Fähigkeiten besteht darauf, sie zu vergeuden.

Es liegt auf der Hand, daß der Unterforderte auf eine Weise behandelt wird, die sein Problem noch komplizierter macht. Wir erkennen nicht, daß das Lernen die schwerste aller Anstrengungen ist. Wir wollen einen Augenblick daran denken, was bei jeder täglichen Hausaufgabe vom Oberschüler erwartet wird: er muß verstehen, was der Lehrer will, einschließlich Seitennummern und anderer Einzelheiten; er muß das richtige Buch mit nach Hause bringen; er muß das Fernsehen ausschalten und den ganzen Abend nicht ans Telefon gehen; er muß sich lange genug auf die Aufgabe konzentrieren, um sie richtig auszuführen; er muß das Endergebnis am nächsten Tag sicher in die Schule bringen; er muß sich bis zur nächsten Prüfung an das Gelernte erinnern. Es genügt nicht, diese Hausaufgaben ein- oder zweimal zu erledigen; sie müssen durch das ganze Jahr hindurch wiederholt werden. Diese Art der Leistung erfordert etwas mehr als Intelligenz. Die Tatsache, daß ein Kind einen guten Wortschatz besitzt und verschiedene Rätsel lösen kann, bedeutet nicht, daß es sich Woche für

Woche vorwärtsdrängen kann. Manche Kinder schaffen es in der Grundschule und geben später auf. Schätzungen besagen sogar, daß fünfundsiebzig Prozent aller Schüler irgendwann zwischen der siebten und der zehnten Klasse in der Schule einen Rückschlag erleiden. Trotz der Häufigkeit dieser Erscheinung ist gewöhnlich weder die Schule noch die Familie darauf vorbereitet.

Die typische elterliche Reaktion auf das unterforderte Kind besteht in der Wahl einer von drei Methoden:

1. Das Problem so zu behandeln, als ob es das Ergebnis reinen Eigensinns sei; das Fahrrad sechs Monate lang wegnehmen, damit das Kind bis zum Frühling nicht unterwegs sein kann, und es möglichst streng ausschimpfen! Wenn man die Richtigkeit der von mir behaupteten Voraussetzung unterstellt (daß sich das Verhalten aus einem verständlichen kindlichen Mangel an Selbstbeherrschung ergibt), werden diese elterlichen Reaktionen konsequentes Lernen bestimmt nicht wahrscheinlicher machen. Unter solchen Umständen wird die Schule zur Bedrohung, was das Kind kaum fleißiger machen wird. Eltern, die sich über die Unterforderung ihres Kindes aufregen, hätten selbst vielleicht auch Schwierigkeiten, wenn sie plötzlich wieder in die Schule geschickt würden. Die Auflehnung gegen geistige Arbeit wird beim reifen Erwachsenen für natürlich gehalten, aber wenn sie bei einem unreifen Kind vorhanden ist, nimmt man an, daß sie auf Eigensinn hindeutet.
2. Die zweite Methode besteht darin, dem Kind langfristig ein Bestechungsgeschenk anzubieten: ein neues Fahrrad in drei Jahren oder einen Ausflug im Herbst. Diese verzögerten Angebote sind aus den im letzten Kapitel beschriebenen Gründen unwirksam. Verzögerte Verstärkung bedeutet praktisch überhaupt keine Verstärkung.
3. Die dritte elterliche Reaktion ist die Aussage: »Er muß irgendwann Verantwortung lernen! Ich kann nicht immer da sein, um ihm zu helfen – also ist das sein Problem.«

Wenn Eltern bei der Behandlung dieser Schwierigkeit unrealistisch erscheinen, so sollten wir nun die typische Reaktion der Schule auf die Unterforderung betrachten. Oft sagen Lehrer und Berater den Eltern: »Machen Sie sich keine Sorgen. Johannes wird das Problem später bewältigen.« Das ist die größte Unwahrheit des Jahres. Johannes bewältigt das Problem normalerweise nicht; die grobe Unterforderung in der Grundschule ist meistens ziemlich dauerhaft. Eine andere beruhigende Botschaft, die an Eltern weitergegeben wird, heißt: »Unternehmen Sie nichts gegen das Problem! Wir werden es in der Schule behandeln« – eine Verpflichtung, die selten erfüllt wird.

Ich habe mehr als fünfhundert Menschen behandelt, die unterfordert waren, und ich bin zu dem Schluß gekommen, daß es nur zwei wirksame Lösungen dieses Problems gibt. Die erste ist gewiß kein Wundermittel: die Eltern können sich bei der Schularbeit so engagieren, daß das Kind gar keine andere Wahl hat, als die Arbeit zu tun. Um das zu ermöglichen, muß die Schule die zusätzliche Mühe auf sich nehmen, den Eltern Aufgaben und Fortschritte des Kindes mitzuteilen – der Junior von sich aus wird die Botschaft bestimmt nicht weitersagen! Besonders Jugendliche in der Pubertät vereiteln die Kommunikation zwischen Schule und Eltern nach Möglichkeit. An einer der Oberschulen, wo ich lehrte, hatten die Schüler jeden Tag zwanzig Minuten, die dem Flaggensalut, Beratungen, Bekanntmachungen und ähnlichen Dingen gewidmet waren. Zum Studium war nur wenig Gelegenheit vorhanden, und doch wurde Hunderten von Eltern erzählt, daß alle Hausaufgaben während dieser Zeit erledigt würden. Die naiven Eltern nahmen an, bei der Veranstaltung im Klassenraum handele es sich um eine zweistündige, konzentrierte Studienzeit. Eltern müssen wissen, was in der Schule geschieht, wenn sie die akademischen Verantwortungen ihres Kindes programmieren wollen. Sie sollten *Unterstützung* in Bereichen anbieten, in denen reine Selbstdisziplin notwendig ist. Die Studienzeit am Abend sollte gut strukturiert sein – mit regelmäßigen Zeiten und möglichst wenigen Unterbrechungen. Die Eltern müssen wissen, welche Aufgabe gestellt wurde, und wie das Endergebnis aussehen soll. Schließlich müssen negative Einstellungen zur Lernsituation ausgeschaltet werden. Ich muß schnell hinzufügen, daß dieser Vorgang keine leichte Lösung ist. Er wirkt selten länger als eine oder zwei Wochen, da viele Eltern die benötigte Selbstdisziplin selbst nicht besitzen. Es muß einen besseren Weg geben, und ich glaube, es gibt einen.

Der Unterforderte macht oft größere Fortschritte in einem System sofortiger Verstärkung, wie es an anderer Stelle beschrieben wurde. Wenn das Kind von den Belohnungen und Motivierungen nicht herausgefordert wird, die gewöhnlich im Klassenzimmer erzeugt werden, muß es künstliche Anreize erhalten. Diese materiellen Belohnungen oder andere wünschenswerte Ziele sollten nach einem festen und gut funktionierenden Geldsystem angeboten werden. Ferner sollte die Belohnung auf kleine Verhaltenseinheiten angewendet werden. Statt dem Kind eine Verstärkung für den Fall anzubieten, daß es am Ende des Schuljahrs in Deutsch eine Eins erhält, sollte es für jeden richtigen Satz zwanzig Pfennig bekommen. »Bestechung!« – so wird der Vorwurf mancher Pädagogen lauten. »Das ist doch egal!« lautet meine Antwort, solange das Kind dadurch zum Arbeiten angeregt wird. Der Gebrauch der sofortigen Verstärkung erfüllt dieselbe Aufgabe, wie der Starter eines Autos: man kann damit zwar nicht weit fahren, aber er bringt den Motor viel leichter in Schwung, als wenn man das Auto anschiebt. Dem Idealisten, der gegen den Gebrauch dieser äußeren Motivierung protestiert, würde ich folgende Frage stellen: »Welche andere Alternative haben wir, außer zu warten, bis das Kind ›sein Problem ablegt‹?«

Einige Beispiele werden die spezifische Anwendung der Verstärkung in der Schule veranschaulichen. Diese Technik wurde am erfolgreichsten bei einem Zweitklässler namens Thomas eingesetzt. Er war ein klassischer unterforderter Schüler gewesen, der die zweite Klasse zum zweiten Mal durchmachte. Seine Motivierung war durch sein frühes Versagen erstickt worden, und er tat nichts in der Schule. Außerdem war seine jüngere Schwester auch in der zweiten Klasse; sie wurde letztes Jahr versetzt, Thomas aber nicht. Und natürlich war sie hervorragend im Lesen, Schreiben und Rechnen. Thomas war bis zu den Knien in intellektuelle Verzweiflung versunken. Bei einem Gespräch mit seiner Mutter einigten wir uns über ein Motivierungssystem, das zu Hause ausgeführt werden konnte. Auf der Grundlage unserer Beratung entwarf Thomas' Mutter eine Tabelle. (siehe Seite 140)

Für alle fünf Minuten, die Thomas damit verbrachte, mit seiner Mutter seine Rechtschreibewörter für die Woche zu lernen, erhielt er einen Stern. Wenn er fünfzig Sterne angesammelt hatte, sollte er einen neuen Fahrradsitz bekommen. Er erhielt außerdem einen Stern, wenn er zehn Minuten lang Rechenaufgaben machte. Fünfzig Sterne sollten ihm die Gelegenheit bieten, mit seinem Vater zur Kegelbahn zu gehen. Thomas' Mutter hielt das Lesen

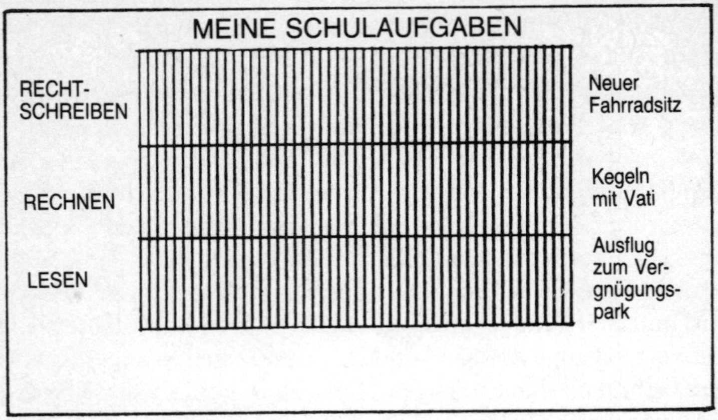

für sein größtes Problem; das Lesen bahnte also den Weg zu einem Tag im Vergnügungspark (in diesem Fall Disneyland), – der größte Preis –, und es dauerte hier länger, die Sterne zu verdienen (einen für jede Viertelstunde Lesen). Durch diese gestaffelte Verstärkung konnte eine angenehme Belohnung schon recht schnell verdient werden, noch eine bald darauf, und am Ende des Weges wartete ein besonders großer Preis. Dieses Spiel regte Thomas an. Er stürzte nach der Schule nach Hause und fing an, mit seiner Mutter zu arbeiten. Während sie ihn früher nicht dazu bewegen konnte, ein Buch aufzuschlagen, wollte er nun plötzlich den ganzen Abend »studieren«. Sie rief mich während der darauffolgenden Woche an und klagte, daß sie mit ihrer eigenen Arbeit nicht fertig würde, wenn Thomas zu Hause war. Dann geschah etwas Seltsames. Er fing an zu lernen, obwohl er es nicht beabsichtigte. Er buchstabierte zum erstenmal beim wöchentlichen Test alle seine Wörter richtig, und er genoß das Gefühl des Erfolgs. Wenn die Klasse Rechenaufgaben besprach, wußte er die Antworten, und er meldete sich, um eine Gelegenheit zu erhalten, seine Kenntnisse zu beweisen. Sein Lesen verbesserte sich merklich, und seine Lehrerin nahm ihn aus der Gruppe der langsameren Leser heraus. Ohne daß er es wollte, entdeckte Thomas die Freude am Lernen. Der Teufelskreis des Versagens war durchbrochen.

Es wäre falsch, zu behaupten, daß alle Lernprobleme so leicht und erfolgreich überwunden werden können, wie es bei Thomas der Fall war, und doch bietet die Verstärkung die beste Möglichkeit zur Besserung an. Dieses System wird überall auf der Welt gebraucht – oft mit bemerkenswerten Ergebnissen. In New York zum Beispiel wurde erkannt, daß viele Jugendverbrecher nicht lesen können. Die Forscher vermuteten, daß die Blockierung in der Schule mit ihrer Kriminalität zusammenhängen könnte, und ein System wurde entworfen, um den Mangel zu beseitigen. Die jungen Rebellen hätten, was das Lesen anbelangt, auf ein direktes Angebot nicht reagiert; sie hatten zu oft in der Schule wegen dieser Methode gegähnt. Stattdessen wurde ihnen gesagt: »Wir haben einige Lehrmaschinen, die das Lesen vielleicht lehren können; wir wissen nicht, ob sie funktionieren. Wir wollen euch anstellen, um festzustellen, wie erfolgreich sie sind. Wenn ihr mit den Maschinen arbeiten wollt, könnt ihr für jede richtige Antwort einen Cent verdienen.« Die Jugendlichen konnten im Laufe des Sommers 30 Dollar oder mehr verdienen. Die Heranwachsenden nahmen das Angebot an, und die meisten lernten das Lesen, was ihnen neue Möglichkeiten eröffnete. Für diejenigen, die Erfolg hatten, war kriminelles Verhalten nicht mehr notwendig. Ein ähnliches System wird in den Gefängnissen Alabamas gebraucht, wo die Insassen Geld verdienen können, wenn sie neue Fachkenntnisse erwerben und Ausbildungslehrgänge abschließen. In Zukunft werden diese Prinzipien mehr auf schwierige Verhaltensprobleme – einschließlich des Problems der schulischen Unterforderung – angewendet werden.

Kinder und Jugendliche – genauso wie Menschen aller anderen Altersgruppen – wollen Verantwortung tragen. Sie wollen die Selbstachtung und Würde erleben, die man entwickelt, wenn man das Richtige tut. Jugendliche, die in der Schule versagen, sind oft die unglücklichsten von allen, aber sie sehen keinen Ausweg. Der folgende Brief veranschaulicht diese Verzweiflung. Er wurde von Elaine, einer sehr intelligenten früheren Schülerin von mir, geschrieben, die mich im Fernsehen gesehen hatte. In diesem Brief spiegelt sich der persönliche Widerwille und die Leere einer Jugend ohne Verantwortung wider.

Lieber Dr. Dobson!

Es war eine angenehme Überraschung, Sie heute im Fernsehen zu sehen. Ich wollte eben ein anderes Programm einschalten, als Sie erschienen. Meinen Sie, man würde Sie zum »Stammkunden« machen, wenn man wüßte, daß Sie Zuschauer dadurch gewinnen, daß Sie sprechen?

Nun, es ist vier Jahre her, seit ich mit Ihnen sprach. Ich versuchte es einmal vor drei Jahren während des Schulkarnevals, aber Sie waren schon weg, als ich ankam. Fühlen Sie sich jetzt schuldig? (Nein!) Dr. Dobson, ich bin Ihnen für die Hilfe, die Sie mir in der Schule leisteten, so dankbar. Ich habe dieses Jahr solche furchtbaren Probleme in der Schule. Als Sie mich kennenlernten, war ich am Ende. Jetzt ist es noch schlimmer. Ich habe die alte Lehrmethode satt, wo die Lehrerin versucht, einer Zuhörerschaft Wissen einzuhämmern, die sich für keine Silbe interessiert, die sie äußert. Ich sitze meist in der Klasse und tue nichts. Ich rede nur, wenn das Fach mich interessiert. Ich bekomme normalerweise eine »fünf« in den meisten Fächern.

Ich schwänze ziemlich oft (wie heute). Ich bin gewöhnlich nur ungefähr drei Tage in der Woche in der Schule. Der einzige Grund, warum ich überhaupt hingehe, ist, weil ich aktives Mitglied in vier Klubs, Amtsträgerin in zwei anderen und Mitglied der Schülermitverwaltung bin. Diese Woche hat nur noch zwei Tage, und ich bin noch nicht in der Schule gewesen. Obwohl ich es verdient hätte, hat keiner meiner Lehrer mich durchfallen lassen. Ich mache keine Hausaufgaben. Sie sagen, ich sei intelligent und auf Draht. Ha! Ha! Ich habe meinen Philosophielehrer gefragt, ob er meint, ich sei ein Hypochonder (ANMERKUNG: Hypochondrie bezeichnet einen Zustand übersteigerter Beachtung der eigenen Gesundheit, begleitet von heftigen, zwanghaften Ängsten vor Krankheiten.[1]). Er prahlt immer wieder, daß er das sofort erkennen kann, obwohl mein Fehlen immer entschuldigt ist. Er hatte recht! Er sagte mir unverblümt, daß ich mich einfach vor der Verantwortung drücke. Getrof-

[1]) Drever-Fröhlich, dtv-Wörterbuch zur Psychologie.

fen! (Niemand kann zwei Tage lang Malaria haben und am dritten Tag kerngesund aussehen.)

Wenn ich dann doch einmal in die Schule gehe, bringe ich 1½ Tage in der Woche mit meinem Berater oder einem meiner Lehrer zu, um meine Probleme zu besprechen. Über meine wirklichen Probleme spreche ich nicht, weil ich nicht weiß, was das für Probleme sind, oder ich will es nicht wissen, und die Leute, mit denen ich rede, vermeiden während unserer Unterhaltungen, mich auf meine Probleme hin anzusprechen. Sie sagen immer, sie wollen, daß ich die Probleme selber sehe und analysiere. Ich kann es einfach nicht, also reden wir über Weltprobleme, über Moral, Religion usw. Ich bekomme zwar eine »fünf« in meinen Fächern und falle im Arbeitsverhalten durch, aber ich habe nie versäumt, besonders gute Noten als Bürger zu erreichen. Das ist ein Punkt zu meinen Gunsten. Ich bin ansehnlich, und ich bin nicht feindselig.

Mein armer Berater ist bei mir hoffnungslos gescheitert. Er ist bereit, wieder Lehrer zu werden (dies ist sein erstes Jahr). Ich weiß, daß ich viel Zeit in Anspruch nehme, die er gebrauchen könnte, um anderen zu helfen, wie dem Jungen im zweiten Schuljahr, der dieses Jahr Selbstmord beging. Aber ich sitze in diesen widerlichen Klassenzimmern, bis ich denke, ich müßte schreien. Dann stehe ich einfach auf und gehe hinaus. Ich und meine Lehrer kennen und verstehen uns ganz gut als Menschen. Und obwohl sie es versucht haben, hat keiner mir helfen können, und sie wissen das. Also gehe ich zu meinem Berater und rede und lache und (vor allem) weine.

Es ist fast wie eine fixe Idee, wenn ich zeige, wie wenig ich mich um die Schule, die Familie, mich selbst usw. kümmere. Ich bin jetzt seit etwa zwei Jahren nicht mehr in der Kirche gewesen, was nicht bedeutet, daß mein Glaube weg ist. Aber ich bin jetzt nicht mehr davon abhängig. Ich bin wirklich ein »self-made«-Mensch. Wie schrecklich das klingt! Eigentlich haben sehr viele Leute mich so gemacht, wie ich bin (den guten Teil), und ein paar ganz bestimmte Menschen haben den schlechten, nachlässigen Teil geschaffen.

Nun, ich wette, es tut Ihnen jetzt leid, daß Sie im Fernsehen waren. Dies ist ein kurzer Brief im Vergleich zu den meisten, die ich schreibe. Ich schreibe meine Gefühle sehr gern auf, und ich werde so dramatisch, es bringt mich fast um. Ich könnte weiterschreiben, da Sie sozusagen eine gefangene Zuhörerschaft sind, aber ich werde es nicht tun. Ich wollte Ihnen wirklich nur ein paar Zeilen schreiben und sagen, wie ich mich darüber freute, Sie zu sehen, und ich hoffe, daß es Ihnen gut geht. Ich nehme an, Sie sind jetzt Psychologe. Ich hoffe, daß Sie nie jemandem begegnen wie mir.

Nun, in diesem Sinne will ich »Auf Wiedersehen« sagen.

Ihre
Elaine (. . . . .)

Ps: Ich lege ein Bild bei. Ich weiß nicht warum. Werfen Sie es weg, wenn Sie wollen.

Elaine hat ihre eigene Situation erstaunlich scharfsinnig analysiert. Jeder Satz ist von besonderer Bedeutung. Vielleicht werden ein paar Bemerkungen Einsicht in die Probleme anderer Teenager verschaffen, die in demselben Sumpf stecken.

1. Elaine ist über ihre eigene Torheit empört, aber ihr fehlt die notwendige Selbstdisziplin, um sich zu bessern. Als ihr Lehrer ihr sagte, daß sie sich vor der Verantwortung drücke, schrieb sie: »Getroffen!« Jetzt bittet sie jemanden dringend um Hilfe. Die langen Stunden mit ihrem Berater sind ein Teil ihrer Suche nach einer Lösung. (Außerdem bieten sie einen Ausweg aus langweiligen Unterrichtsstunden.) Sogar ihr Brief an mich war ein einsamer Hilferuf.
2. Elaines Bitte um Hilfe brachte ihr zwar Mitleid ein, aber keine brauchbaren Antworten. Ihr Berater würde ihr gern helfen, aber er ist ein Neuling, dem die notwendigen Voraussetzungen fehlen. Ihre Lehrer sind ganz verdutzt. »Und obwohl sie es versucht haben, hat keiner mir helfen können, und sie wissen das. Also gehe ich zu meinem Berater und rede und lache und (vor allem) weine.« Wie aussichtslos, an einer Krankheit zu

leiden, gegen die es kein Heilmittel gibt. Sie veranschaulicht ausgezeichnet den schwachen Punkt der modernen Beratungsmethode, die vorschreibt, daß der Berater eher *zuhören* als *führen* soll. »Über meine wirklichen Probleme spreche ich nicht . . . und die Leute, mit denen ich rede, vermeiden während unserer Unterhaltungen, mich auf meine Probleme hinzuweisen. Sie sagen immer, sie wollen, daß ich die Probleme selber sehe und analysiere. Ich kann es einfach nicht, also reden wir über Weltprobleme, über Moral, Religion usw.« Wie ein Blinder Führung braucht, benötigt Elaine jemanden, der sie an der Hand nimmt und aus der Dunkelheit hinausführt.

3. Elaines Schwänzerei ist ein Versuch, ihre Lage zu dramatisieren. Sie ist Teil ihrer fixen Idee, zeigen zu müssen, »wie wenig ich mich um die Schule, die Familie, mich selbst usw. kümmere.« Wenn sie ihre Bedürfnisse artikulieren könnte, würde sie vielleicht jemand retten. Außerdem will sie klar machen, daß sie versagt, weil sie sich keine Mühe gegeben hat, nicht, weil sie nicht fähig ist.
4. Elaines *grundlegendes* Problem entspringt einem großen Mangel an Selbstachtung. Die Bemerkung, daß ich ihr Bild vernichten dürfe, spiegelt ihre Unzufriedenheit mit ihrem physischen Aussehen wider. Sie hat beträchtliches Übergewicht – ein Symptom des gleichen Mangels an Selbstbeherrschung. Zusätzliche Aspekte ihrer Selbstabwertung erscheinen in anderen Teilen des Briefes. Ich meine, sie war mit diesem Mangel an Selbstachtung so beschäftigt, daß wissenschaftliches Arbeiten für sie unmöglich wurde.
5. Elaine wollte gegen niemanden kämpfen. Sie forderte das Establishment nicht trotzig heraus. Sie rief einfach um Hilfe. Wie sie es ausdrückte: »Ich bin ansehnlich, und ich bin nicht feindselig.«

Elaines Problem war tief und fest in ihr verwurzelt; ihre alten Einstellungen konnten nicht durch oberflächliche »Lösungen« ausgemerzt werden. Sie bräuchte die langfristig wirksame Beratung eines weisen und verständnisvollen Erwachsenen, der sie Schritt für Schritt in eine Haltung verantwortlicheren Verhaltens hineinführen könnte. Eines ist sicher: fast alles, was in der Schule mit ihr getan wurde, war schädlich. Elaine wurde nicht durch die freiheitliche Haltung der Schule von ihrer Schwänzerei abgebracht. Ihre Lehrer handelten nicht klug, wenn sie ihr erlaubten, in der Klasse nach Belieben ein- und auszugehen. Sie halfen Elaine nicht, indem sie ihr eine »Fünf« gaben und sie trotzdem nicht durchfallen ließen, obwohl sie selbst zugibt, daß sie weder zum Unterricht kam noch die Hausaufgaben erledigte. Sie wußte, sie verdiente durchzufallen. Ihr Berater brachte ihr die Selbstbeherrschung nicht bei, indem er mit ihr stundenlang über »Weltprobleme« redete, nachdem sie aus dem Unterricht gegangen war. Gewiß, Elaine brauchte weder Kritik noch einen Verweis, aber sie gewann auch nichts von der Unterstützung ihrer Torheit durch die Schule. Auch Eltern machen sich manchmal schuldig, indem sie fehlendes Verantwortungsbewußtsein im Namen des »Verständnisses« begünstigen.

Unterforderte Schüler wie Elaine und Thomas sind zu zahlreich, als daß sie in den Schulen unbeachtet bleiben dürften. Gemeinsam mit Lernbehinderten und Spätentwicklern bilden sie einen beträchtlichen Anteil der Schulbevölkerung. Diese jungen Versager brauchen Geduld und sorgfältige Anweisung, um die Fähigkeiten der Selbstdisziplin zu entwickeln, die ihnen irgendwie entgangen sind.

ZUSAMMENFASSUNG

Ich habe drei wichtige Quellen für die Störung der Klassendisziplin beschrieben. Es gibt gewiß zusätzliche Probleme, die ich nicht ausführlich dargestellt habe. Alles, was ein Kind beunruhigt oder stört, kann zum Versagen in der Schule führen. Zum Beispiel können tiefe Gefühle der Unzulänglichkeit und Minderwertigkeit das Konzentrieren auf schulische Bemühungen verhindern; das Kind, das mit solchen überwältigenden Gefühlen beschäftigt ist, hat kaum Zeit für weniger wichtige Angelegenheiten übrig. Jeder Erwachsene, der je versucht hat, zu arbeiten oder zu denken, während er auf den Bericht nach einer ärztlichen Untersuchung – etwa auf eine Laboruntersuchung über Krebs – wartet, wird diesen Mechanismus geistiger Störung vielleicht verstehen.

Eltern und Lehrer dürfen die Bedrohungen nie unterschätzen, die ein Kind mit der Schule verbindet. Ob es seinen Befürchtungen Ausdruck gibt oder nicht, es ist sich oft vieler »Gefahren« bewußt, die hinter den heiligen Mauern des Abraham-Lincoln-Gymnasiums verborgen liegen. Andere Schüler könnten das Kind auslachen. Es könnte von seinen Lehrern verspottet oder kritisiert werden. Es könnte von Mitgliedern des anderen Geschlechts abgelehnt werden. Es könnte trotz seiner Bemühungen durchfallen. Diese und ähnliche Befürchtungen können die ganze Welt eines verwirrten jungen Schülers so durchdringen, daß er auf eine Weise handelt, die ihn faul erscheinen läßt. Die Lösung des Problems des Versagens in der Schule erfordert also oft die Ausschaltung von Problemen, die scheinbar mit der Schularbeit nichts zu tun haben.

FRAGEN UND ANTWORTEN

1. Wenn das Alter ein solch ungünstiger Faktor bei der Festlegung des Schulanfangs ist, warum wird dieses System in unserem Land dann allgemein angewandt?

Weil es so praktisch ist. Eltern können einplanen, daß ihr Kind mit sechs Jahren ganz sicher mit der Schule anfangen wird. Schulbehörden können ihre Bezirke überschauen und wissen, wieviele Schulanfänger sie im nächsten Jahr haben werden. Wenn ein Achtjähriger im Oktober in den Bezirk zieht, wissen die Behörden mit Sicherheit, daß das Kind in die zweite Klasse geht usw. Der Rückgriff auf das Alter als Kriterium für die Schulaufnahme ist für alle Beteiligten ausgezeichnet – nur nicht für den Spätentwickler.

2. Worin liegt die Ursache dafür, daß ein Kind lernbehindert ist?

Es gibt zahlreiche erbliche, umweltbedingte und physische Faktoren, die zum Intellekt beitragen, und es ist schwierig, die einzelnen Einflüsse zu unterscheiden. Angesammelte Belege weisen aber wohl darauf hin, daß die schwerfällige normale Intelligenz und sogar die geistige Unterentwicklung in Grenzfällen oft durch den Mangel an geistiger Anregung während der ersten Lebensjahre verursacht werden. Anscheinend gibt es eine kritische Phase während der ersten drei oder vier Jahre, in der die Entwicklungsmöglichkeit ausgenützt werden muß. Wenn die Gelegenheit versäumt wird, erreicht das Kind vielleicht nie den Fähigkeitsgrad, der ursprünglich möglich gewesen wäre. Das schwerfällige Kind hat oft die Sprache der Erwachsenen nicht regelmäßig gehört; ihm sind keine interessanten Bücher und Rätsel gegeben worden, um seine Sinnesorgane zu beschäftigen; es hat den Zoo, den Flughafen oder andere aufregende Einrichtungen nicht besucht; es ist mit einem Minimum alltäglicher Ausbildung und Leitung seitens der Erwachsenen aufgewachsen. Der Mangel an Anregung, den ein solches Kind erleidet, könnte dazu führen, daß sich sein Gehirn nicht richtig entwickelt.

Die Auswirkung der frühen Anregung auf lebendige Gehirne wurde bei einigen faszinierenden Tierversuchen studiert, die ein Forscher namens Kretch ausführte. Er und seine Mitarbeiter teilten Ratten desselben Wurfs in zwei Gruppen; eine Gruppe war dazu bestimmt, während der ersten Lebensmonate möglichst viele Anregungen zu erhalten. Diese Ratten wohnten in gut beleuchteten Käfigen und waren von interessanten Rädern und anderem Spielzeug umgeben. Sie wurden regelmäßig angefaßt und durften auch außerhalb der Käfige herumlaufen. Man ließ sie Erfahrungen sammeln und belohnte sie, wenn sie sich an das Gelernte erinnerten. Die zweite Gruppe Ratten führte eine ganz andere Existenz. Sie kauerten in schlecht beleuchteten, düsteren, unfreundlichen Käfigen. Sie wurden auf keinerlei Weise berührt oder angeregt und durften nicht aus den Käfigen hinaus. Beide Gruppen bekamen das gleiche Futter. Als sie 105 Tage alt waren, wurden alle Ratten getötet, damit ihr Nervensystem untersucht werden konnte. Die Forscher waren überrascht, als sie entdeckten, daß sich das Gehirn der Ratten, die viele Anreize erhalten hatten, in einigen wichtigen Einzelheiten von dem der anderen unterschied:

1. Die Rinde (der Teil des Gehirns, der für das Denken verantwortlich ist) war dicker und breiter;
2. die Blutzufuhr erfolgte viel intensiver;

3. die Enzyme, die zum Lernen notwendig sind, waren besser entwickelt. Die Forscher kamen zu dem Schluß, daß die vielen Anregungen, die der ersten Gruppe gegeben worden waren, bei diesen Ratten zu einem weiterentwickelten und komplexeren Gehirn geführt hatten.

Es ist immer gefährlich, die Schlüsse, die von der Forschung bei Tieren gezogen werden, direkt auf Menschen anzuwenden, aber wahrscheinlich geschehen ähnliche Umwandlungen im Gehirn bei Kindern, die vielen Anregungen ausgesetzt sind. Wenn Eltern wollen, daß ihre Kinder Fähigkeiten entwickeln, sollten sie dazu beitragen, indem sie schon im Säuglingsalter viel mit ihnen reden. Interessante Mobiles und Spielzeug sollten um das Kinderbett aufgestellt werden. Durch die frühen Lebensjahre hindurch sollten Lernaktivitäten regelmäßig eingeplant werden. Natürlich müssen Eltern den Unterschied zwischen Anregung und Druck erkennen. Einem Dreijährigen Bilderbücher zu geben, ist Anregung; ihn auszulachen und zu bedrohen, weil er die Texte nicht lesen kann, ist Druck. Es ist schädlich für Kinder, wenn man unerfüllbare Erwartungen an sie stellt.

Wenn die frühe Anregung so wichtig ist, wie es jetzt scheint, könnten Armut und Ghettoleben die vornehmliche Ursache geistiger Schwerfälligkeit und leichter Unterentwicklung sein. Das könnte auch erklären, warum Kinder aus gesellschaftlichen Randgruppen weniger Punkte bei IQ-Tests erzielen, als Mitglieder sozial und wirtschaftlich höher gestellter Schichten: ihre Eltern haben weder die erforderliche Zeit noch die finanziellen Möglichkeiten. Die Notwendigkeit, kleinen Kindern umfassende und lehrreiche Erfahrungen zu vermitteln, ist nie so offenkundig gewesen wie heute.

3. Ich habe gelesen, es sei möglich, dreijährigen Kindern das Lesen beizubringen. Sollte ich das bei meinem Kind versuchen?

Wenn ein Kind besonders intelligent ist, und wenn es ohne übermäßigen Druck von seiten der Eltern lernt, könnte es vorteilhaft sein, ihm diese Fähigkeit beizubringen. Das Wörtchen »wenn« ist aber wichtig. Wenige Eltern können mit ihren eigenen Kindern arbeiten, ohne sich über ihr normales Versagen zu ärgern. Es ist ähnlich, wie wenn man versucht, der Ehefrau das Autofahren beizubringen: bestenfalls gewagt, schlimmstenfalls katastrophal. Außer dieser Begrenzung sollte das Lernen in einem Alter stattfinden, in dem es am meisten gebraucht wird. Warum soll man sich anstrengen, einem Kind das Lesen beizubringen, wenn es noch nicht gelernt hat, die Straße zu überqueren, seine Schuhe zu binden, bis zehn zu zählen oder zu telefonieren? Es scheint in diesem Fall töricht, sich mit dem Lesen vor Schulanfang abzuquälen. Die beste Methode besteht darin, Ihren Kindern interessante Bücher und Materialien zu geben, ihnen vorzulesen und ihre Fragen zu beantworten, und dann dem Lauf der Natur nicht im Wege zu stehen.

4. *Darf man verlangen, daß Schulkinder »niedliche« Kleider tragen, die sie selbst nicht leiden können?*

Im allgemeinen nicht. Kinder machen sich große Sorgen um die Gefahr, von ihren Freunden ausgelacht zu werden, und sie gehen manchmal sehr weit, um das zu vermeiden. Der größte Druck hinter ihrem Anpassungswunsch ist die Angst davor, ausgelacht zu werden. Teenager im besonderen sind anscheinend der Meinung: »Die Gruppe wird mich nicht auslachen, wenn ich mich mit den anderen identifiziere.« Unter diesen Umständen wäre es unklug, das Kind zu zwingen, unnötige soziale Demütigung zu erleiden. Kindern sollte erlaubt werden, innerhalb gewisser Grenzen des Haushaltsplans und des guten Geschmacks ihre Kleider selbst auszusuchen.

5. *Manche Pädagogen haben gesagt, daß wir Zeugnisse und Zensuren abschaffen sollten. Halten Sie das für eine gute Idee?*

Nein. Zensuren sind für Schüler ab der dritten Klasse wertvoll. Sie dienen als eine Art der Verstärkung – als Belohnung für das Kind, das in der Schule gearbeitet hat, und als Anstoß für das Kind, das nichts getan hat. Es ist aber wichtig, Noten richtig einzusetzen; sie haben die Macht, eine Motivation zu schaffen oder zu zerstören. Durch die Grundschuljahre hindurch und in den Pflichtfächern auf dem Gymnasium sollten die Noten eines Kindes davon abhängig sein, was es aus seinen Fähigkeiten macht. Mit anderen Worten: wir sollten die Noten gemäß der Fähigkeit des Kindes festlegen. Ein schwerfälliges Kind sollte in der Schule ebenso erfolgreich sein können, wie das begabte Kind. Wenn es um das Lernen ringt und schwitzt, sollte es mit einem Zeichen des Erfolgs belohnt werden, auch wenn seine Arbeit einen absoluten Maßstab nicht erreicht. Auf ähnliche Weise darf das begabte Kind keine »Eins« deshalb erhalten, weil es klug genug ist, sich hervorzutun, ohne zu arbeiten.

Unser Hauptziel bei der Bewertung sollte darin bestehen, die schulische Anstrengung zu belohnen. Diejenigen, die mit dieser Bewertungspolitik nicht einverstanden sind, sollten die Alternative betrachten, die im folgenden Beispiel aufgezeigt wird. Der dumme Joe ist nicht gerade klug, und er weiß das. Er hat in der Schule nie Erfolg gehabt, und er gab seine Bemühungen schon in der zweiten Klasse auf. Aber als er in die sechste Klasse kam, wurde er von einem Lehrer unterrichtet, der ihn herausforderte, sein Bestes zu geben. Trotz seiner Schwierigkeiten im Lesen, Schreiben und Rechnen arbeitete er sehr fleißig, um diesem Lehrer eine Freude zu bereiten. Am Ende des Schuljahrs arbeitete der dumme Joe immer noch sehr fleißig, obwohl seine Schrift kaum besser geworden war und er mit einem Lesebuch der dritten Klasse kämpfte. Was sollte sein Lehrer nun ins Zeugnis schreiben? Wenn er das Kind im Vergleich zu seinen Klassenkameraden bewerten würde, müßte er es durchfallen lassen. Wenn er Joe durchfallen ließe, würde der aber nie wieder arbeiten. Er hatte sein Bestes gegeben – sollte er dann die gleiche Note bekommen, die er letztes Jahr erhielt, als er Tag für Tag uninteressiert dasaß? Ich meine nicht. Joe sollte möglichst offen für seinen Fleiß gelobt werden, indem er zumindest eine »Drei« (oder besser) in seinem Zeugnis erhält. Seinen Eltern allerdings sollte seine »wirkliche« Leistung mitgeteilt, und ihre Unterstützung sollte herangezogen werden, um ihm Mut zu machen, auch weiterhin fleißig zu sein. Jede andere Bewertung würde nicht so begabte Kinder entmutigen. Sogar die intelligenteren Schüler arbeiten gewöhnlich besser, wenn sie sich anstrengen müssen, um eine ausgezeichnete Bewertung zu erhalten.

Eine Ausnahme bei der Politik der »Bewertung nach Fähigkeit«

sollte allerdings gemacht werden: Kurse zur Universitätsvorbereitung am Gymnasium müssen nach absolutem Maßstab bewertet werden. Eine »Eins« in Chemie oder Latein wird von den Zulassungsstellen als Zeichen hoher Leistung angesehen, und Oberschullehrer müssen diese Bedeutung der Zensuren berücksichtigen. Aber der dumme Joe und seine Freunde brauchen diese schwierigen Kurse ja nicht.

Ich wiederhole: Noten können das wichtigste Motivierungswerkzeug sein, das dem Lehrer zur Verfügung steht – wenn sie richtig eingesetzt werden. Die Empfehlung, daß die Schulen jede Bewertung abschaffen sollten, ist also ein Schritt gegen die Klassendisziplin.

6. *Ich habe gehört, daß wir achtzig Prozent von allem Gelernten in drei Monaten vergessen, daß ein noch höherer Prozentsatz vergessen wird, wenn mehr Zeit vergangen ist. Warum quälen wir dann unsere Kinder mit dem Lernen? Was hilft geistige Übung, wenn die Anstrengung letztlich doch ohne Wirkung bleibt?*

Ihre Frage spiegelt den Standpunkt der früheren fortschrittlichen Ausbildungstheoretiker wider. Sie wollten, daß der Lehrplan nichts als »Lebensanpassung« sei. Aus Gründen, die Sie erwähnten, legten sie wenig Wert auf intellektuelle Disziplin. Sogar manche Hochschulprofessoren haben diese »inhaltlose« Anschauung übernommen; sie folgern, daß das, was wir heute lernen, morgen veraltet sein könnte, warum also sollte man es lernen? Ich stimme mit dieser Einstellung zur Ausbildung in keiner Weise überein. Es gibt mindestens fünf Gründe, weshalb das Lernen wichtig ist, sogar wenn viel vergessen wird:

1. Vielleicht die wichtigste Aufgabe der Schule – außer der Vermittlung grundlegender literarischer und mathematischer Kenntnisse – besteht darin, Selbstdisziplin und Selbstbeherrschung zu fördern. Der gute Schüler lernt, lange Zeit still zu sitzen, Anweisungen auszuführen, Aufgaben zu erledigen und seine geistigen Fähigkeiten richtig einzusetzen. Hausaufgaben an sich sind als Werkzeug der Ausbildung verhältnismäßig unnötig, als Werkzeug der Disziplin aber sind sie wertvoll. Da das Leben

des Erwachsenen oft Selbstaufopferung, Schweiß und Hingabe erfordert, sollte der Schule bei der Befähigung des Kindes, diese künftige Verantwortung zu tragen, eine Aufgabe zukommen. Das Spiel ist im Leben des Kindes gewiß ebenfalls wichtig. Es soll nicht die ganze Zeit arbeiten; Familie und Schule müssen einen gesunden Ausgleich zwischen Disziplin und Spiel anbieten.

2. Das Lernen ist wichtig, weil wir durch das Gelernte *verändert* werden, auch wenn der Stoff später vergessen wird. Kein Hochschulabsolvent kann all das behalten, was er während des Studiums gelernt hat, und doch ist er durch seine Universitätsausbildung ein ganz anderer Mensch geworden. Das Lernen führt zu Umwandlungen der Werte, der Meinungen und der Vorstellungen, die eben nicht mit der Zeit vergehen.

3. Auch wenn das Gelernte nicht behalten wird, weiß der Mensch, daß die Tatsachen existieren, und wo er sie finden kann. Wenn wir einem ungebildeten Menschen eine komplizierte Frage stellten, würde er wahrscheinlich sofort irgendeine Antwort geben. Dieselbe Frage würde von einem Doktor wahrscheinlich viel vorsichtiger beantwortet werden; er würde sagen: »Nun, dazu gibt es verschiedene Auffassungen.« Er weiß, daß die Sache komplizierter ist, als sie aussieht, auch wenn er die vollständige Antwort noch nicht weiß.

4. Wir vergessen nicht hundert Prozent von dem, was wir lernen. Die wichtigsten Daten bleiben zum künftigen Gebrauch in unserem Gedächtnis. Das menschliche Gehirn ist fähig, während eines Lebens zwei Milliarden Daten zu speichern; die Ausbildung ist der Vorgang, bei dem diese Gedächtniszentrale mit nützlichen Informationen gespeist wird.

5. Das frühe Lernen erleichtert späteres Lernen. Jede geistige Übung vermittelt uns Zusammenhänge, anhand derer wir künftige Ideen und Vorstellungen verstehen können.

Ich wünschte, es gäbe einen leichteren, wirksameren Weg, um den menschlichen Geist zu formen, als die langsame, schmerzhafte Erfahrung der Ausbildung. Ich fürchte aber, wir werden uns auf diese altmodische Methode solange verlassen müssen, bis eine »Lernpille« erfunden wird.

V.

Moralische Disziplin

Im Jahre 1968 erschien ein Filmproduzent im amerikanischen Fernsehen und wagte die bestürzende Voraussage, daß Aufnahmen des Geschlechtsverkehrs in Filmen bis 1978 erlaubt sein würden. Viele hielten seine Behauptung für eine absichtliche Übertreibung: »Wird man je so weit gehen?« Der Produzent verfehlte das Ziel um neun Jahre; weniger als zwölf Monate nach seiner Äußerung wurde seine Prognose in zahlreichen Filmen Wirklichkeit. Dieser schnelle Umschwung der Geschlechtsmoral ist in der Geschichte der Menschheit ohne Beispiel. Nie hat eine Gesellschaft ihre Vorstellung von Moral plötzlicher preisgegeben, als dies während der sechziger Jahre in den USA der Fall war.

Obwohl die ethische Grundlage während dieser kurzen Zeit endgültig untergraben wurde, begann die Zersetzung der traditionellen Moral schon viel früher. Die Umwandlung wurde durch einige wichtige Faktoren herbeigeführt – jeder von ihnen aus finanziellen Motiven. Kurz nach dem Ersten Weltkrieg entdeckte die Unterhaltungsindustrie, daß beträchtlicher Gewinn aus der Ausnutzung des Sex und gewagter neuer Einstellungen gezogen werden konnte. Reklamedirektoren sowie Verleger und andere »Macher« öffentlicher Meinung lernten bald die gleiche Lektion. Durch die Jahre hindurch unterhöhlten sie auf raffinierte Weise die Geschlechtsmoral, Ehrlichkeit, persönliche Integrität und den Glauben an Gott. Bis Anfang der sechziger Jahre fragten sich die Amerikaner, ob es wirklich so notwendig sei, ihre sinnlichen Leidenschaften und Impulse zurückzuhalten. »Spaß und Spiel« sah herrlich aus, und das Leben sollte doch genossen werden. Gerade in diesem Augenblick kam die Playboy-Philosophie auf mit ihrer neuen Bezeichnung der Unsittlichkeit; die sexuelle Verantwortungslosigkeit wurde plötzlich würdig und rein wie frischer Schnee. Menschen, die weiterhin an traditionelle Moral glaubten, wurden als Heuchler abgestempelt, die mit dem Finger drohen, aber wahrscheinlich selbst irgendeinen kleinen Hokuspokus verbergen. Nach der Entwicklung des Penicillins (um die Geschlechtskrankheiten zu heilen) und der Anti-Baby-Pille (um Babys zu verhindern) hemmte nur noch ein lästiger Gedanke die endgültige Verbreitung und Durchsetzung der neuen Auffassung: Was würde Gott von dieser geschlechtlichen »Erneuerung« halten? Er hatte doch stets mit Worten, die man schwerlich anders auslegen kann, gedroht: »Du sollst nicht!« Dieses erste Hindernis aber wurde gerade zur rechten Zeit von den Theologen selbst ausgeschaltet, indem sie 1966 ihre erstaunliche Schlußfolgerung verkündeten: »Gott ist tot!« Der Weg für eine umfassende sexuelle Revolution war vorbereitet, die ihren Höhepunkt immer noch nicht erreicht hat.

Nicht jeder in unserer Gesellschaft hat zugelassen, daß die Leidenschaft über die Vernunft triumphiert. Es gibt immer noch manche – wie mich –, die glauben, daß die sexuelle Verantwortungslosigkeit ungeheuer kostspielig ist im Vergleich zum augenblicklichen Vergnügen, das sie verspricht. Trotz der beruhigenden Philosophie von Hugh Hefner und seinen »Playboys« ist die sexuelle »Freiheit« eine Durchgangsstraße zu Enttäuschung, Leere, Ehescheidung, Geschlechtskrankheit, unehelichen Kindern und zerbrochenen Leben. Nicht nur unsittliche Menschen leiden unter den nachteiligen Folgen: die Geschichte zeigt, daß ganze Gesellschaftsordnungen verfallen, wenn die »freie Liebe« von der Öffentlichkeit akzeptiert wird. Den ersten Beleg für diese Tatsache gab J. D. Unwin, ein britischer Sozialanthropologe, der sieben Jahre lang Geburt und Tod von achtzig Zivilisationen studiert hatte. Er berichtete aufgrund seiner ausführlichen Forschungen, daß jede bekannte Kultur in der Geschichte der Welt dasselbe sexuelle Muster verfolgte. Während der frühen Tage ihrer Existenz waren voreheliche und außereheliche Geschlechtsbeziehungen strengstens verboten. Große schöpferische Energie war mit dieser Hemmung des sexuellen Ausdrucks verbunden, was zum Gedeihen der Kultur führte. Viel später im Leben der Gesellschaft fingen die Menschen an, sich gegen die strengen Verbote aufzulehnen und die Freiheit zu verlangen, ihren inneren Leidenschaften freien Lauf zu lassen. Während die Moral schwächer wurde, ließ die soziale Energie nach, was schließlich zum

Verfall oder zur Zerstörung der Zivilisation führte. Dr. Unwin behauptete, die Energie, die eine Gesellschaft zusammenhält, sei geschlechtlicher Natur. Wenn ein Mann sich einer Frau und einer Familie hingibt, so ist er motiviert, für sie zu bauen, zu sparen, zu planen, Erfolg zu haben und sie zu schützen. Aber wenn seine geschlechtlichen Interessen zerstreut und verallgemeinert werden, wird seine Anstrengung in die Befriedigung sinnlicher Begierden investiert. Dr. Unwin folgerte: »Jede menschliche Gesellschaft ist frei, entweder große Energie freizusetzen oder die sexuelle Freiheit zu genießen; die Belege zeigen aber, daß eine Generation nicht beides tun kann.« Es ist unwahrscheinlich, daß Amerika die erste Zivilisation sein wird, die diese entgegengesetzten Ziele erfolgreich miteinander verbinden kann.

Ich habe den Rest dieses Kapitels den Eltern und Lehrern gewidmet, die an die moralische Sittlichkeit glauben und ihren Kindern verantwortliche sexuelle Verhaltensweisen beibringen wollen. Ihre Aufgabe ist nicht leicht. Der Geschlechtstrieb ist in der Pubertät stärker als zu jeder anderen Lebensphase, und es gibt keine Garantie, daß ein unabhängiger Teenager ihn freiwillig beherrschen wird. Es ist unmöglich (und wohl auch nicht wünschenswert), ihn vor den freiheitlichen Auffassungen zu bewahren, die heute herrschen; das Fernsehen bringt jedes Element der sexuellen Revolution ins eigene Wohnzimmer, und Einzelheiten der Unsittlichkeit und der Perversion sind im Theater oder beim Zeitschriftenhändler leicht erhältlich. Offensichtlich ist die »Einzelhaft« des Kindes keine Antwort. Außerdem besteht die Gefahr, daß Eltern bei ihren Anstrengungen, einen Fehler zu vermeiden, einen anderen begehen. Beim Versuch, moralische Disziplin zu lehren, müssen sie vorsichtig sein, keine ungesunden Haltungen einzuprägen, die die sexuelle Erfüllung bei künftigen ehelichen Beziehungen verhindern könnten. Eltern und Lehrer, die Kindern Moral beibringen wollen, tragen die schwierige Verantwortung, im selben Atemzug zu sagen: »Sex kann wunderbar sein« und: »Sex kann gefährlich sein«, was keine leichte Aufgabe ist. Wie können denn gewissenhafte Erwachsene ihren Kindern Selbstbeherrschung beibringen, ohne tiefe seelische Schwierigkeiten oder negative Einstellungen zu erzeugen? Lassen Sie mich die Aspekte der Geschlechtsaufklärung erörtern, die entscheidend sind, um diesen feinen Ausgleich zu finden.

WER SOLLTE DAS KIND IN SEXUELLEN DINGEN AUFKLÄREN?

Die Aufgabe, Kindern gesunde sexuelle Einstellungen und Verständnis beizubringen, erfordert viel Geschicklichkeit und Takt, und Eltern sind sich oft des Mangels an Vorbereitung für diesen Auftrag sehr wohl bewußt. Aber Eltern, die fähig *sind,* den Erklärungsvorgang richtig auszuführen, sollten die Verantwortung zu Hause übernehmen. Es besteht eine zunehmende Tendenz, alle Aspekte der Erziehung den Eltern aus den Händen zu nehmen (oder die Rolle wird von ihnen absichtlich aufgegeben). Das ist ein Fehler. Besonders in bezug auf die Geschlechtsaufklärung ist die beste Methode die, die in der frühen Kindheit anfängt und durch die Jahre hindurch fortgesetzt wird, und zwar gemäß einem Vorgehen in Offenheit, Freimut und Ehrlichkeit. Nur Eltern können diese ständige Aufklärung ermöglichen. Die Bedürfnisse des Kindes nach Informationen und Leitung werden selten während eines ausführlichen Gesprächs erfüllt, das gewöhnlich von den Eltern widerwillig geführt wird, wenn ihr Kind in die Pubertät kommt. Ein intensives, formelles Aufklärungsprogramm außerhalb der Familie bietet auch nicht dieselben Vorteile an, die durch die allmähliche Aufklärung gewährt werden, die während des dritten oder vierten Lebensjahres anfängt und kurz vor der Pubertät den Höhepunkt erreicht.

Obwohl es wünschenswert ist, daß die Geschlechtererziehung von höchst fähigen Eltern gehandhabt wird, muß man doch zugeben, daß das bei vielen Familien – vielleicht gar bei den meisten – ein Wunschtraum ist. Eltern haben oft zu große sexuelle Hemmungen, um die Sache mit Gelassenheit anzupacken, manchmal fehlt ihnen auch das notwendige »technische« Verständnis für den menschlichen Körper. Für solche Familien, die ihre Kinder über die Einzelheiten der menschlichen Fortpflanzung nicht unterrichten können bzw. wollen, muß es außenstehende Einrichtungen geben, die ihnen bei dieser wichtigen Aufgabe helfen. Ob dieser Dienst von den Schulen oder von irgendeiner anderen Institution ausgeführt werden soll, ist davon abhängig, was das jeweilige Programm beinhaltet.

Die Frage, was im Sexualkundeunterricht besprochen werden soll, ist für die Eltern sehr wichtig, die gegen die freiheitlichen

Einstellungen der Gesellschaft zur Geschlechtlichkeit Widerstand leisten. Für Kinder aus christlichen Familien oder anderen mit festen Überzeugungen in bezug auf das moralische Verhalten muß ein annehmbares Geschlechtserziehungsprogramm zwei Elemente mit einbeziehen. Erstens: die Physiologie der Fortpflanzung muß unterrichtet werden. Die allgemeine Anatomie des menschlichen Körpers sowie die Mechanik des sexuellen Verhaltens in der Ehe soll vorgestellt werden. Mit anderen Worten: die Funktionen der Sexualität stellen den primären Inhalt dar, der erklärt werden muß. Aber dieser erste Sachverhalt ist nur die Hälfte der Aufgabe. Beim zweiten, entscheidenden Element geht es um die Verpflichtung, moralische Einstellungen und Verantwortung in bezug auf Sex zu lehren. *Diese Bestandteile dürfen nie getrennt werden, solange die Frage der Sittlichkeit für wichtig gehalten wird!* Sexuelle Kenntnisse ohne sexuelle Verantwortung bedeutet eine sexuelle Katastrophe! Die ganze Mechanik der Fortpflanzung zu lehren, ohne deren tieferen Sinn und ihre Beherrschung zu erklären, das wäre so, als würde man einem Kind ein geladenes Gewehr geben, ohne ihm zu zeigen, wie es gehandhabt werden muß. Nichtsdestoweniger wird diese zweite Verantwortung in der öffentlichen Schule oft unterschlagen oder auf ein Mindestmaß zurückgeführt. Die Entscheidung des Obersten Bundesgerichts der USA, Schulgottesdienste zu verbieten, hat dazu geführt, daß Lehrer und Behörden bei jeder Frage mit religiösen Nebentönen äußerst vorsichtig sind. Man verlangt von ihnen, daß sie in geistlichen oder moralischen Dingen den kleinsten gemeinsamen Nenner finden, und das bedeutet, daß die Frage gewöhnlich ganz und gar vermieden wird. Auch wenn ethische Probleme in der Klasse erwähnt werden, können sie gemäß der Vorstellung des moralischen Relativismus erklärt werden. Diese Anschauung ist nichts anderes als eine heimtückische Bestätigung der groben Unsittlichkeit. Nach den Prinzipien des moralischen Relativismus sind voreheliche sexuelle Erfahrungen zulässig, wenn die Beteiligten ein »sinnvolles Verhältnis« zueinander haben. Ein Paar kann seine sexuellen Beziehungen rechtfertigen, wenn beide sich davon überzeugen können, daß sie einander gern haben. Heranwachsende erlangen die Geschlechtsreife mindestens vier oder fünf Jahre, bevor sie emotional reif werden. Deshalb würden die meisten Fünfzehnjährigen ein »sinnvolles Verhältnis« gar nicht erkennen, auch wenn sie sich bei grellem Tageslicht begegnen würden. Sie verlieren jeden Sinn für Objektivität unter dem Einfluß des Vollmondes – oder der starken Beatmusik – oder eines netten Partners. Sie sind mindestens zwölf Stunden lang wahnsinnig verliebt. Gibt es eine schwächere Grundlage für eine wichtige Entscheidung, als das Liebesverständnis eines Jugendlichen? Von diesem Gesichtspunkt her erscheint der moralische Relativismus schlimmer als eine offene Empfehlung der sexuellen Promiskuität, weil er das Verhalten mit einer Atmosphäre der Pseudomoral umgibt.

Trotz ihres Wunsches, die Frage der Moral zu vermeiden, finden Lehrer in der Sexualerziehung die Neutralität fast unmöglich. Die Schüler lassen nicht zu, daß sie ihre Meinung verbergen. »Aber was halten Sie vom vorehelichen Geschlechtsverkehr, Herr Braun?« Wenn Herr Braun ablehnt, diese Frage zu beantworten, hat er den Schülern unbeabsichtigt gesagt, daß dies kein absolutes Recht oder Unrecht bedeutet. Wenn er sich nicht für die Moral einsetzt, hat er die Promiskuität bestätigt. Die Sache erscheint seinen Schülern willkürlich, was wahrscheinlich dazu führen wird, daß sie ihre intensiven, biologischen Begierden befriedigen werden.

Ich möchte betonen, daß ich die Sexualerziehung in öffentlichen Schulen nicht ablehne – solange beide Elemente richtig dargestellt werden. Um es einfach auszudrücken: ich will nicht, daß meine Kinder die Theorie der Geschlechtsfunktionen von einem Lehrer lernen, der bezüglich der Folgen der Unsittlichkeit entweder neutral oder falsch informiert ist. Es wäre besser, wenn der Junior seine Vorstellungen auf der Straße lernen würde, als wenn ein Lehrer – mit der ganzen Würde und Autorität, die ihm von Schule und Gesellschaft verliehen werden – vor seiner Klasse steht und seinen beeinflußbaren Schülern sagt, die traditionelle Moral sei entweder unnötig oder ungesund. Wenn die Schulen nicht bereit sind, sich definitiv für die sexuelle Verantwortung einzusetzen (und vielleicht macht das gesellschaftliche Klima es ihnen unmöglich), sollte irgendeine andere Institution besorgten Eltern bei der Geschlechtserziehung ihrer Kinder helfen. Die Kirchen und Gemeinden könnten der Gesellschaft ganz leicht diesen Dienst erweisen. Der CVJM oder andere gesellschaftliche Einrichtungen könnten in dieser Sache ebenfalls hilfreich sein.

Vielleicht ist kein Ziel für die Zukunft unseres Volkes wichtiger, als der nächsten Generation moralische Disziplin beizubringen.

Wir wollen unsere Aufmerksamkeit nun anderen Prinzipien der Geschlechtsaufklärung widmen, die Eltern berücksichtigen müssen, wenn sie ihre wichtige Verantwortung erfüllen wollen.

WANN SOLL MAN WAS SAGEN?

Sogar in unseren aufgeklärten Tagen ist die Frage nach dem Sex emotional geladen. Es gibt wenige Gedanken, die Mama und Papa mehr beunruhigen, als die Aufgabe, all die eindringlichen Fragen des Juniors zu beantworten – besonders die, die unangenehm persönlich werden. Die elterliche Spannung zeigte sich bei der Mutter des neunjährigen David, nachdem seine Familie in einen neuen Schulbezirk gezogen war. David kam am ersten Nachmittag von der Schule nach Hause und fragte seine Mutter rundheraus: »Mama, was ist Geschlecht?« Die Frage wirkte wie ein Schlag ins Gesicht; sie dachte, sie hätte noch zwei oder drei Jahre Zeit, bevor sie dieses Thema behandeln müßte, und sie war jetzt gar nicht darauf vorbereitet. Sie nahm sofort an, daß Davids neue Schule einen freiheitlichen Geschlechtserziehungsunterricht betreibe, der ihn zu dieser Frage veranlaßt habe, und sie hatte keine andere Möglichkeit, als ihm die Einzelheiten zu erklären. Sie setzte sich mit ihrem erstaunten Sohn hin, und für fünfundvierzig Minuten äußerster Spannung hielt sie vor ihm mit trockenem Mund und schweißnassen Händen eine Ansprache über den Storch. Als sie schließlich zum Ende kam, zeigte David ihr sein Aufnahmeformular für die Schule und sagte: »Mensch, Mama! Wie soll ich denn das alles in diesem kleinen Viereck hier, ›männlich/weiblich‹, eintragen?« Wie Davids Mutter einsehen mußte, ist es eine schwierige Kunst, zu wissen, wann man der jüngeren Generation zusätzliche Informationen über die Geschlechtlichkeit geben soll.

Einer der Fehler, der am häufigsten von manchen Eltern und vielen übereifrigen Pädagogen begangen wird, ist die Tendenz, zu viel zu früh zu sagen. In manchen Schulbezirken zum Beispiel werden Filme über Tiere bei der Paarung bereits Kindergartenkindern vorgeführt. Es ist nicht besonders vorteilhaft, auf diese ungestüme Weise in die Geschlechtsaufklärung hineinzustürzen. Die vorhandenen Belege zeigen sogar, daß die zu schnelle Behandlung des Themas zahlreiche Gefahren in sich birgt. Ein Kind kann einen schweren seelischen Schock erleiden, wenn es Tatsachen ausgesetzt wird, auf die es nicht vorbereitet ist. Außerdem ist es unklug, einen Informationsplan zu verfolgen, der dem Kind zu früh im Leben vollständige Kenntnisse vermittelt. Wenn ein achtjähriger Junge ein fortgeschrittenes Verständnis für reifes Sexualverhalten entwickelt hat, ist es weniger wahrscheinlich, daß er zehn oder zwölf Jahre warten wird, bevor er seine Kenntnisse innerhalb der Grenzen der Ehe in die Praxis umsetzt. Eine andere Gefahr, die sich aus der vorzeitigen Aufklärung ergibt, betrifft die Gefahr durch Überreizung. Ein Kind kann von dem gequält werden, was es über die aufregende Welt der Geschlechtserfahrung der Erwachsenen lernt. Die Kindheit sollte kindlichen Interessen – nicht erwachsenen Vergnügungen und Begierden – gewidmet werden. Ich will damit nicht sagen, daß die Sexualaufklärung hinausgezögert werden soll, bis die Kindheit vorbei ist. Es scheint eher angemessen, dem Kind die Informationen zu geben, die es psychisch und physisch braucht.

Die Bitten des Kindes nach Information sind der beste Anhaltspunkt, um seine Bereitschaft für die Sexualaufklärung zu messen. Seine Bemerkungen offenbaren seine Gedanken und die Tatsachen, die es wissen will. Auch seine Fragen bieten oft ein natürliches Mittel zur Belehrung an. Es ist viel besser, wenn seine Eltern diese Fragen im Augenblick der Neugier beantworten, als sie nicht zu beachten oder ihnen auszuweichen in der Hoffnung, alles später erklären zu können. Vorgeplante Aufklärungssitzungen werden oft zu ausgedehnten Monologen, die sich für beide Beteiligten als unangenehm erweisen. Obwohl sich die Frage-Antwort-Methode der Geschlechtsaufklärung gewöhnlich besser ausnimmt, ist diese Technik bei Kindern, die nie um Informationen bitten, offensichtlich unangemessen. Manche Jungen und Mädchen sind von der geschlechtlichen Fortpflanzung fasziniert, während sich andere keine Gedanken darüber machen. Wenn ein Kind sich nicht für die Fragen der Sexualität interessiert, sind die Eltern der Verantwortung deshalb aber nicht enthoben. Der Gebrauch kleiner Tiere, der im nächsten Abschnitt beschrieben wird, ist ein gutes Mittel, um die notwendige Neugier zu erzeugen.

Eine letzte Bemerkung in bezug auf den richtigen Zeitpunkt für die Sexualaufklärung zu Hause ist wichtig. Eltern sollten planen, ihr Aufklärungsprogramm kurz vor Beginn der Pubertät (die Zeit der schnellen geschlechtlichen Entwicklung in der frühen Adoleszenz) zu beenden. Die Pubertät liegt normalerweise bei Mädchen im Alter von zehn bis siebzehn Jahren und bei Jungen zwischen zwölf und neunzehn Jahren. Wenn sie diese Entwicklungsphase einmal antreten, sind ihnen Gespräche mit ihren Eltern über Sexualität peinlich. Adoleszente nehmen die Einmischung der Erwachsenen während dieser Zeit übel und ziehen es vor, daß die Frage der Sexualität in der Familie überhaupt nicht erwähnt wird. Wir sollten ihren Wunsch respektieren. Uns stehen zehn bis zwölf Jahre zur Verfügung, um ihnen das richtige Verständnis der menschlichen Geschlechtlichkeit zu vermitteln; nachdem diese Grundlage gelegt worden ist, können wir nur noch als Quelle dienen, an die das Kind sich wenden kann, wenn es will.

NATURHILFEN

Wie ich oben schon andeutete, können kleine Tiere bei der Geschlechtsaufklärung sehr hilfreich sein. Ich kann mir keine bessere audiovisuelle Hilfe vorstellen als eine schwangere Katze, der es nichts ausmacht, beobachtet zu werden. Die Frage der Fortpflanzung kann günstig vorgestellt werden, nachdem ein Tier den Vorgang der Geburt vorgeführt hat. Ich hörte einmal von einem siebenjährigen Jungen, der seiner Mutter einen Zettel hinterließ: »Liebe Mama. Unsere arme Mieze fiel heute in der Garage ganz auseinander. Dein Richard.« Mama stürzte in die Garage und entdeckte, daß die »Mieze« sechs kleine Kätzchen geboren hatte. Am Abend hatte sie mit Richard ein wichtiges Gespräch über Kätzchen und Babys und ähnliche Dinge. Diese natürliche Einleitung zur sexuellen Fortpflanzung ist für Kinder, die auf einem Bauernhof aufwachsen, unvermeidlich, aber für Stadtkinder bleibt oft nur eine abstrakte Erklärung. Ich möchte empfehlen, daß Eltern ihren Kindern ein fruchtbares Haustier anschaffen. Wenn Papa Katzen einfach nicht leiden mag, können Hunde, Hamster oder andere Säugetiere hilfreich sein.

Es ist wichtig, daß Eltern die physischen und seelischen Kennzeichen der Pubertät verstehen. Zunächst führen Drüsen- und Hormoneinflüsse zu einer schnellen geschlechtlichen Entwicklung des Körpers. Dieses beschleunigte Reifen erzeugt ein zunehmendes Interesse am anderen Geschlecht. Während der frühen Tage der Pubertät ist es nicht ungewöhnlich, wenn sich ein Teenager zum größten Teil auf Sex konzentriert. Er ist von dieser aufregenden, neuen Welt fasziniert, und er will möglichst viel darüber erfahren. Ein Ratschlag ist in diesem Zusammenhang vielleicht fällig: Eltern dürfen nicht von dem schockiert sein, was sie bei einem Kind während der Pubertät sehen oder hören. Der schüchternste und einsilbigste Jugendliche kann manchmal die erstaunlichsten Flüche erfinden. Diese Art sexueller Forschung darf nicht als Zeichen moralischen Verfalls gedeutet werden – sie ist typisch für das plötzliche Interesse des Kindes an sexuellen Dingen. Zusammen mit dem neuen Interesse am Sex kommt ein beträchtliches Maß an Angst und Sorge. Die Bedrohung geht von vielen verwandten Quellen aus. Der gespannte Adoleszent stellt sich oft bezüglich seiner sexuellen Entwicklung Dutzende von Fragen: »Müssen alle diese Veränderungen stattfinden? Ist bei mir etwas nicht in Ordnung? Bin ich krank oder unnormal? Bedeuten diese Schmerzen in meinen Brüsten, daß ich Krebs habe? Werde ich potent sein? Werden die Jungen mich auslachen? Werden die Mädchen mich ablehnen? Wird Gott mich für die sexuellen Gedanken bestrafen, die ich habe? Wäre es nicht schrecklich, wenn ich zum Homosexuellen werde? Könnte ich schwanger werden, ohne Geschlechtsverkehr zu haben? Erlangen manche Leute die Geschlechtsreife nicht? Könnte ich einer von diesen Menschen sein? Wird mein Schamgefühl geopfert?« Solche Befürchtungen sind während der frühen Adoleszenz fast allgemein verbreitet. Es ist sogar fast unmöglich, in unserer Kultur ganz ohne Angst und Sorge betreffs der Sexualität aufzuwachsen. Diese Spannung bleibt sogar oft noch im Eheleben des Erwachsenen. In der richtigen Atmosphäre der Geborgenheit kann eine Gemeinde oder eine andere Institution der geeignete Hintergrund sein, um diese Fragen ans Licht zu bringen und die Ängste während der Phase größter Sorge zu vertreiben.

In einer Zeit der plötzlichen sexuellen Revolution werden elterliche Versuche, ihren Kindern die grundlegende Moral beizubringen, äußerst schwierig. Die Disziplinierung des Geschlechtstriebes während der Adoleszenz ist nie leicht gewesen, auch in den Zeiten nicht, als die Gesellschaft ihre Bedeutung unterstrich. Aber unsere Kultur bezieht jetzt gegen die traditionelle Moral Front. Unsere Jugendlichen sind in eine Welt verstrickt, die den Wert vorehelicher Keuschheit in Frage stellt; sogar die eheliche Treue ist weniger wichtig, als sie es noch vor ein paar Jahren war. Die Botschaft der sexuellen Freiheit wird im Theater, im Fernsehen, in den Zeitschriften, im Radio und im Schallplattengeschäft mit großem Eifer gepredigt. Sex wird dazu gebraucht, alles – von der Zahnpasta bis zur Frühstücksmarmelade – zu verkaufen. Ein Motel schlägt seinen Kunden vor: »Haben Sie Ihre nächste Affäre bei uns!« Eine Zeitschriftenreklame für ein Produkt zur weiblichen Hygiene zeigt ein nacktes Mädchen, das sagt: »Entspannen Sie sich, und genießen Sie die Revolution!« Kinder und Adoleszente sind für diese Stimmen nicht taub. Ihre Gesellschaft ist in überwältigendem Maße mit Sex beschäftigt, und ihre Eltern können sie von diesem Einfluß nicht fernhalten. Wie können besorgte Familien diesen Kräften entgegenwirken, die ihre beeinflußbaren Kinder umgeben, und wie können sie ihnen gesunde Einstellungen zur positiven Bedeutung der Geschlechtlichkeit beibringen?

Im ersten Kapitel dieses Buches erörterte ich die Wichtigkeit der Achtung des Kindes vor seinen Eltern. Seine Einstellung zu ihrer Führerschaft ist für die Annahme ihrer Werte und Anschauungen – einschließlich ihrer Vorstellung bezüglich des vorehelichen Sexualverhaltens – entscheidend. Auch kann das grundlegendste Element der Moralerziehung durch ein gesundes Eltern-Kind-Verhältnis während der frühen Lebensjahre erzielt werden. Die Hoffnung stützt sich darauf, daß der Jugendliche seine Eltern genügend achten und schätzen wird, um das zu glauben, was sie sagen, um das anzunehmen, was sie empfehlen. Aber leider ist diese Treue zu den Eltern oft keine ausreichende Quelle der Motivation. Es ist meine feste Überzeugung, daß Kindern auch die grundlegende Treue zu Gott beigebracht werden muß. Wir sollten ihnen klarmachen, daß der barmherzige Gott der Liebe, dem wir dienen, auch ein Gott des Zorns ist. Wenn wir uns dazu entschließen, seinen moralischen Gesetzen zu trotzen, wird das gewisse Konsequenzen für uns haben. Gottes geistliche Gesetze sind ebenso unveränderlich wie seine physischen Gesetze. Wenn ein Mann vom Dach eines zwanzigstöckigen Hauses hinunterspringt, wird er sterben, sobald sein Körper unten auf der Erde aufprallt; ebenso katastrophal ist die eigensinnige Übertretung der Gebote Gottes, denn »der Sünde Sold ist Tod«. Ein Heranwachsender, der diese Wahrheit versteht, wird viel eher ein moralisches Leben inmitten einer unmoralischen Gesellschaft führen.

Ich will meiner Tochter zum zehnten Geburtstag einen kleinen goldenen Schlüssel schenken. Er wird an einer Kette hängen, die sie um den Hals tragen kann. Er soll den Schlüssel zu ihrem Herzen darstellen. Vielleicht wird sie nur einem Mann diesen Schlüssel geben –, dem Mann, der durch den Rest ihres Lebens hindurch ihre Liebe erwidern wird.

FRAGEN UND ANTWORTEN

1. *Sollte es einem Kind überlassen bleiben, bezüglich seiner Gottesvorstellung »selbst eine Entscheidung zu treffen«? Zwingen wir ihm unsere Religion nicht auf, wenn wir ihm sagen, was es glauben soll?*

Ich möchte diese Frage mit einem Bild aus der Natur beantworten. Ein Gänschen hat ein seltsames Kennzeichen, das in diesem Zusammenhang interessant ist. Kurz nachdem es aus seiner Schale geschlüpft ist, hängt es am ersten Gegenstand, der sich in seiner Nähe bewegt. Von dieser Zeit an folgt es diesem bestimmten Gegenstand, wenn er sich in seiner Nähe bewegt. Normalerweise hängt es an der Muttergans, die dabei war, die neue Generation auszubrüten. Wenn man sie aber wegnimmt, wird sich das Gänschen für jeden anderen beweglichen Ersatz entscheiden, sei er lebendig oder nicht. Ein Gänschen wird deshalb ganz leicht einem schwarz-weißen Fußball folgen, der an einer Schnur gezogen wird. Eine Woche später wird es sich hinter dem Fußball einordnen, wenn er sich vorbeibewegt. Bei diesem Vorgang ist der Zeitpunkt der entscheidende Faktor. Das Gänschen ist nur ein paar Sekunden lang dafür anfällig, nachdem es aus dem Ei herausgeschlüpft ist; wenn diese Gelegenheit versäumt wird, kann man sie später nicht nachholen. Mit anderen Worten: es gibt eine kritische, kurze Phase im Leben des Gänschens, in der dieses instinktive Lernen möglich ist.

Auch im Leben des Kindes gibt es eine kritische Periode, wo gewisse Formen der Belehrung möglich sind. Obwohl Menschen keine Instinkte haben – sie haben nur Triebe, Reflexe usw. –, gibt es während der Kindheit eine kurze Phase, wo Kinder für die religiöse Unterweisung offen sind. Ihre Vorstellungen von Recht und Unrecht, die Freud das »Über-Ich« nannte, werden während dieser Zeit geformt, und die Festigung der Gottesvorstellung beginnt. Wie beim Gänschen muß die Gelegenheit dieser Phase aufgegriffen werden, solange sie vorhanden ist. Führer der katholischen Kirche sollen gesagt haben: »Gib uns ein Kind, bis es sieben Jahre alt ist, und wir werden sein ganzes Leben haben.« Ihre Behauptung trifft gewöhnlich zu, weil bleibende Einstellungen während dieser sieben anfälligen Jahre eingeimpft werden können. Leider ist das Gegenteil auch wahr. Fehlen oder Mißbrauch von Unterweisung während dieser wichtigsten Phase kann die Tiefe der späteren Gotteshingabe des Kindes stark begrenzen. Wenn Eltern sagen, sie wollen ihrem kleinen Kind die Unterweisung vorenthalten und es »selbst entscheiden lassen«, so garantieren sie damit praktisch, daß es eine negative »Entscheidung« treffen wird. Wenn Eltern wollen, daß ihr Kind einen sinnvollen Glauben entwickelt, müssen sie jeden fehlgeleiteten Versuch zur Objektivität aufgeben. Das Kind hört genau zu, um zu entdecken, wieviel seine Eltern von dem glauben, was sie predigen; jede Unentschlossenheit oder ethische Verwirrung seitens der Eltern wird beim Kind wahrscheinlich verstärkt auftreten.

Nach der Mitte in der Pubertät (dreizehn bis fünfzehn Jahre) nimmt das Kind es übel, wenn ihm vorgeschrieben wird, was genau es glauben soll; es will nicht, daß ihm die Religion »aufgezwungen« wird, es will immer mehr Selbständigkeit in seinem Glauben. Wenn das frühe Darbieten von Glaubenssätzen richtig durchgeführt wird, besitzt das Kind eine innere Hauptstütze, die es festigen wird. Die frühe Unterweisung ist also der Schlüssel zu den geistlichen Einstellungen, die es auch als Erwachsener haben wird.

2. Meine Tochter sagte mir kürzlich, daß sie im zweiten Monat ist. Wie soll ich jetzt mit ihr umgehen?

Sie können die Umstände nicht ändern, indem Sie jetzt hart oder lieblos sind. Ihre Tochter braucht jetzt mehr Verständnis als je zuvor, und Sie sollten es ihr, wenn möglich, geben. Helfen Sie ihr, sich durch diese Schwierigkeit hindurchzutasten. Vermeiden Sie Bemerkungen wie: »Ich habe es dir ja gleich gesagt.« Viele wichtige Entscheidungen werden während der nächsten Monate auf sie zukommen, und sie wird eine ruhige, vernünftige Mutter brauchen, die ihr hilft, den besten Weg zu finden. Denken Sie daran, daß sich eine dauerhafte Liebe und Zuneigung oft gerade zwischen Menschen entwickelt, die eine Krise zusammen durchgemacht haben.

3. Wann fängt die sexuelle Entwicklung bei Kindern an? Geschieht das plötzlich während der Pubertät?

Nein, es geschieht viel früher. Vielleicht die wichtigste wissenschaftliche Tatsache, die von Freud bewiesen wurde, war seine Beobachtung, daß Kinder nicht ungeschlechtlich sind. Er behauptete, daß die sexuelle Befriedigung in der Wiege anfange und zunächst mit der Ernährung verbunden sei. Das Verhalten während der Kindheit wird von der sexuellen Neugier und dem Interesse an der Sexualität beträchtlich beeinflußt, obwohl die Hormone erst während der frühen Pubertät zur vollen Geltung kommen. Es ist nicht ungewöhnlich, wenn sich ein Vierjähriger von der Nacktheit und von den unterschiedlichen Geschlechtsmerkmalen bei Jungen und Mädchen fasziniert zeigt. Dies ist für die Formung der sexuellen Einstellungen eine wichtige Zeit; Eltern müssen vorsichtig sein, um keinen Schock herbeizuführen oder diese Art der Neugier zu mißbilligen. Man sagt, daß sich viele sexuelle Probleme aus unangemessener Unterweisung während der frühen Kindheit ergeben.

4. *Viele Hochschulen und Universitäten (besonders in den USA) erlauben, daß Männer und Frauen in »gemischten« Wohnheimen – oft in benachbarten Zimmern – wohnen. Andere gestatten jetzt uneingeschränkte Besuchszeiten bei Mitgliedern des anderen Geschlechts. Meinen Sie, daß dies gesündere Einstellungen zum Sex fördert?*

Den Sex fördert es bestimmt, und manche Leute halten das für gesund. Die Befürworter dieses Zusammenlebens wollen uns beweisen, daß junge Männer und Frauen zusammenleben können, ohne das Natürliche zu tun. Das ist Unsinn. Der Geschlechtstrieb ist eine der stärksten Kräfte der menschlichen Natur, und Studenten sind hier für Enthaltsamkeit nicht gerade bekannt. Ich würde es vorziehen, wenn die Befürworter gemischter Wohnheime zugäben, daß ihnen die Sittlichkeit nicht sehr am Herzen liegt. Wenn die Moral für uns etwas Wertvolles ist, so sollten wir ihr eine kleine Überlebenschance geben. Das Teilen der Schlafzimmer in den Studentenwohnheimen geht kaum in diese Richtung.

5. *Meinen Sie, daß Religion an den öffentlichen Schulen unterrichtet werden soll?*

Nicht in Form von bestimmten Lehren oder Dogmen. Das Recht der Eltern, die religiöse Orientierung ihres Kindes zu bestimmen, muß gewahrt bleiben, und es sollte keinem Lehrer erlaubt sein, dem zu widersprechen, was ein Kind zu Hause gelernt hat. Andererseits bekennen sich die meisten Menschen zu einem Glauben an Gott. Ich möchte sehen, daß dieser namenslose Gott im Klassenzimmer anerkannt wird. Die Entscheidung des Obersten Bundesgerichts, das unspezifische (oder sogar stille) Schulgebet zu verbieten, ist eine extreme Maßnahme, die ich bedaure. Die kleine Minderheit der Kinder aus atheistischen Elternhäusern könnte vor Gottesdiensten in der Schule leicht geschützt werden.

6. Meine jugendliche Tochter hat zugegeben, daß sie mit einigen Jungen Geschlechtsverkehr gehabt hat. Da sie nicht an Gott glaubt, sieht sie keinen Grund, weshalb sie das nicht tun sollte. Was kann ich ihr sagen?

Sie könnten ihr bewußt machen, daß die sexuelle Freiheit teuer ist, und daß die meisten Rechnungen von Frauen bezahlt werden. Der natürliche Sex-Appeal der Mädchen ist ihre primäre Quelle der Verhandlungskraft im Spiel des Lebens. Im Tausch gegen weibliche Zuneigung und Liebe nimmt der Mann für ein Mädchen lebenslange Verantwortung auf sich – er muß ihre Bedürfnisse erfüllen und sich um ihr Wohlergehen kümmern. Dieser sexuelle Aspekt der Ehevereinbarung kann kaum bestritten werden. Ein Mädchen aber, das ihre Verhandlungsgrundlage wahllos weggibt, behält wenig, womit sie verhandeln kann. Sie könnten ihre Tochter außerdem an andere Unkosten erinnern, die manchmal durch die sexuelle Verantwortungslosigkeit entstehen – einschließlich Geschlechtskrankheiten, unerwünschter Schwangerschaften und vaterloser Kinder. Im Vergleich dazu bietet die biblische Vorstellung von Moral überwältigende Vorteile für die Frau an, sogar wenn die Frage des Rechts oder des Unrechts unbedeutend wäre. Durch das moralische Verhalten wird sie eher Selbstachtung, die Achtung der Gesellschaft, die Liebe eines Ehemannes und die Befriedigung der Bedürfnisse ihrer Kinder erlangen. Die gegenwärtige Tendenz zu wilden Ehen (unverheiratete Paare, die als Mann und Frau zusammenleben) bietet der »Ehefrau« keinen gesetzlichen Schutz und keine Geborgenheit. Außerdem stellt die neue Sittlichkeit eine tragische Ausnutzung des weiblichen Geschlechts dar: Frauen befriedigen die Begierden der Männer, aber sie müssen alle Verantwortungen, Risiken und Folgen selbst übernehmen. Wenn ihre Jugend allmählich verwelkt, was unvermeidlich ist, finden sie wenig Mitleid bei den Männern, die sie ausgebeutet haben.

Es wäre gut, wenn alle Mädchen diese Botschaft verstehen würden. Eltern haben die Verantwortung, ihren Jugendlichen diese Tatsachen vorzuführen, aber die endgültige Entscheidung muß dann in deren eigenen Händen liegen.

7. *Ich bin Leiter einer großen Sonntagsschule. Wir haben beträchtliche Probleme, unsere jungen Mitglieder unter Kontrolle zu halten. Wenn wir die Kinder disziplinieren würden, könnten wir sie von der Gemeinde wegtreiben, und wir wollen sie nicht verlieren. Was würden Sie empfehlen?*

Ich meine, Sie sollten eher das Risiko eingehen, ein paar Kinder zu verlieren, als der Gewißheit gegenüberstehen, daß allen geschadet wird. Wie können Sie Achtung vor Gott lehren, wenn Sie es zulassen, daß in seinem Hause das Chaos herrscht? Wenn ein Kind in der Sonntagsschule stört, sollte es beiseite genommen werden und etwa folgendes gesagt bekommen: »Lorenz, du bist in unserer Gemeinde sehr willkommen, und wir wollen, daß du dich hier wohlfühlst. Aber anscheinend fällt dir das Mitmachen schwer. Bitte merke dir, daß dies das Haus Gottes ist, und wir können dir und anderen nicht erlauben, hier respektlos zu sein. Wenn du im Unterricht nicht still sein kannst, müssen wir dich darum bitten, wegzugehen. Du kannst jederzeit zurückkommen, wenn du dich entschließt, wie die anderen mitzumachen.« Wenn seine Eltern Gemeindeglieder sind, wäre es klug, die Sache mit ihnen zu besprechen und um ihre Hilfe bei dem Problem zu bitten. Sie werden eher die Treue des Kindes gewinnen, wenn Sie um seine Achtung bitten.

Ob zu Hause, in der Schule oder in der Gemeinde: das Lernen ist in einer Atmosphäre der Unordnung unmöglich. Eine positive Einstellung zur Gruppenanarchie ist der sicherste Weg, das Verfehlen der gesteckten Ziele zu garantieren.

8. *Was halten Sie von einem Familienrat, wo jedes Familienmitglied das gleiche Stimmrecht bei Entscheidungen hat, die die ganze Familie betreffen?*

Es ist eine gute Idee, jedes Mitglied der Familie wissen zu lassen, daß die anderen seinen Standpunkt und seine Meinung schätzen. Die meisten wichtigen Entscheidungen sollten innerhalb der Gruppe gefällt werden, weil das eine gute Möglichkeit anbietet, die Treue zur Familie zu stärken. Die Einführung des gleichen Stimmrechts aber geht zu weit; ein Achtjähriger darf nicht den gleichen Einfluß auf Entscheidungen haben, wie seine Mutter und sein Vater. Jedem sollte klar sein, daß die Eltern die wohlwollenden Kapitäne des Schiffes sind.

9. Wir haben viel vom Kriegsspielzeug gehört. Meinen Sie, daß es Kindern schadet?

Kinder spielen seit Jahrhunderten Cowboys und Indianer und andere Kampfspiele, und ich neige zu der Auffassung, daß die gegenwärtige Sorge unbegründet ist. Junge Knaben leben in einer Welt voller Frauen; sie sind viel mehr mit der Mutter als mit dem Vater zusammen. Im Kindergarten und in der Grundschule werden sie meistens von Lehrerinnen unterrichtet, in der Sonntagsschule ebenfalls. In dieser Welt voller Zucker und Honig ist es meiner Meinung nach gesund, wenn Jungen sich mit männlichen Vorbildern identifizieren, auch wenn es um Kampf geht. Zwei Jungen können ohne große Aufregung einander »erschießen«. »Peng! Peng! Du bist tot!« schreien sie.

Ich meine aber, daß Eltern die Menge der Gewalttätigkeiten und des Tötens einschränken sollen, die ihre Kinder im Fernsehen oder im Kino sehen. Die audiovisuelle Elektronik ist höchst effektiv geworden, und kann sehr anregen und schaden. Meßbare physiologische Änderungen finden statt, während ein Kind einen gewalttätigen Film ansieht: die Pulszahl erhöht sich, die Augen werden aufgerissen, die Hände schwitzen, der Mund wird trocken und der Atem geht schneller. Wenn sich das oft wiederholt, wird die seelische Auswirkung nicht auf sich warten lassen.

10. Ist die Armut Ursache der Kriminalität?

Nicht direkt. Wenn das der Fall wäre, würde das Maß an Kriminalität in einem Land dem Maß an Armut entsprechen. Amerika genießt im Moment die längste Zeit anhaltenden Wohlstands in seiner Geschichte, und doch erlebt es auch eine langfristige Welle des Verbrechens. Die Gesetzlosigkeit entsteht eher in einer Gesellschaft, in der die Kriminalität vorteilhaft erscheint;

das heißt, die Kriminalität blüht und gedeiht, wo die Chancen des Entdecktwerdens und der Bestrafung für gering gehalten werden. Das Gelingen eines geplanten Verbrechens ist eine wirksame Verstärkung, den Versuch zu wiederholen. Es wird berichtet, daß fünfundsiebzig Prozent der großen Banküberfälle in den Städten der USA nie aufgeklärt werden –, für manche Menschen mit großen materiellen Wünschen und kleinen Einkommen eine ermutigende Statistik.

Die weitverbreitete Rauschgiftsucht trägt ebenfalls zur Kriminalität bei. »Junkies« brauchen oft 100 bis 150 Dollar am Tag, um ihre Sucht zu befriedigen. Dieses Geld wird zum größten Teil beschafft,indem sie alles stehlen, was nicht niet- und nagelfest ist. Hier liegen die wirklichen Ursachen der Kriminalität. Die Armut ist ein Hintergrund, in dem diese beiden Faktoren wirken können, der echte Schurke beim Verbrechen aber ist die Armut an innerer Sittlichkeit.

Senator John McClellan, Vorsitzender des Ständigen Ermittlungskomitees des Senats, behauptete neulich, die Chance, daß ein Krimineller für ein ernsthaftes Verbrechen bestraft wird, sei geringer als eins zu zwanzig. Fünfundneunzig Prozent der Menschen, die ernsthafte Verbrechen begehen, werden entweder nie gefaßt, oder sie werden freigesprochen, oder ihnen wird Bewährungsfrist zugebilligt, ohne daß sie im Gefängnis gesessen haben. Hier wird deutlich, daß wir ein Rechtssystem des »Vergebens und Vergessens« haben: dem Verbrecher wird vergeben, sein Opfer wird vergessen. Senator McClellan meint – und ich stimme damit überein –, daß die Kriminalität auch weiterhin zunehmen wird, solange der Verbrecher so deutlich begünstigt wird.

11. *Meine Vierjährige läuft oft in Tränen aufgelöst nach Hause, weil sie von einem ihrer kleinen Freunde geschlagen worden ist. Ich habe ihr beigebracht, daß es nicht richtig ist, andere zu schlagen, aber jetzt machen sie das Leben für meine kleine Tochter zur Hölle. Was soll ich tun?*

Ich meine, Sie hatten recht, ihre Tochter zu lehren, andere nicht zu schlagen oder zu verletzen, aber Selbstverteidigung ist etwas anderes. Kinder können ein hilfloses Kind unbarmherzig quälen. Wenn Kinder zusammen spielen, will jeder die besten Spielsachen haben und die Regeln zu seinem eigenen Vorteil festlegen. Wenn sie entdecken, daß sie herrschen können, wenn sie ihrem Mitspieler einen gut gezielten Faustschlag auf die Nase versetzen, wird es wahrscheinlich zu einem solchen Schlag kommen. Ich bin sicher, daß manche mit mir in dieser Sache nicht übereinstimmen werden, aber ich meine, Sie sollten Ihrem Kind beibringen, zurückzuschlagen, wenn es angegriffen wird.

Neulich beriet ich eine Mutter, die sich über die Unfähigkeit ihrer Tochter, sich selbst zu verteidigen, Sorgen machte. Ein Kind in ihrer Nachbarschaft schlug die dreijährige Anne bei der geringsten Herausforderung ins Gesicht. Diese kleine Tyrannin namens Jutta war sehr klein und mädchenhaft, aber sie bekam nie den Stachel der Vergeltung zu spüren, weil Anne gelernt hatte, daß sie nicht kämpfen darf. Ich empfahl Annes Mutter, ihr zu sagen, sie solle zurückschlagen, wenn Jutta sie zuerst schlug. Ein paar Tage später hörte die Mutter draußen einen lauten Streit und dann eine kurze Rauferei. Dann fing Jutta an zu weinen und ging nach Hause. Anne kam gleichgültig ins Haus, die Hände in den Taschen, und erklärte: »Jutta hat mich gehauen, also habe ich ihr gesagt, mich nicht wieder zu schlagen.« Anne hatte das Prinzip »Auge um Auge, Zahn um Zahn« wirksam angewendet. Seit dieser Zeit spielen sie und Jutta viel friedlicher miteinander.

Im allgemeinen sollen die Eltern betonen, wie dumm das Kämpfen ist. Aber ein Kind zu zwingen, passiv dazustehen, während es verprügelt wird, heißt, es seinen kaltblütigen Kameraden auszuliefern.

12. Welche Stellung sollte die Angst in der Haltung des Kindes zu seiner Mutter oder seinem Vater einnehmen?

Es gibt einen nur geringen Unterschied zwischen annehmbarer, gesunder Angst und der zerstörerischen Angst. Ein Kind sollte nach einem Angriff auf seine Eltern ein ungutes Gefühl haben. Andererseits sollte es nachts nicht wach liegen und sich um die elterliche Aggression oder Feindseligkeit Sorgen machen. Vielleicht wird ein einfaches Beispiel den Unterschied zwischen diesen

Aspekten der Angst veranschaulichen. Eine belebte Autobahn kann für Spaziergänger gefährlich sein. Es wäre sogar schlicht selbstmörderisch, freitags um achtzehn Uhr die Schnellspur einer Autobahn entlangzubummeln. Ich wäre nicht so töricht, auf diese Weise einen Spaziergang zu machen, weil ich vor schnellen Autos eine gesunde Angst habe. Solange ich mich vernünftig benehme, gibt es keinen Grund zur Angst. Ich werde von dieser Gefahrenquelle bedroht, denn ich habe es ja in der Hand, ob die Gefahr für mich akut wird. Ich will, daß mich mein Kind mit derselben Achtung ansieht. Solange es mich nicht offen und eigensinnig herausfordert, lebt es in absoluter Sicherheit. Es braucht sich nicht zu ducken und zurückzuschrecken, wenn ich mir plötzlich die Augenbraue kratze. Es muß keine Angst haben, daß ich es auslachen oder hart behandeln werde. Es kann völlige Geborgenheit und Sicherheit genießen – bis es mich absichtlich angreift. Dann werde ich ihm Grund zur Angst geben. Diese Vorstellung der Angst kommt dem Verhältnis zwischen Gott und dem Menschen gleich. »Die Furcht des Herrn ist der Weisheit Anfang«, wird uns gelehrt. Er ist ein Gott des furchterregenden Zorns und gleichzeitig ein Gott der unendlichen Liebe und Barmherzigkeit. Diese Eigenschaften ergänzen einander und sollten in einem bestimmten Maße auch in unseren Familien vertreten sein.

13. Ich sehe jetzt ein, daß ich bei meinen Kindern vieles falsch gemacht habe. Kann ich die Schäden noch reparieren?

Wenn das Kind erst einmal die Adoleszenz erreicht, ist es sehr schwer, die Tendenzen noch umzuleiten; vor dieser Zeit werden Sie Ihrem Kind die richtigen Einstellungen vielleicht immer noch beibringen können. Glücklicherweise ist es uns erlaubt, einige Fehler bei der Kindererziehung zu begehen. Niemand kann behaupten, alles richtig zu machen, und es sind ja auch nicht die wenigen Irrtümer, die einem Kind schaden. Es ist der ständige Einfluß verkehrter Lehren durch die Kindheit hindurch.

VI.

Rauschgift und Disziplin

Es existiert keine größere Gefahr für Selbstdisziplin und Selbstbeherrschung als der Drogenmißbrauch. Der Teenager, der angefangen hat, Rauschgift zu nehmen, zeigt sich oft plötzlich an allem desinteressiert, was ihn früher reizte. Seine Schulaufgaben werden nicht erledigt, seine Hobbys bleiben unbeachtet, seine Kleidung wird vernachlässigt. Er lehnt jede Verantwortung ab, und er vermeidet Tätigkeiten, die Anstrengung erfordern. Sein Verhältnis zu seinen Eltern verschlechtert sich rapide, und er bereitet vielen seiner »lebenslänglichen« Freundschaften ein Ende. Der junge Drogenabhängige marschiert offenkundig nach einer anderen Musik – und oft erwartet ihn am Ende des Weges eine Katastrophe.

1967 und Anfang 1968 war ich als Berater bei einem Bundesrauschgiftprojekt in einer Großstadtgegend tätig. Ein Teil meiner Verantwortung bestand darin, psychologische Bewertungen von zweiunddreißig früheren Süchtigen zu machen, die dabei waren, jetzigen Abhängigen zu helfen. Obwohl diese früheren Süchtigen ihren Rauschgiftmißbrauch angeblich aufgegeben hatten, spiegelte jedes Leben die unmeßbare menschliche Tragödie wider, die durch den Drogenmißbrauch herbeigeführt worden war. Einige der Männer waren als Jugendliche verhaftet worden und pendelten dann mehr als dreißig Jahre lang zwischen Gefängnis und Freiheit hin und her. Viele von ihnen hatten während ihrer Jugend äußerste Armut und Not erlitten. Alle beschrieben ihre eigene bemitleidenswerte Kindheit ähnlich: zerrüttete Elternhäuser, Alkoholismus der Eltern, schwere Schläge und Verlust der Angehörigen. Das typische Beispiel, das unten beschrieben wird, stammt aus der schriftlichen Bewertung von Floyd, einem 27jährigen Kaukasier, der siebzehn Jahre im Gefängnis verbracht hatte.

In der Stunde vor Floyds Termin wurde ein anderer Fall bewertet, und doch stürzte Floyd ins Zimmer, ohne anzuklopfen. Ihm war sofort klar, daß er etwas Wichtiges unterbrochen hatte, aber er entschuldigte sich nicht. Er trug ein schmutziges, viel zu enges T-Shirt und einen alten russischen Hut, und seine Haare waren wirr. Später, während der Untersuchung, rülpste er laut, machte aber keine Bemerkung. Er sprach ohne Takt oder sozialen Anstand. Die erste Reaktion des Prüfers war Ärger und Ablehnung. Aber als die Untersuchung weiterging und Floyds Hintergrund dargelegt wurde, erklärten die Ereignisse in seiner Kindheit sein gegenwärtiges Verhalten so genau, daß Verständnis und Mitleid den Ekel ersetzten. Floyd war ein Kind, das vom Schicksal hoffnungslos verurteilt war. Sein Vater war Alkoholiker, und seine Trunksucht hielt die Familie in absoluter Armut. Floyd hatte vier Schwestern, und die Familie erlitt die gleiche Not, die in verarmten Alkoholikerfamilien gewöhnlich vorhanden ist. Aber Floyds Lage verschlechterte sich bedeutend, als er sieben Jahre alt war. Seine Mutter machte sich mit einem anderen Mann auf und davon und ließ die fünf Kinder ohne Vorwarnung allein. Die Kinder blieben in der »Obhut« ihres trunksüchtigen Vaters, der nicht fähig war, dieser Verantwortung nachzukommen. Die bedürftigen Kinder wurden gezwungen, sich aufeinander zu verlassen – sie hatten ja sonst niemanden. Diese Situation setzte sich während Floyds Kindheit und Jugend fort. Er erfuhr keine Leitung, keine religiöse Erziehung, keine soziale Unterweisung und keine Liebe. Er trägt heute die tiefen psychischen Narben des Mangels an elterlicher Fürsorge. Er ist wie wildes Unkraut aufgewachsen – ungepflegt, undiszipliniert und ungeliebt.

Als er die Schule verließ, fühlte Floyd sich schmutzig, zerlumpt und unzulänglich. Er hatte wenige Freunde, und er schlug sich regelmäßig. Um die Sache noch komplizierter zu machen, hatte er ein schwieriges Leseproblem entwickelt. Folglich fühlte er sich dumm und in der Schule fehl am Platze. Durch die Grund- und Hauptschule hindurch erlitt sein Ego die täglichen Angriffe des Versagens und des sozialen Spotts. Er haßte die Hauptschule noch intensiver. Als er das gesetzliche Abgangsalter erreichte, hörte er sofort mit der Schule auf. Es ist nicht erstaunlich, daß ihm Rauschgift und Gesetzlosigkeit zusagten.

Ein anderer Mann dieses Projekts, Peter, beschrieb seine Erfahrung mit dem Heroin – dem gefährlichsten aller Rauschgifte, das jetzt bei Teenagern zur Epidemie geworden ist.

Als ich dreizehn Jahre alt war, wurde ich verhaftet, weil ich ein Auto gestohlen hatte, und ich wurde in eine Reformschule geschickt, bis ich vierzehn war. Ich wurde sofort heroinsüchtig, also wurde ich von meinen Eltern 'rausgeschmissen. Seitdem bin ich ganz allein gewesen. Ein Jahr später wurde ich wieder verhaftet und für zweieinhalb Jahre weggeschickt. Als ich entlassen wurde, war ich sofort an allen möglichen Einbrüchen beteiligt, einschließlich eines Raubüberfalls auf eine Apotheke. Für diese Straftat wurde ich wieder verhaftet und mußte noch ein Jahr im Gefängnis sitzen. Ich war erst ein paar Stunden frei, als ich wieder mit Heroin anfing. Ich war drei Wochen frei, als ich eine weitere Freiheitsstrafe erhielt. Dieser Kreislauf setzte sich vierzehn Jahre lang fort. Ich bin jetzt erst seit fünf Monaten frei, aber dies ist das erstemal, daß ich nicht rückfällig geworden bin.

Das letztemal, als ich entlassen wurde, war ich besonders abhängig. Ich hatte einen endlosen Vorrat an Heroin, weil ich damit handelte. Bis dahin führte ich eine wilde Ehe mit einem Mädchen, und sie wurde ebenso süchtig wie ich. Sie arbeitete als Prostituierte, um genug Geld zu verdienen, ihre Sucht zu befriedigen. Es kostete uns je 20 Dollar, nur um nachts einzuschlafen. Alle fünf Stunden mußten wir fixen. Wir stahlen alles, was nicht niet- und nagelfest war. Uns war immer übel. Wir fingen an, uns aneinander zu klammern und einander zu sagen, daß »alles in Ordnung sein wird«. Zum erstenmal in meinem Leben hatte ich Mitgefühl mit einem anderen Menschen. Ich war zum erstenmal für einen anderen offen. Ich erlaubte mir, mich um einen anderen zu kümmern. Dann wurden wir wegen bewaffneten Überfalls festgenommen und gezwungen, eine

Entziehungskur durchzumachen. Mir bekam sie sehr schlecht. Ich war so süchtig, daß ich innere Blutungen bekam. Meine Frau versuchte, Selbstmord zu begehen. Wir phantasierten beide. Das erste, woran ich mich erinnern kann, war, daß der Arzt mich anschrie: »Sie werden sterben! Sie werden sterben! Wer ist Ihr nächster Verwandter?« Ich konnte mich an nichts mehr erinnern. Ich entschloß mich aber, nicht zu sterben. Ich fing an, mich zu erholen, und ich dachte sehr viel nach. Nachdem ich im letzten Mai aus dem Gefängnis entlassen wurde, fand ich meine Frau wieder, und sie hatte wieder mit dem Rauschgift angefangen. Ich sagte ihr, sie solle aufhören oder alles vergessen. Sie wollte ihr Heroin nicht aufgeben, also endete unser Verhältnis. Es tat mir seelisch weh, sie aus meinem Leben zu schneiden. Sie ist jetzt in San Francisco. Sie ist eben aus dem Gefängnis gekommen, und ich bin sicher, daß sie wieder Heroin nimmt.

Psychologe: Bedauern Sie es überhaupt?

Peter: Drogen waren doch schließlich meine Nahrung.

Während es nicht überrascht, daß sich Floyd und Peter ins Rauschgift flüchteten, um von ihren Schwierigkeiten wegzukommen, ist die Motivation vieler »wohlhabender« Teenager weniger offensichtlich. Es ist nicht ungewöhnlich, daß Jugendliche aus dem Mittelstand oder noch höheren sozialen Schichten von schädlichen Drogen abhängig werden, obwohl sie aus Elternhäusern kommen, wo Liebe und Güte reichlich vorhanden sind. Diese Tragödie geschieht in allen Gesellschaftsschichten. Kein Kind ist gegen die Bedrohung immun – weder Ihres noch meines. Jeder Elternteil muß sich über die Tatsachen des Drogenmißbrauchs informieren. Wir sollten in der Lage sein, die Symptome zu erkennen und unsere Kinder zu leiten, wenn es notwendig wird. Der Rest dieses Kapitels ist einem kurzen Überblick der wichtigsten Tatsachen gewidmet, die Eltern über Rauschgift und Drogenmißbrauch wissen sollten. Obwohl manche dieser Tatsachen etwas spezieller Natur sind, ist zu empfehlen, daß der Leser die wichtigen Einzelheiten dieser Zusammenfassung studiert oder sogar auswendig lernt.

WAS SIND DIE SYMPTOME DES DROGENMISSBRAUCHS?

Am Anfang dieses Kapitels erwähnte ich einige typische Haltungen von Menschen, die Drogen nehmen. Die folgende Liste enthält acht verwandte physische und psychische Symptome, die darauf hinweisen könnten, daß Ihr Kind Drogen nimmt.

1. Entzündung der Augenlider und der Nase kommt oft vor. Die Pupillen der Augen sind je nach Art der Drogen, die eingenommen werden, entweder sehr weit oder sehr klein.
2. Die Persönlichkeit kann sich in extremer Weise verändern. Entweder ist der Mensch träge, schwermütig und zurückgezogen, oder er kann laut, hysterisch und nervös sein.
3. Der Appetit ist extrem – entweder sehr groß oder sehr klein. Ein Gewichtsverlust ist möglich.
4. Die Persönlichkeit ändert sich plötzlich; der Mensch kann gereizt, abwesend und verwirrt oder aggressiv, mißtrauisch und jähzornig sein.
5. Der Körper- und Atemgeruch ist oft schlecht. Auf Sauberkeit wird im allgemeinen nicht geachtet.
6. Das Verdauungssystem kann in Mitleidenschaft gezogen sein – Durchfall, Übelkeit und Erbrechen kommen vor. Kopfschmerzen und Doppelsicht sind auch üblich. Andere Kennzeichen des physischen Verfalls können eine Veränderung der Haut und der Körperhaltung einschließen.
7. Nadelstiche am Körper, normalerweise am Arm, sind ein wichtiges Symptom. Diese Stiche werden manchmal infiziert und erscheinen dann als Wunden und Geschwüre.
8. Oft verfallen die moralischen Werte und werden durch neue, ausgefallene Wertvorstellungen ersetzt.

Jedes Rauschgift erzeugt seine eigenen, typischen Symptome, also gilt die obige Liste nicht für ein bestimmtes Mittel. Wenn Eltern befürchten, daß ihr Teenager Rauschgift oder Drogen einnimmt, schlage ich vor, daß sie den Hausarzt sofort um Rat bitten.

WO SIND DROGEN ERHÄLTLICH?

Jugendliche kommen an verbotene Drogen erstaunlich leicht heran. Der Familienarzneischrank bietet gewöhnlich einen nützlichen Vorrat verschriebener Drogen: Hustenmedizin, Beruhigungsmittel, Schlaftabletten, Schlankheitsmittel und schmerzstillende Mittel. Außerdem kann man einen Arzt dazu verleiten, die erwünschten Drogen zu verschreiben; jeder einigermaßen intelligente Mensch kann aus einem Medizinbuch die Symptome der Krankheiten erfahren, die normalerweise mit der erwünschten Droge behandelt werden. Rezepte können auch gefälscht und bei örtlichen Apotheken abgegeben werden. Manche Drogen kommen auf den »Straßenmarkt«, nachdem sie von Apotheken, Ärzten oder aus Lagerhäusern gestohlen worden sind. Aber die meisten Drogen werden ins Land geschmuggelt – vielleicht, nachdem sie hier hergestellt und dann erst ins Ausland verkauft worden sind. Man schätzt, daß acht Milliarden Dosierungen gefährlicher Drogen jährlich allein in den USA hergestellt werden, wovon ungefähr die Hälfte auf den schwarzen Markt kommen.

WARUM MACHEN JUGENDLICHE SO ETWAS?

Wenn wir Jugendlichen helfen wollen, die Tragödie des Drogenmißbrauchs zu vermeiden, so müssen wir die typischen Umstände verstehen, unter denen die ersten Entscheidungen, Rauschgift zu probieren, getroffen werden. Im allgemeinen stimmt es nicht, daß gewissenlose »Pusher« Jugendlichen die erste Dosis geben. Die Einführung in den Drogenmißbrauch geschieht eher unter Freunden in einer gesellschaftlichen Atmosphäre. Marihuana und Pillen werden oft bei Partys verteilt, wo man nicht ablehnen kann, ohne spießig und naiv zu erscheinen. Viele Teenager würden buchstäblich ihr Leben riskieren, wenn ihre Gruppe es von ihnen verlangen würde, und dieses Bedürfnis nach gesellschaftlicher Anerkennung trägt in den meisten Fällen zum Beginn der Rauschgiftsucht bei.

Der folgende Artikel »Dein Freund Bill« bietet eine genaue Beschreibung dessen, wie ein ahnungsloser Teenager einfältig in die Drogenfalle stürzen kann. Er wurde von John W. Carpenter, Polizeichef in Carpinteria, Kalifornien, geschrieben und zum erstenmal im *FBI Law Enforcement Bulletin,* Februar 1970, veröffentlicht. Polizeichef Carpenter sowie der damalige FBI-Direktor, J. Edgar Hoover, erteilten ihre Erlaubnis, den Artikel hier wiederzugeben.

»DEIN FREUND BILL«

Einführung

Nach vielen Jahren der Rauschgiftermittlungen und der Gespräche mit Süchtigen kann ein Polizeibeamter ein weitverbreitetes Muster unter Drogenabhängigen erkennen. Es ist leicht vorauszusagen, wohin die meisten Süchtigen durch den Drogenmißbrauch gelangen werden, und welche Schritte sie unternehmen werden, um dahin zu kommen. Das anfängliche Experimentieren, die psychologischen und physiologischen Auswirkungen und das Verhalten des Süchtigen sind ebenso leicht zu verfolgen wie Straßen auf einer Landkarte. Es ist nur nicht vorauszusehen, wie weit die Reise führen wird, bevor der Reisende die Sackgasse des Todes einschlägt.

Diese erfundene Geschichte soll eine solche Reise auf dem Rauschgiftweg aufzeigen. Hoffentlich wird der Leser diesen Weg nie im wirklichen Leben gehen wollen, nachdem er diese Reise miterlebt hat. Es sollte natürlich klar sein, daß die Reihenfolge der Ereignisse, wie sie in diesem Artikel geschildert wird, nicht unbedingt den Weg aller Menschen kennzeichnet, die je eine Pille geschluckt oder Marihuana versucht haben oder sogar rauschgiftsüchtig geworden sind. Der Zweck liegt darin zu zeigen, was geschehen kann und tatsächlich oft geschieht, wenn ein Mensch Drogen »aus Sensationslust« probiert. Das Risiko, süchtig zu werden, ist zu groß, und wenn man einmal süchtig ist, dann ist es, wie die meisten Drogenabhängigen Ihnen bestätigen würden, zu spät.

Das Opfer in unserer Geschichte ist ein einfacher, normaler 16jähriger. Er ist kein hervorragender, aber er ist ein guter

Schüler. Er sieht gerne Sport, und sein Familienleben in einer »Mittelstandsnachbarschaft« ist durchschnittlich. Kurzum: er gleicht Ihrem oder meinem Sohn, außer, daß er einen Freund namens »Bill« hat.

Erzählung

Erinnerst du dich an deine erste richtige Begegnung mit Rauschgift?

Ich meine damit nicht, wie du mit anderen davon geredet hast, oder den Zeitschriftenartikel, den du gelesen hast. Das ist weit entfernt und unrealistisch. Oft wurde das Thema von Freunden und sogar von manchen deiner Lehrer in einer heiteren Art behandelt. Und erinnerst du dich an den einen Lehrer, der deiner Klasse sagte: »Seid Individualisten! Entscheidet selbst übers Marihuana!«

Nun, du hattest nicht vor, Marihuana zu probieren, aber die rote Kapsel, die Bill dir beim Basketballspiel gab, war etwas anderes. Eine einzige Pille könnte doch nicht schaden, und außerdem sah sie denen ähnlich, die der Arzt verschrieb, wenn du krank warst. Bill war doch dein bester Freund. Er würde nichts tun, was dir schaden könnte, aber trotzdem schlucktest du sie nicht, als er sie dir gab. Später ging deine Mutter für den Nachmittag weg, und du warst allein. Warum solltest du es nicht ein einziges Mal versuchen? Erinnerst du dich daran, wie du die Aufregung spürtest, als du die rote Kapsel mit einem Glas Wasser hinunterschlucktest? Nicht wegen der Kapsel, sondern weil du wußtest, du tatest etwas Unerlaubtes.

Aber ziemlich bald spürtest du wirklich die Wirkungen der Kapsel, die Bill eine »Rote« nannte und die du auf einer Tabelle als eine Secobarbital-Kapsel erkanntest. Da war ein schönes, warmes, bequemes Gefühl in deinem Magen, und du schienst ganz entspannt zu sein. Du fühltest plötzlich, daß die Welt wunderbar sei, und alle Probleme und Sorgen waren weg. Du fühltest dich schläfrig, aber es wäre schade gewesen, dieses schöne Gefühl im Schlaf zu vergeuden.

Und dann erinnerst du dich, wie du daran dachtest, daß dein Vater jeden Abend einen Cocktail trinkt, wenn er nach Hause kommt, und sich in einem Sessel ausstreckt und sich entspannt? Könnte es sein, daß er das gleiche fühlt, wie du jetzt? Bevor du diese Frage länger überlegen konntest, kam der Schlaf, und dein letzter Gedanke war, daß etwas, was dir ein solch gutes Gefühl gibt, doch nichts Schlimmes sein könnte.

Es macht doch jeder

Der zweite Wendepunkt in deinem Leben kam zwei Tage später, als du Bill fragtest, ob er noch eine »Rote« hätte, die du haben könntest. Erinnerst du dich? Bill hatte dir die erste angeboten, aber diesmal batest *du* ihn um eine. Und da Bill dein bester Freund war, gab er dir gleich drei Kapseln. Du dachtest während dieser Zeit viel nach. Du tust doch nichts Böses und kommst nicht in Schwierigkeiten, wie so viele andere. Gewiß, du nimmst ab und zu »Rote« und kaufst manche von Bill, aber du tust es zu Hause, und du kannst dich entspannen und fühlst dich so viel besser. Deine Situation ist doch ganz anders als die der anderen, von denen du gehört hast; außerdem macht es jeder.

Dann erlebtest du deine erste Enttäuschung. Du gingst zu Bill, um noch einige »Rote« zu kaufen, aber er hatte keine. Der Gedanke, daß du jenes warme Glühen nicht mehr erleben würdest, war eine Enttäuschung. Bill verlor keine Zeit, dir zu sagen, daß, obwohl er keine »Roten« hätte, er dir doch einige »Weiße« geben könnte. Du entdecktest später, daß »Weiße« Benzedrin waren, auch »Bennies« genannt. Er sagte dir auch, damit wärest du »high«, während die »Rote« ein »down« brächten. Das bedeutete für dich zu der Zeit wenig, aber als du deine erste »Bennie« einnahmst, erfuhrst du es.

Du fühltest dich plötzlich voller Energie und guter Laune. Während die »Roten« dir ein müdes und schwerfälliges Gefühl gaben, machte dich diese Pille hellwach und voller Leben. Du machtest deiner Mutter sogar eine Freude, als du nach Hause kamst. Du mähtest den Rasen, schnittest die Hecke und brachtest den Abfall weg, ohne daß sie dich darum bat. Dann sagte sie dir, sie freue sich, daß du dich so benahmst, habe sie sich doch neulich Sorgen gemacht, weil du ständig schläfrig und müde gewesen seist.

Aber was geschah nachts? Da Benzedrin ein Weckmittel ist, konntest du nicht schlafen. Du wälztest dich stundenlang hin und her, weißt du noch? Einmal dachtest du sogar daran, aus dem Haus zu schleichen, um jemanden zu suchen, der »Rote« hatte. Du wußtest, dann würdest du schlafen. Aber es bestand zu viel Gefahr, deine Mama und deinen Papa zu wecken. Also lagst du die ganze Nacht lang wach.

Erinnerst du dich daran, wie du lachtest, als deine Mutter am nächsten Morgen sagte, du sähest müde aus, als sie dachte, du hättest am Abend davor zu viel gearbeitet? Wenigstens warst du gescheit genug, um zu erkennen, daß »Bennies« für dich nicht das Richtige waren.

Und es war leicht, vom Kaufen zum Verkaufen überzugehen. Bill sagte dir, er würde dir zwanzig »Rote« zum Preis von zehn verkaufen. Du könntest dann zehn verkaufen, dein Geld wiederbekommen und deinen Spaß umsonst genießen. Es ging dir dabei nicht ums Geld: deine Mutter gab dir immer genug. Es ging dir ums Gefühl, wichtig zu sein, weil andere dich aufsuchten. Und es schien, daß viele der anderen zu dir aufblickten.

Bill hatte dir seinen »Verbindungsmann« schon vorgestellt, also konntest du deine »Roten« selbst kaufen. Du kauftest fünfzig auf einmal. Du selbst brauchtest nicht halb so viele, aber andere Leute deckten sich jetzt bei dir ein. Du merktest ungefähr zu dieser Zeit so ganz nebenbei, daß deine »Roten« dir nicht mehr das gleiche Gefühl vermittelten, wie es früher der Fall war. Sie waren wahrscheinlich nicht so stark, wie die ersten. Aber das war kein großes Problem: es bedeutete einfach, daß du ein paar mehr einnehmen mußtest, um das gute Gefühl zu bekommen.

Ungefähr zu dieser Zeit auch wurde deine Aufmerksamkeit auf zwei andere Dinge gelenkt. Das erste war, daß du anscheinend ziemlich viele Schwierigkeiten in der Schule hattest. Deine Noten wurden immer schlechter, und deine Eltern bekamen Briefe ins Haus geschickt. Das machte dir nicht viel aus, weil du im letzten Schuljahr warst, und die Schule erschien dir wirklich langweilig. Es machte alles keinen Spaß mehr. Und außerdem hatte Bill auch schon die Schule verlassen, und du dachtest nun daran, das gleiche zu tun.

Das zweite war eine Einstellung gegenüber der Polizei, wie du sie nie zuvor gehabt hattest. Dein Vater hatte dir immer gesagt, sie sei dein Freund und hätte eine wichtige Aufgabe zu erfüllen. Aber jetzt sahen dich die Polizisten anscheinend immer an, und manchmal, wenn du mit deinen Freunden zusammen warst, hielten sie und stellten dir Fragen. Erinnerst du dich daran, wie du eines Tages jenen »Polypen« ausschimpftest, der dir sagte, du solltest bei der Wahl deiner Freunde vorsichtiger sein? Es war dir egal, ob dein Vater Polypen mochte: du warst doch ein Individuum und hattest das Recht auf eigene Vorstellungen und Werte.

Ein Trip mit Marihuana

Außerdem hatte die Polizei zwei deiner Freunde festgenommen, weil sie unter dem Einfluß von Rauschgift standen, also war sie offensichtlich dein Feind. Das bereitete dir auch Sorgen. Was würde wohl geschehen, wenn die Polizei dich festnehmen würde, während du einen Vorrat von »Roten« in der Tasche hättest? Bill und seine Freunde sagten dir, du sollst nichts sagen, wenn du je festgenommen würdest. Sie sagten, die Gerichte hätten gesehen, wie die Polizei arbeitet, und sie hätten ihr Schranken auferlegt. Bill sagte sogar, daß ein Polizist dich nicht ohne Grund durchsuchen oder festnehmen dürfe, auch wenn er wisse, daß du deine Tasche voller Pillen hast. »Solange du überlegen und kühl bleibst«, fügte Bill hinzu, »können sie dir nichts tun.«

Diese Angst und andere Sorgen bedrückten dich an jenem Tag, als Bill und seine Freunde dich einluden, mit ihnen »Pot« zu rauchen. Du hattest zwar ursprünglich gesagt, du würdest es nie probieren, aber du warst doch mit den Pillen auch gut fertig geworden, und du warst sicher, du könntest Marihuana auf gleiche Weise nehmen oder auch nicht nehmen.

Außerdem hattest du alle möglichen Zeitungsartikel und Fernsehinterviews mit verschiedenen Leuten – einschließlich Professoren – gesehen, die sagten, Marihuana sei unschädlich. Auf jeden Fall wolltest du es nur einmal probieren.

Alle trafen sich bei Bill. Du hieltest nicht viel von Bills beiden Freunden, Al und Johnny. Du wußtest, sie waren in beträchtliche Schwierigkeiten geraten und hatten in der Schule einen schlechten

Ruf, aber du warst ja mit Bill da, und du würdest es nicht zulassen, daß seine Freunde dich beeinflußten.

Al zog ein kleines Päckchen in Wachspapier aus seiner Socke und entrollte es auf dem Couchtisch. Dann sahst du zum erstenmal, wie Marihuanazigaretten aussehen, und fragtest, warum es acht Zigaretten gebe. Al sagte, daß ein »Joint« einen manchmal nicht »high« genug mache, also rauche man zwei davon.

Johnny nahm einen der Joints in die Hand und fing an, ihn anzuzünden. Er legte eine Schachtel Streichhölzer auf den Tisch. Da Marihuana schwer anzuzünden ist und nicht wie eine normale Zigarette brennt, braucht man gewöhnlich mehrere Streichhölzer. Bill sprang auf, sagte Johnny, er solle warten und lief zu den Wohnzimmerfenstern, um sie aufzumachen. Er sagte, das letztemal, als sie zu Hause Pot geraucht hätten, habe seine Mutter ihn gefragt, was das für ein komischer Geruch sei. Sie habe auch die Streichhölzer im Aschenbecher gesehen und gefragt, wer geraucht hätte. Die Fenster wurden geöffnet, und die Vorbereitungen auf den »großen Augenblick« waren getroffen.

Bill erklärte, daß man zunächst das Ende des Joints anzünde, ihn dann in hohlen Händen halte, die Luft aus den Lungen lasse, die Zigarette in den Mund stecke, und möglichst viel Rauch einatme. Dann halte man den Atem an, um den Rauch möglichst lange in den Lungen zu behalten. Erinnerst du dich daran, daß du darüber nicht sehr glücklich warst, weil du und deine Familie das Rauchen besprochen hatten, und du glaubtest ganz fest, es schade der Gesundheit – also atmetest du schneller aus als die anderen. Diese Sorge verschwand aber schnell, denn das euphorische Gefühl befiel dich sofort. Du fühltest dich wirr und etwas schwindelig, und als dieses Gefühl zunahm, fühltest du dich ganz leicht, als ob du schweben könntest. Dann nahmst du einen längeren Zug aus der Zigarette, ohne die Gefahr des Rauchens noch einmal zu bedenken.

Es schien, als ob die Zeiger der Uhr stehengeblieben wären. Weißt du noch, wie die Tonbandmusik so viel klarer erschien, und wie du lachtest, als Bill beschrieb, es sei, als ob man auf einer breiten Leinwand in drei Dimensionen auf einmal sehe und höre? Als du aufstandest, um ein Glas Wasser zu holen, hattest du den Eindruck, du wärest drei Meter groß, und du ducktest dich instinktiv, als du durch die Küchentür gingst. Es war, als ob du in der Zeitlupe gingst, und als du einen Schritt machtest, schienen deine Füße einen Meter über dem Boden zu schweben. Die anderen saßen einfach im Zimmer und lachten. Alles machte Spaß . . .

Du erinnerst dich eigentlich gar nicht daran, wie lange du da bliebst. Du verlorst die Zeit aus den Augen, aber alles Gute geht zu Ende. Schließlich fingst du an, herunterzukommen. Erinnerst du dich, wie deine Füße und Beine allmählich schwer wurden, während die obere Hälfte deines Körpers immer noch leicht erschien?

Als du an jenem Nachmittag nach Hause gingst, hattest du gemischte Gefühle. Du fühltest dich ein wenig schuldig, weil du etwas Unerlaubtes getan hattest, aber gleichzeitig warst du stolz, daß Bills Freunde dich akzeptiert hatten. Das Marihuana war auch nicht so schlimm, wie du gehört hattest. Du hieltest es sogar für wirklich klasse.

Seelische Konflikte

Ab diesem Zeitpunkt traten große Veränderungen in deinem Leben ein. Du verbrachtest immer mehr Zeit mit Bill und seinen Freunden.

Du warst mit deiner Familie bisher immer gut ausgekommen, aber jetzt gab es ständig Reibereien. Wenn sie dich nicht wegen der Schule ausschimpften, ging es um deine Freunde oder die späte Stunde, zu der du nach Hause kamst, oder um dein Aussehen. Du wußtest vom Schulunterricht her, daß das Heranwachsen manchmal zu seelischen Konflikten bei jungen Menschen führt, und du warst der Meinung, daß das dein Problem sei. Dir kam zwar der Gedanke, daß dein Gebrauch von Pillen und Marihuana Teil dieses Problems sein könnte, aber du wiesest diesen Gedanken schnell von dir. Wenn es nicht ab und zu möglich wäre, sich beim Potrauchen mit den anderen zu entspannen, wäre alles noch viel schlimmer.

Die Zeit verging; das Leben ging weiter. Bill machte dasselbe Angebot bei Marihuana, wie er es bei den »Roten« gemacht hatte. Du würdest die Marihuanazigaretten zu einem guten Preis kaufen und dann wieder verkaufen.

Du überzeugtest dich, daß das kein Rauschgifthandel sei, da du nur an deine Freunde verkaufen würdest. Du genossest immer noch das Gefühl der Wichtigkeit, wenn diese Leute dich aufsuchten oder dich um etwas baten. Es war schon sehr deutlich, daß du dich jetzt in anderen Kreisen bewegtest. Die meisten deiner alten Freunde kamen dich nicht mehr besuchen, und andere erwiderten deine Telefonanrufe nie. Das war nur ein Teil des Heranwachsens, sagtest du dir, aber du wußtest besser Bescheid.

Dann rief Bill dich eines Tages an. Er erschien neulich sehr erfolgreich, hatte sogar eine eigene Wohnung, und jetzt lud er dich zu einer Party ein. Er sagte, er wolle dir etwas zeigen. Du freutest dich darüber, von Bill zu hören. Der Druck hatte kürzlich zugenommen, und du brauchtest einen Auftrieb. Du hattest Glück, einen Freund wie Bill zu haben, der an dich dachte, wenn er eine Party plante.

Bills Wohnung war eigentlich nicht das, was du erwartet hattest. Sie war baufällig und befand sich in einem armen Stadtteil, aber sie gehörte ihm.

Als Bill dich hineinführte, sahst du, daß Al und Johnny mit zwei anderen Typen auf einem Sofa saßen.

Du fandest es etwas seltsam, daß Bill sie dir nicht vorstellte, aber es machte nichts aus: du wolltest dich ja nur gut amüsieren.

Erinnerst du dich daran, wie erschrocken du warst, als du Bill fragtest, wer das Pot hätte, und er sagte: Niemand! Das sei keine Potparty. Er sagte, er hätte etwas »Smack« – du weißt: »Horse«, »H« oder Heroin. Dein erster Gedanke war, zur Tür zu laufen und möglichst schnell hinauszukommen. Gewiß, du hattest Pillen und Marihuana gebraucht, aber Heroin war etwas anderes. Du warst erstaunt, als du Bill sagtest, du wollest keins, und er sagte: »OK. Guck einfach zu.«

Bill nahm ein kleines Stoffpäckchen aus seiner Tasche. Als es auf dem Tisch geöffnet wurde, sahst du einen Löffel mit einem gekrümmten Stiel. Der Löffel war unten ganz verräuchert und schwarz.

Außerdem sahst du eine kleine Spritze, eine Nadel und etwas Watte. Bill erklärte, das sei ein »Outfit«. Bill ging ins Bad und zog Wasser in die Spritze. Dann legte er einige sehr kleine Kapseln auf den Tisch, die er »Nummer-5-Kaps« nannte. Eine der Kapseln wurde in den Löffel gelegt, und Bill presste dann das Wasser aus der Spritze in den Löffel. Der Stiel war gekrümmt, damit der Löffel auf dem Tisch aufrechtblieb, während Bill den Inhalt der Kapsel hineinlegte. Das weißliche Pulver schwamm einfach oben auf dem Wasser, bis Bill ein Streichholz anzündete und es unter den Löffel hielt. Innerhalb weniger Sekunden löste sich das Pulver auf und verschwand. Dann nahm er einen kleinen Klumpen Watte und ließ ihn in die Flüssigkeit fallen. Er sagte, das sollte alle Fremdkörper herausfiltern. Du dachtest, das sei sehr viel Arbeit, nur um eine schöne Zeit zu erleben.

Die Nadel

Dann nahm Bill die Nadelspitze der Spritze und stach sie in den feuchten Watteklumpen, der zum Boden des Löffels gesunken war. Er zog den ganzen Inhalt des Löffels wieder in die Spritze.

Während du zusahst, streckte Bill seinen Arm aus und ballte seine Faust, was die Blutgefäße und die Venen hervortreten ließ. Dann schob er die Nadel in die Vene, bis ein wenig Blut erschien. Er leerte die Spritze in seinen Arm aus, nahm sie heraus, machte es sich in seinem Sessel bequem und entspannte sich. Einer nach dem anderen führten die übrigen Typen den gleichen Vorgang durch. Bill stand auf und streckte sich auf dem Sofa aus. Eine seltsame Party, dachtest du, standest auf und gingst nach Hause.

Du hattest ein paar Tage nichts von Bill gehört, aber du hattest viel an ihn gedacht. Du konntest es nicht lassen, über das Gesehene nachzudenken, und du fragtest dich, wie es wäre, es selbst einmal zu probieren. Heroin ist stark, und du wolltest nie süchtig werden, aber du wußtest auch, du würdest nach einem Versuch noch nicht süchtig sein.

Später gingst du zufällig zu Bills Wohnung. Du hattest nicht vor, etwas zu versuchen – du wolltest nur mit Bill reden. Die Tatsache, daß seine anderen Freunde nicht da waren, machte viel aus, und als er fragte, ob du spritzen wolltest, wurdest du aufgeregt und wolltest ja sagen. Du versichertest Bill, daß du es nur einmal probieren wolltest, um zu entdecken, wie das so ist, und Bill nickte verständnisvoll.

Während Bill den Vorbereitungsvorgang wiederholte, fühltest du dich etwas durcheinander. Du wußtest wieder, daß du etwas

Falsches tun wolltest, aber du warst trotzdem gespannt. Du wußtest, daß die Nadel weh tun würde, aber du wolltest es gern aushalten.

Bill fragte, ob du wolltest, daß er dich »fixe«, oder ob du es selbst tun wolltest. Du sagtest ihm, er solle es tun. Du spürtest einen kurzen, heftigen Schmerz. Dann beobachtetest du, wie die klare Flüssigkeit in dein Blut floß.

Das Brennen des Smacks

Das erste Gefühl war ein Brennen an der Stelle, wo die Nadel gewesen war. Dieses Gefühl verbreitete sich deinen Arm entlang und arbeitete sich durch deinen ganzen Körper hindurch. Es war fast wie Feuer in deinen Venen. Erinnerst du dich, daß du gehört hattest, wie ein Kerl vom »Brennen des Smacks« sprach? Jetzt wußtest du, was das bedeutet. Das nächste Gefühl, das du spürtest, war, wie der Inhalt deines Magens hochkam; du schafftest es gerade noch zum Bad. Bill sagte dir schnell, daß das manchmal beim erstenmal passiere, und daß du dir deshalb keine Sorgen machen solltest. Als du von deinen Knien aufstandest, fühltest du dich, als ob du schweben könntest. Du warst sofort entspannt, und jedes Problem, das du je gehabt hattest, war verschwunden. Dir war es egal, wie spät es war, wo du warst, was als nächstes geschehen würde. Du warst »geladen«, und das fühlte sich wunderbar an.

Du wußtest nicht, wie lange du geschlafen hattest, aber es war jetzt dunkel draußen, und Bill war weg. Du gingst nach Hause und fühltest dich den ganzen Abend gut, ohne jede Sorge auf dieser Welt.

In den darauffolgenden Wochen nahmen die Probleme schnell zu. Du wurdest von der Schule wegen übermäßiger Abwesenheit ausgeschlossen, und du hattest einen großen Streit mit deiner Familie. Erinnerst du dich daran, wie dein Vater sagte, er verstehe nicht, was im letzten Jahr mit dir geschehen sei? Du seist ganz anders geworden, wollest nicht arbeiten, hättest schlechte Freunde, und jetzt seist du auch noch von der Schule gefeuert worden. Er sagte auch, du seist nicht dankbar dafür, daß er und deine Mutter dir immer alles gegeben hatten, was du wolltest, und deine Mutter saß einfach da und weinte.

Wenn diese deprimierenden Situationen auftauchten – und sie wurden immer häufiger –, konntest du bei deinem Freund Bill Ruhe und Stille finden. Die Besuche in seiner Wohnung fanden täglich statt. Gewiß, du warst jetzt ziemlich regelmäßig am Fixen, aber du mußtest es nicht. Du konntest es lassen, aber es half dir, die anderen Probleme zu vergessen, die die Leute auf dich luden.

Ein paarmal bat Bill dich darum, etwas für ihn abzuliefern oder von jemandem Geld zu holen. Du wußtest, was du tatest, aber Bill hatte dir so viel Gutes getan, und du warst ihm verpflichtet.

Dann kam der furchtbare Tag, an dem du zum erstenmal seit Jahren dir selbst gegenüber ehrlich warst. Du gabst zu, daß das Rauschgift dir sehr wichtig geworden war. Du hattest schon vor einer Weile bemerkt, daß das Heroin, das du in deinen Arm hineinspritztest, nicht mehr dasselbe war. Die guten Gefühle, die du früher gehabt hattest, kamen jetzt selten vor. Gewiß, wenn du ein paar Kapseln auf einmal fixtest, erhieltest du das erwünschte Gefühl, aber das war teuer. Du gabst jetzt viel Geld für deinen »Stoff« aus, und Bill gab dir immer noch manches umsonst.

Es war nicht nur, daß du nicht mehr »high« wurdest, was dir Sorgen bereitete. Du warst häufiger »down«, und du fühltest dich zwischen dem Fixen nicht so gut.

Nur noch einmal – dann gebe ich es auf

An diesem bestimmten Tag – erinnerst du dich? – fühltest du dich ziemlich schlecht, als du zu Bills Wohnung gingst, um eine »Spritze« zu holen. Dir war kalt, und du zittertest. Du hattest einen guten Vorsatz: du wolltest nur noch einmal fixen, um dich zu beruhigen. Dann wolltest du es aufgeben.

Als du in Bills Wohnung kamst, war er nicht da. Du fragtest dich, wo er wohl sein könnte. Wußte er denn nicht, daß du kommen und Stoff brauchen würdest? Vielleicht hatte er etwas »Smack« irgendwo in der Wohnung gelassen. Du suchtest überall, aber es war nichts zu finden. Jetzt warst du am Zittern, und dir war zur gleichen Zeit heiß und kalt, und du schwitztest. Du warst in Panik, weil du wußtest: du warst heroinsüchtig!

Als du dir gerade Sorgen machtest, was wohl geschehen würde, wenn Bill nicht zurückkehrte, kam er wie eine Antwort auf deine Gebete durch die Tür. Er war der beste Anblick, den du je gesehen hattest: dein Freund Bill! Du könntest jetzt alles wieder in Ordnung bringen.

Du sagtest Bill, du wollest »groß fixen«, weil dies das letztemal sei, du würdest es dann aufgeben. Während du die Flüssigkeit im Löffel kochtest, zittertest du so sehr, daß du die wertvolle Flüssigkeit fast verschüttetest, und deine bebende Hand ließ die Nadel die Vene zweimal verfehlen, bevor du »trafst«. Du fühltest, wie das Brennen dein System durchströmte, und innerhalb weniger Minuten hatte sich dein Körper »normalisiert«. Deine Gedanken von vorhin, das Rauschgift aufzugeben, gingen im Vergnügen verloren, sich wieder »normal« zu fühlen.

In den folgenden Wochen glich dein Leben dem der meisten anderen Heroinsüchtigen. Den ganzen Tag lang, von morgens bis abends, existiertest du nur, um Heroin in deinen Arm zu spritzen. Liebe, Familie, Moral und Ethik waren jetzt sinnlose Worte. Der Süchtige will lügen, stehlen und seine eigene Mutter betrügen, wenn es sein muß, um sein Lebensblut – Heroin – zu bekommen.

Die schreckliche Wahrheit

Jetzt weiß deine Mutter von deinem Problem. Deine häufige Übelkeit und die infizierten Wunden an deinen Armen, die von den schmutzigen Nadeln verursacht wurden, erzählten die ganze Geschichte. Sie versuchte, dein Geheimnis vor deinem Vater zu verbergen, nur weil sie wußte, daß es ihn umbringen würde, wenn er alles wüßte, aber ein Geheimnis wie Heroin kann man nicht lange für sich behalten. Deine rasende, rauschgiftdurchtränkte Welt fiel bei deiner ersten Verhaftung zusammen. Du hattest Glück, daß kein Heroin übriggeblieben war, als die Polizei in die Tür von Bills Wohnung stürmte. Sie konnten dich diesmal nur beschuldigen, unter dem Einfluß von Rauschgift zu stehen und ein Besteck zu haben, also wirst du in ein paar Tagen wieder auf freiem Fuß sein.

Heroin ist dir ebenso wichtig geworden, wie das Leben selbst. Jetzt wirst du das Leben ohne Rauschgift aushalten müssen. Es wird dir wie beim letztenmal gehen, indem du nervös wirst und dir abwechselnd heiß und kalt wird. Dann wirst du stundenlang brechen, bis nichts als Blut hochkommt, und zur gleichen Zeit werden sich die Muskeln in deinen Beinen und deinem Rücken zusammenziehen, so daß du dich in schmerzhaften Krämpfen auf dem Boden wälzen wirst. Dein Atem, dein Blutdruck und deine Temperatur werden einige Tage lang schwanken, und du wirst Muskelzucken, Durchfall und brennende Augen bekommen, bis du dir den Tod herbei wünschst.

Die physische Qual wird in sechsunddreißig Stunden vorbei sein, und sie ist wirklich der leichtere Teil der Feuerprobe. Der seelische Hunger, die psychische Sucht hält lange an und wird dich den Rest deines Lebens verfolgen. Da Heroin die Hauptstütze des Lebens eines Drogenabhängigen ist, wirst du nicht richtig essen oder schlafen. Die schmutzigen Nadeln, die besudelte Watte und das unreine Heroin werden dir schließlich eine Hepatitis einbringen, wie es bei neun von zehn Süchtigen der Fall ist. Du wirst Zeiten der Entziehung durchmachen, wenn dein Heroin rar ist, und dann überdosieren, wenn es reichlich vorhanden ist. Du wirst deinen Körper in nur ein paar Jahren mehr zerstören, als sonst während eines ganzen Lebens.

Das Leben wird aufregend sein: du wirst vor der Polizei fliehen und darum ringen, am Leben zu bleiben, und jedesmal, wenn du die Nadel in deinen Arm stichst, wirst du dich fragen, ob diese Spritze »heiß« sein wird. Wenn das der Fall ist, wirst du innerhalb von Minuten tot sein.

Das sind einige der Gründe, warum der Polizeibeamte deiner Mutter sagte, sie solle am besten einfach vergessen, daß sie je einen Sohn hatte.

Du bist in zwei kurzen Jahren sehr weit gekommen. Die meisten anderen Jugendlichen in deinem Alter lachen und freuen sich, aber du nicht. Seit Monaten hast du nicht gelächelt, und du siehst viel älter aus, als deine achtzehn Jahre ahnen lassen.

Es ist fast zu spät, deine Fehler zu berichtigen. Es scheint sehr lange her, seit dein Gewissen dich peinigte, als du jene erste rote Kapsel hinunterschlucktest, die Bill dir gab. Übrigens: wo ist dein Freund Bill jetzt, da du einen treuen Freund wirklich brauchst? Ach ja, es war seine Leiche, die die Polizei gestern abend in einer Gasse fand, mit einer Nadel im Arm. Das war dein Freund Bill!

WELCHE SIND DIE HAUPTSÄCHLICHSTEN ILLEGALEN DROGEN?

Gefährliche Drogen können in die fünf größeren Kategorien aufgeteilt werden, die unten genannt sind. Erwähnt werden ebenfalls die wichtigsten Einzelheiten, damit Eltern lernen können, was ihr Teenager wahrscheinlich schon weiß.

1. Anregungsmittel: Diese Drogen regen den Benutzer an, verursachen Geschwätzigkeit, Unruhe und gesteigerte Lebenslust. Sie werden allgemein Weckmittel genannt.

   a) Spezifische Drogen:
      1. Benzedrin (Bennies, Weiße)
      2. Preludin (Prelus)
      3. Methamphetamin (Speed)

   b) Psychologische und physiologische Auswirkungen des Mißbrauchs:
      1. Schlaflosigkeit
      2. Appetitverlust
      3. Trockener Mund
      4. Erbrechen
      5. Durchfall
      6. Übelkeit
      7. Hemmungslosigkeit
      8. Verschwommene Sicht
      9. Gesteigerte Aggressivität
      10. Halluzinationen und Verwirrung

2. Beruhigungsmittel: (Barbiturate): Diese Drogen werden in der Medizin gebraucht, um Patienten Entspannung und Schlaf zu bringen. Sie werden häufig Schlafmittel genannt.

   a) Spezifische Drogen:
      1. Veronal
      2. Luminal
      3. Phanodorm
      4. Valium u. a.

   b) Psychische und physiologische Auswirkungen des Mißbrauchs:

1. Schläfrige Verwirrung sowie Unfähigkeit, klar zu denken
2. Mangel an Koordinierung
3. Lethargische Sprechweise
4. Defektes Urteilsvermögen
5. Zittern
6. Unwillkürliche Augenbewegungen
7. Feindseligkeit
8. Durch Überdosierungen mit Barbituraten werden mehr Todesfälle verursacht, als mit jeder anderen Droge – oft geschieht das unbeabsichtigt.

3. Halluzinogene: Diese Drogen bewirken Änderungen im Empfinden, Denken, Selbstbewußtsein und Gefühl.

a) Spezifische Drogen:
   1. Lysergsäurediäthylamid (LSD-25, LSD, Acid)
   2. Meskalin
   3. Psilocin und Psilocybin

b) Psychische und psychologische Auswirkungen:
   1. Merkwürdige seelische Erlebnisse mit erhöhter Sensitivität für Farben und andere Eindrücke.
   2. Psychotische Erkrankungen können ausgelöst werden.
   3. Chromosomenschädigungen können auftreten.
   4. Die psychischen Erlebnisse wiederholen sich manchmal noch einige Wochen nach der letzten Einnahme der Droge.
   5. Veränderungen in der Wahrnehmung von Zeit und Raum treten auf.
   6. Illusionen und Halluzinationen werden erlebt.
   7. Die Zeugungsfähigkeit wird beeinträchtigt.

4. Cannabis: Diese Droge besitzt anregende *und* dämpfende Eigenschaften. Sie bewirkt Bewußtseinserweiterungen, aber auch Verstimmung und Angst.

a) Spezifische Droge: Haschisch/Marihuana (Dope, Hasch, Heu, Gras, Pot, Joint)

Haschisch und Marihuana sind die beiden Variationen der Cannabis-Droge. Sie werden zerkrümelt und – mit Tabak vermischt – geraucht. Haschisch wird auch als Zusatz zu Tee, Konfekt oder Gebäck genommen.

b) Psychische und physiologische Auswirkungen:
   1. Die Pupillen weiten sich, der weiße Teil des Auges ist blutunterlaufen.
   2. Verlust an Orientierung in Zeit und Raum.
   3. Muskelzucken
   4. Beschleunigter Puls- und Herzschlag
   5. Seltsames Verhalten
   6. Kollaps und epileptische Anfälle sind möglich.
   7. Verlust der Hemmungen
   8. Sinnestäuschungen
   9. Beeinträchtigung des Sexuallebens und der Fruchtbarkeit treten auf.
   10. Lange bevor es zur körperlichen Abhängigkeit kommt, wird man psychisch abhängig.

5. Narkotika: Diese Drogen lindern Schmerzen und fördern Schlaf.

a) Spezifische Droge:
Heroin (Horse, Schmack): Heroin ist ein Opiat. Es wird aus Morphin hergestellt, ist aber viel stärker. Die Abhängigkeit von dieser Droge entsteht schneller, als bei jedem anderen Opiat, also ist sie viel gefährlicher. Heroin ist die zerstörerischste und fesselndste Droge, die es überhaupt gibt. In den USA wird sie deshalb nicht einmal medizinisch angewandt.

b) Psychologische und physiologische Auswirkungen:
   1. Heroin ist ein Betäubungsmittel, das auf das Gehirn, das Rückenmark und das Atemzentrum wirkt.
   2. Die anfängliche Reaktion ist eine der Euphorie und des Wohlergehens. Dieses Gefühl verschwindet schnell, und das nächstemal wird eine größere Dosis gebraucht.
   3. Sofort nachdem Heroin gespritzt worden ist, wird der Benutzer schläfrig.
   4. Die Pupillen ziehen sich eng zusammen.

SCHLUSSFOLGERUNG

Vielleicht der geeignetste Schluß zu dieser Zusammenfassung über das Rauschgift ist der folgende »Psalm des Heroinsüchtigen«, der von einer zwanzigjährigen Süchtigen geschrieben wurde:

Psalm des Heroinsüchtigen

König Heroin ist mein Hirte, mir wird immer mangeln.
Er läßt mich in der Gosse liegen
und führet mich zum unruhigen Wasser.
Er zerstöret meine Seele.
Er führet mich auf der Straße der Ungerechtigkeit
um der Anstrengung willen.
Und wenn ich schon wandere im Tal der Armut,
werde ich Unglück fürchten;
denn du, Heroin, bist bei mir,
deine Nadel und Kapsel versuchen mich zu trösten.
Du räumest die Lebensmittel vom Tisch
im Angesicht meiner Familie.
Du beraubest mein Haupt der Vernunft
und schenkest mir Kummer ein.
Heroinsucht wird mich verfolgen mein Leben lang,
und ich werde bleiben im Hause der Verdammten
immerdar.

Dieser maschinengeschriebene »Psalm« wurde vom Polizeibeamten Bill Hepler aus Long Beach in einer Telefonzelle gefunden. Auf der Rückseite der Karte, auf der er geschrieben war, stand:

»Dieses ist wirklich mein Psalm. Ich bin eine junge Frau, zwanzig Jahre alt, und die letzten anderthalb Jahre gehe ich die steinige Gasse der Junkies entlang. Ich will das Rauschgift aufgeben, und ich versuche es, aber ich kann einfach nicht.

Das Gefängnis heilte mich nicht, und die Krankenhausbehandlung half mir nicht lange.

Der Arzt sagte meiner Familie, es wäre besser und sogar freundlicher gewesen, wenn die Frau, die mir zuerst das Rauschgift gab, eine Pistole genommen und mir eine Kugel durch den Kopf gejagt hätte, und ich wünsche mir, sie hätte es getan. Mein Gott, wie ich es mir wünsche.«

Ich möchte mich bei der Polizei in Los Angeles für die Genehmigung bedanken, einen Teil des Materials in diesem Kapitel wiederzugeben.

VII.

Einen Augenblick für Mutti

Wie die vorausgegangen Kapitel andeuten, wiegt die Verantwortung der Elternschaft manchmal geradezu enorm schwer. Kinder stellen an ihre Vormünder große Anforderungen, wie ein Kollege von mir eines Morgens entdeckte, als er seiner dreijährigen Tochter »Auf Wiedersehen« sagte. »Ich muß jetzt arbeiten gehen«, sagte er. »Das macht nichts, Papa. Ich werde es dir vergeben«, antwortete sie unter Tränen. Sie war bereit, seine Beleidigung dieses eine Mal zu übersehen, aber sie wollte eine Wiederholung nicht zulassen. Wie dieses kleine Mädchen zeigte, sind Kinder von ihren Eltern sehr abhängig, und die Aufgabe, ihre Bedürfnisse zu befriedigen, ist eine »hauptberufliche« Arbeit. Es ist nicht ungewöhnlich, daß eine Mutter von der Verwirklichung ihres elterlichen Auftrages fast überwältigt wird. Für jedes Kind, das sie erzieht, ist sie der Hauptverteidiger seiner Gesundheit, seiner Ausbildung, seiner Intelligenz, seiner Persönlichkeit, seines Charakters und seiner seelischen Festigkeit. Sie muß als Ärztin, Krankenschwester, Psychologin, Lehrerin, Dienerin, Köchin und Polizistin dienen. Da sie täglich länger mit den Kindern zusammen ist als ihr Mann, ist sie Hauptzuchtmeister und Hauptquelle der Geborgenheit und der Liebe. Sie wird erst wissen, ob sie diese Aufgaben richtig erfüllt, wenn es zu spät ist, ihre Methoden zu ändern. Außerdem reicht die Verantwortung der Mutter über ihre Kinder hinaus. Sie muß ihre Verpflichtungen gegenüber ihrem Mann, ihrer Gemeinde, ihren Verwandten, ihren Freundinnen und, in manchen Fällen, ihrem Arbeitgeber erfüllen. Jedes Gebiet verlangt ihre höchste Anstrengung, und die gewissenhafte Mutter entdeckt oft, daß sie den ganzen Tag »auf Trab« sein muß, um allen Menschen das alles geben zu können.

Die meisten gesunden Menschen können den sie umgebenden Druck aushalten, solange jede Verantwortung noch relativ gut unter Kontrolle gehalten werden kann. Schwere Arbeit und Fleiß lohnen sich, solange sich Sorge und Enttäuschung auf ein Mindestmaß beschränken. Aber viel größere Selbstbeherrschung ist notwendig, wenn sich ein bedrohliches Problem in einem der kritischen Gebiete entwickelt. Wenn ein Kind schwerkrank wird, wenn Eheprobleme groß werden oder wenn Mama in der Nachbarschaft ungerecht kritisiert wird, erweisen sich auch Routineaufgaben als schwierig. Gewiß, es wird immer Zeiten im Leben einer jeden Mutter geben, wo sie in den Spiegel schaut und fragt: »Wie soll ich heute bloß fertig werden?« Die einfachen Vorschläge im letzten Abschnitt dieses Buches sind dazu bestimmt, ihr bei der Beantwortung dieser schwierigen Frage zu helfen.

1. Behalten Sie etwas Zeit für sich

Es ist wichtig, daß eine Mutter auch den eigenen Namen auf ihre Prioritätenliste schreibt. Mindestens einmal in der Woche sollte sie sich etwas Schönes gönnen, einen Einkaufsbummel machen oder einen Nachmittag einfach »vergeuden«. Es ist ungesund, die ganze Zeit zu arbeiten; die Familie wird von der zeitweiligen Erholung der Mutter profitieren. Noch wichtiger sind Schutz und Erhaltung der »Romantik« in der Ehe. Mann und Frau sollten alle paar Wochen »eine Verabredung miteinander haben«, die Kinder zu Hause lassen und sie sogar für einen Abend ganz vergessen. Wenn die finanzielle Lage der Familie solche Aktivitäten anscheinend unmöglich macht, schlage ich vor, daß andere Ausgaben überprüft werden. Meiner Meinung nach wird Geld, das für ein solches »Zusammensein« ausgegeben wird, mehr Gewinn einbringen, als ein zusätzliches Möbelstück oder ein neues Auto. Eine Frau findet das Leben viel erfreulicher, wenn sie weiß, sie ist die Geliebte – nicht nur die Ehefrau – ihres Mannes.

2. Kämpfen Sie nicht gegen Dinge an, die Sie nicht ändern können

Das oberste Prinzip seelischer Gesundheit lautet, das Unvermeidliche zu akzeptieren. Etwas anderes zu tun hieße, gleichzeitig zu laufen und zu bremsen. Zu viele Leute machen sich über unbedeutsame kleine Vorkommnisse Sorgen, die nicht beachtet werden sollten. In solchen Fällen sind Glück und Zufriedenheit nur so fest, wie das schwächste Glied in der Kette der Umstände, die ihr Leben umgibt. Alle Bedingungen im Leben der Frau, außer einer, können ideal sein: sie ist gesund, hat einen guten Mann, glückliche Kinder, genug zu essen, Wärme und Schutz. Trotzdem könnte sie furchtbar unglücklich sein, weil sie ihre Schwiegermutter nicht mag. Dieses eine negative Element kann das Glück überschatten, das sie umgibt. Das Leben bringt genügend schwierige Krisen mit sich, so daß wir unsere Schwierigkeiten in guten Zeiten nicht noch vergrößern sollten, und doch geht das Glück oft aus solchen unbedeutsamen Gründen verloren. Ich frage mich, wie viele Frauen heute unglücklich sind, weil sie etwas nicht haben, was vor fünfzig Jahren entweder noch gar nicht erfunden oder nicht in Mode war. Männer und Frauen müssen erkennen, daß die Unzufriedenheit einfach zu einer schlechten Gewohnheit werden kann – eine kostspielige Einstellung, die sie der Freude des Lebens berauben kann.

3. Behandeln Sie große Probleme nicht am späten Abend

Die Müdigkeit hat seltsame Auswirkungen auf die menschliche Wahrnehmung. Nach einem schweren Arbeitstag erscheinen die einfachsten Aufgaben nicht zu bewältigen. Alle Probleme findet man abends verhältnismäßig unlösbar, und die Entscheidungen, die dann getroffen werden, sind oft eher gefühlsmäßig als vernünftig. Wenn Ehemänner und -frauen Finanzen oder andere Familienprobleme zu nächtlicher Stunde besprechen, bereiten sie sich selbst Schwierigkeiten. Ihre Widerstandsfähigkeit gegen Hindernisse ist schwach, was oft zum Streit führt, der nie hätte stattzufinden brauchen. Spannungen und Feindseligkeit können vermieden werden, indem wichtige Themen bis zum nächsten Morgen vertagt werden. Ein tiefer Schlaf und eine gute Tasse Kaffee tragen viel zur Lösung des Problems bei.

4. Versuchen Sie es mit einer Liste

Wenn die Arbeitslast besonders groß wird, kann man Trost finden, indem man eine Liste der zu erfüllenden Pflichten aufstellt. Wenn man die eigenen Verantwortungen aufschreibt, gewinnt man drei Vorteile:
1. Sie können sicher sein, Sie werden nichts vergessen.
2. Sie können sicherstellen, daß die wichtigsten Arbeiten zuerst erledigt werden. Dadurch werden Sie bis zum Ende des Tages zumindest die entscheidendsten Aufgaben durchgeführt haben, auch wenn Sie nicht alles schaffen.
3. Die Aufgaben werden durchgestrichen, wenn sie erledigt sind, so daß es möglich ist, festzustellen, was bereits getan worden ist.

5. Suchen Sie göttliche Hilfe

Unsere Vorstellungen von Ehe und Elternschaft sind keine menschlichen Erfindungen. Gott in seiner Weisheit schuf und bestimmte die Familie als grundlegende Einheit der Gesellschaft. Die Lösungen für die Probleme der Elternschaft heute können beim großen Schöpfer durch die Kraft des Gebets und der persönlichen Fürbitte gefunden werden. Sogar die Prinzipien der Disziplin, die ich in diesem Buch zusammengefaßt habe, können kaum als neue Vorstellungen bezeichnet werden. Die meisten dieser Empfehlungen wurden zunächst in der Heiligen Schrift aufgeschrieben und stammen aus biblischen Zeiten von vor mindestens zweitausend Jahren. Bedenken Sie die Klarheit der folgenden Verse, die die gesunde elterliche Einstellung zu ihren Kindern umreißen:

1. »Er (der Vater) muß ein guter Familienvater sein und Kinder haben, die ihn achten und ihm gehorchen. Denn wenn jemand seine eigene Familie nicht zu leiten versteht, wie kann er dann die Sorge für die Gemeinde Gottes übernehmen?« 1. Timotheus 3, 4.5 (»Gute Nachricht«).

Dieser Vers erkennt die Tatsache an, daß »Achtung« mit »Leiten« etwas zu tun hat. Sie ist kein Nebenprodukt der menschlichen Natur, sondern sie ist mit dem »Leiten« eng verbunden.

2. »Mein Sohn, achte nicht gering die Züchtigung des Herrn, und verzage nicht, wenn du von ihm gestraft wirst. Denn welchen der Herr liebhat, den züchtigt er (Bemerkung: Disziplin und Liebe arbeiten Hand in Hand; die eine gehört zur anderen;), und er straft einen jeglichen Sohn, den er aufnimmt. Gott erzieht euch, wenn ihr dulden müßt! Als seinen Kindern begegnet euch Gott; denn wo ist ein Sohn, den der Vater nicht züchtigt? Seid ihr aber ohne Züchtigung, welche sie alle erfahren haben, so seid ihr Ausgestoßene und nicht Kinder. Und so wir unsre leiblichen Väter haben zu Züchtigern gehabt und sie gescheut . . . (Bemerkung: Die Beziehung zwischen Disziplin und Achtung wurde also bereits vor mehr als 2 000 Jahren anerkannt.) Alle Züchtigung aber, wenn sie da ist, dünkt uns nicht Freude, sondern Traurigkeit zu sein; aber danach wird sie geben eine friedsame Frucht der Gerechtigkeit denen, die dadurch geübt sind.« Hebräer 12, 5–9.11 (Revidierte Lutherbibel).

Zweck dieser Bibelstelle ist es, zu zeigen, daß das Verhältnis Gottes zu den Menschen dem Verhältnis der Eltern zu ihrem Kind als Vorbild dienen soll. In ihrer vollkommenen Schönheit wird diese Beziehung durch die reichliche Liebe charakterisiert – einer Liebe, die in Zärtlichkeit und Barmherzigkeit ohnegleichen ist. Dieselbe Liebe hilft dem wohlwollenden Vater, sein Kind zu leiten, zurechtzuweisen – und ihm sogar weh zu tun, wenn es zu seinem Guten ist. Ich verstehe nur schwer, warum diese Botschaft während der letzten Jahre so ganz und gar mißverstanden worden ist.

3. »Ihr Kinder, gehorcht euren Eltern! So will es Gott. ›Du sollst Vater und Mutter ehren‹ ist das erste Gebot, dem ein Versprechen hinzugefügt ist: ›dann wird es dir gut gehen, und du wirst lange leben auf dieser Erde.‹ Ihr Eltern, behandelt eure Kinder nicht so, daß sie widerspenstig werden! Vielmehr sollt ihr sie in christlicher Ordnung erziehen und zum Guten anhalten.« Epheser 6, 1–4 (»Gute Nachricht«).

4. »Torheit steckt dem Knaben im Herzen; aber die Rute der Zucht treibt sie ihm aus.« Sprüche 22, 15 (Revidierte Lutherbibel).

Diese Empfehlung hat manche Leute beunruhigt, also haben sie behauptet, die »Rute« sei kein Stock, sondern ein Maßstab, um das Kind zu bewerten. Der folgende Abschnitt wurde ausdrücklich für diejenigen einbezogen, die sich in diesem Zusammenhang verwirrt fühlen.

5. »Laß nicht ab, den Knaben zu züchtigen; denn wenn du ihn mit der Rute *schlägst*, so wird er sein Leben behalten; du schlägst ihn mit der Rute, aber du errettest ihn vom Tode.« Sprüche 23, 13.14 (Revidierte Lutherbibel).

Gewiß, wenn die »Rute« ein Maßstab ist, so wissen Sie jetzt, was Sie damit tun sollen!

6. »Wer seine Rute schont, der haßt seinen Sohn; wer ihn aber liebhat, der züchtigt ihn beizeiten.« Sprüche 13, 24 (Revidierte Lutherbibel).

7. »Rute und Tadel gibt Weisheit; aber ein Knabe, sich selbst überlassen, macht seiner Mutter Schande.« (Sprüche 29, 15 (Revidierte Lutherbibel).

8. »Züchtige deinen Sohn, so wird er dir Freude machen und deine Seele erquicken.« Sprüche 29, 17 (Revidierte Lutherbibel).

Von der Genesis bis zur Offenbarung finden wir eine feste Grundlage, auf der man eine wirksame Auffassung der Eltern-Kind-Beziehung aufbauen kann. Meiner Meinung nach sind wir vom Maßstab abgewichen, der im Alten sowie im Neuen Testament deutlich umrissen wird, und diese Abweichung haben wir in Form von sozialer Unordnung teuer bezahlt. Selbstbeherrschung, Freundlichkeit, Achtung und Friede können in unserer Welt wieder offenbar werden, wenn wir in unseren Familien und Schulen den Mut zur *Disziplin* aufbringen.

Ein kleines Drogenalphabet

An der Nadel hängen	=	Abhängigkeit von Heroin
Anfixen	=	gespritzt werden (erster Schuß)
Bad trips	=	akuter Angstanfall
Besteck	=	Fixerutensilien
C	=	Kokain
Charley	=	Kokain
Dealen	=	mit Rauschmitteln handeln
Dealer	=	Rauschmittelhändler
Die Augen auf Null gestellt	=	Tod nach Heroin
Dope	=	Haschisch und Heroin
Druck	=	eine Spritze Heroin
Drücken	=	sich spritzen
Fahrkarte	=	Trip (starkes Halluzinogen, z. B. LSD)
Feeling	=	Gefühl des Wohlbehagens
Fixe	=	Spritze
Fixen	=	sich spritzen
Fixer	=	Heroinabhängiger
Flash	=	eigenartiges Körpergefühl nach dem Fixen (Blitz)
Goldener Schuß	=	Überdosis spritzen mit Todesfolge
Grass	=	Marihuana
H	=	Heroin
Heu	=	Marihuana
High	=	Rauschzustand
Hit	=	Mengenbezeichnung für ein Rauschmittel
Horror trip	=	mit großer Angst verbundener Rauschzustand
Joint	=	Haschisch-Zigarette
Junk	=	Heroin
Junkie	=	Heroinabhängiger
Kiffen	=	Rauchen von Haschisch
Koks	=	Kokain

Koksen	=	Konsumieren von Kokain
Pepps	=	Aufputschmittel
Pot	=	Marihuana
Prelus	=	Preludin
Pumpe	=	Spritze
Pusher	=	Händler
Scene	=	Platz, wo es Drogen gibt
Schnallen	=	etwas merken
Schnee	=	Kokain
Schuß	=	Portion Heroin, die für eine Injektion reicht
Shilum	=	Haschisch-Pfeife
Shit	=	Haschisch
Sniefen	=	schnupfen
Sniffen	=	schnüffeln
Speed	=	Aufputschmittel
Stimmus	=	Stimulanzien
Stoff	=	Droge, speziell Heroin
Straßengramm	=	eine nicht genau auf ein Gramm ausgewogene Menge Rauschgift, das in der Drogenszene von Kleindealern gekauft werden kann und häufig durch andere Stoffe gestreckt wird
Trip	=	starkes Halluzinogen
Turkey	=	Entzugserscheinungen
User	=	Drogenkonsument
Voll drauf sein	=	abhängig sein vom Heroin
Voll sein	=	im Drogenrausch
Werfen (Trip werfen)	=	schlucken (LSD schlucken)
White stuff	=	Kokain

Gerhard Hauer

Sehnsucht nach Zärtlichkeit

13,5 × 20,5 cm, 154 Seiten

ISBN 3-87837-041-X

»Nachdem seit vielen Jahren in unseren Kirchen die biblische Lehre zur Diskussion gestellt wird, sind uns unter den Händen die verbindlichen Maßstäbe entglitten. Logischerweise hat sich deshalb auch für die 80er Jahre die Auseinandersetzung verlagert: von der Dogmatik zur Ethik, von der Lehre zur Lebenspraxis.
Aus meiner Arbeit mit jungen Menschen – aber auch den vielen Kontakten mit ratlosen Eltern, Lehrern und Jugendleitern – weiß ich, daß die Fragen, die Gerhard Hauer in seinem vorliegenden Buch »Sehnsucht nach Zärtlichkeit« vom Worte Gottes her beantwortet, die meistgestellten – zumindest unter jungen Christen – sind. Mich erfreut an dieser Arbeit beides: die sachliche Gründlichkeit des Fachmanns und die verständnisvolle Empfindsamkeit des Seelsorgers.
Niemand wird hier einen moralisch erhobenen Zeigefinger entdecken, vielen wird entscheidend geholfen werden.«

Wilfried Reuter, Seeheim

Editions Trobisch, 7640 Kehl/Rhein

Walter Trobisch

Mit unerfüllten Wünschen leben

13,5 × 20,5 cm, 140 Seiten

ISBN 3-87827-036-4

»Ich bin sechzehn.« Eines Tages fiel mir beim Beantworten meiner Leserpost auf, daß diese Altersangabe immer wieder vorkam. Ungewöhnliche Briefe, vertrauliche Briefe!
Spannung und Schmerz entstehen in diesem Lebensjahr durch ein Dazwischenhängen in mehr als einer Hinsicht: diese Jungen und Mädchen sind keine Kinder mehr und doch noch keine Erwachsenen. Sie streben nach Loslösung von der Familie und können doch nicht auf eigenen Beinen stehen.
Eltern, die dieses Buch lesen, mögen darüber erschrecken, wie wenig sie darin vorkommen. Sie mögen aber auch daraus schließen, welche Hilfe für ihr Kind in einer kleinen, zärtlichen Geste liegen könnte, im Zeithaben möglichst allein mit jedem Kind, und im Zuhören, im einfachen, schlichten Zuhören.
Auffallend ist auch, wie viele dieser Jungen und Mädchen bezeugen, was ein lebendiger Glaube vermag und welche Stütze die Gemeinschaft glaubender Menschen ist, um die schwere Zeit zu bestehen.
Es ist in diesem Alter eine hohe Kunst zu erlernen, die sich später einmal im Leben bewähren wird, ganz gleich, ob jemand heiratet oder nicht, eine Lebenskunst, die Dietrich Bonhoeffer in die Worte gefaßt hat: »Er gibt erfülltes Leben, trotz vieler unerfüllter Wünsche.«

Editions Trobisch, 7640 Kehl/Rhein